平畠啓史
Jリーグ56クラブ巡礼
2020

まえがき

Jリーグを愛する、人それぞれの物語を追って

どんなにＡＩが進化しようとも、サッカーをプレーするのも、支えるのも、そして楽しむのも人である。

そして、人にはドラマがある。5万人の観衆で埋め尽くされたスタジアムのピッチでプレーする選手にドラマがあれば、監督やコーチ、試合に出場できなかった選手にもドラマがある。レフェリーやクラブの社長、スタジアムグルメを販売する店員さんやボランティアスタッフの人たち、そしてもちろんファン・サポーターにもドラマがある。5万人の観衆なら、スタンドには5万通りのドラマが存在することになる。

現在もピッチに立ち、スコアを動かせる選手。過去にスコアを動かしていた元選手。自らはサッカーに関わっているつもりがなくても、関わってしまっているうどん屋のおばちゃん。それぞれのドラマにそれぞれの主役が存在し、Ｊリーグには無数の物語がある。

そんな物語が聞きたくて、そしてその物語の中で主役が何を思い、どんなことを考えているのかを聞きたくて、全国を旅するこ

とにした。

この本は、２０１９年3月から２０２０年2月にかけて、Ｊリーグ56クラブに関わる人たちに話を聞いて書き上げたものである。スケジュールの都合などで、現地ではなく東京で話を聞かせてもらった人もいるが、ほとんどは現地に足を運んだ。

話を聞いた場所も人それぞれで、クラブハウスや事務所で向き合って話すこともあれば、喫茶店やファミリーレストランでコーヒーを飲みながら、または飲食店で酒を飲みながら話を聞いたこともあった。職場やご自宅にお邪魔することもあれば、車の中でドライブ状態の時もあった。

現在進行形の話から、Ｊリーグが生まれる前の話まで、日本のサッカーを知る上でも貴重な話も聞かせてもらった。もし、この世にＪリーグがなかったら、私はこの人たちに話を聞くことも、会うこともなかっただろう。素敵な出会いを作ってくれたＪリーグ、そしてサッカーには感謝しかない。

２０１９年の3月から取材を始めたので、現時点では移籍した選手や業務上の役職などが変わってしまっている人もいますが、話を聞いた時のその人の想いを感じていただければ幸いです。

そして、この本がＪリーグを楽しむときの、お役に立てたとしたなら、これ以上嬉しいことはありません。２０２０年から56クラブになったＪリーグに関わる魅力的な人たちの言葉や想いに耳を傾けてみてください。

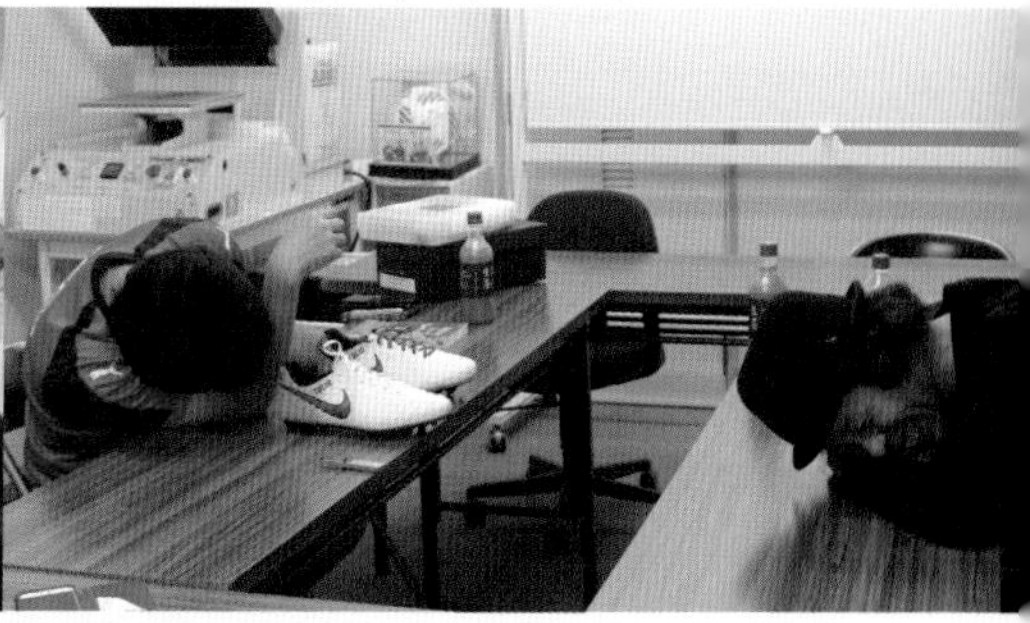

巻頭対談

Jリーグとともに歩んだ軌跡

Jリーグを追いかけ続ける平畠啓史と
Jリーグ屈指のバンディエラ、遠藤保仁選手のスペシャル対談

ガンバ大阪 遠藤保仁選手

日本代表の国際Aマッチ出場最多記録の152試合出場、
2019年には公式戦通算1000試合出場という偉業を成し遂げ、
2020年、J1最多記録に並ぶ通算631試合出場をも達成。
もはや日本サッカー界の生ける伝説と言っても過言ではない遠藤選手に、
波乱万丈なサッカーキャリアについて、
地元鹿児島への想いを聞きました。

華々しいプロデビューの直後に

（平畠：以降平）98年に鹿児島実業から横浜フリューゲルスに加入でしたね。

（遠藤：以降遠）なくなってしまいましたけどね……。

平 横浜は都会という印象でしたか？

遠 そうですね。僕の出身は鹿児島県の桜島というまあまあな田舎でしたし、高校生のときは遊ぶ暇もありませんでした。そんな環境から一変、いきなり大都会に行くことになりましたから。横浜駅の周りを歩くと女の子全員が可愛く見えましたね。これ、田舎から出てきた人のあるあるだと思います（笑）。

平 なるほど（笑）。

遠 しかも当時、ルーズソックスがめちゃくちゃ流行っていて、鹿児島自体、ルーズソックスにミニスカート人口がそんなにいなかったので、横浜駅に行ったら9割がルーズソックスにミニスカで。女の子とすれ違うたび「おお！」の連続でした。

平 ということはかなり楽しかったというか、すごいところに来たなと？

遠 そうですね。何度か来たことはあったのですが、じっくり歩いたり買い物をする時間はなかったので、初めの2～3ヶ月は街に出るたびにドキドキしていました。

平 ちなみに、ヤットさんは子供の頃、どこのファンだったんですか？

遠 実はフリューゲルスのファンだったんですよ。

平 えー！

遠 鴨池に毎年来ていたのでそのたびに見に行っていまして。さらに小さい頃から知っていた前園（真聖）さんが加入して。よりフリューゲルスが身近になりましたし、好きになりました。Jリーグで一番入りたいチームに入れたので、とてもラッキーでしたし嬉しかったですね。

平 ゾノ（前園）さんは地元ではやはり大スターだったんですか？

遠 あの頃はですね。

平 （笑）。

遠 僕にとってはスターというよりお兄ちゃんみたいな存在でした。兄貴と同級生でしたし、小さい頃から知っているのでスターというよりお兄ちゃんが頑張っているというか。

平 でもそのお兄ちゃん的な存在の人が、いつの間にかテレビに出るようになるのは不思議な感覚ではないですか？

遠 いつからあんなキャラになったんだろうとは思っていました（笑）。でもオリンピックや代表戦を見て、ドリブルをマネたりしていましたよ。憧れまではいかないですが、ああいう風に活躍したいなと思っていました。

平 横浜は1年くらい在籍されていたのでしょうか？

遠 そうですね、実質10ヶ月くらいです。

平 憧れていたチームがなくなった時はどう感じましたか？

遠 チームがなくなることがどれだけ重みのあることかを理解できていませんでした。なくなる、もしくは合併するかもという話も、ユースの合宿でタイへ遠征

しているときに聞いたんです。練習中、フリューゲルスとマリノスのメンバーが急に集められて。当時の団長が、たぶん大仁（邦彌）さんだったと思うんですが、大仁さんに「お前らもしかしたら一緒のチームになるかもしれないぞ」って聞かされて。僕らは日本に帰るまでそんな大ごとになっていると思っていなかったので、マリノスのメンバーと「一緒になれるやん、チームメイトやん」って少し話をするくらいだったのですが、いざ帰国したらすごいことになっていて、ようやくことの大きさに気づきました。

平 チームが消滅するということの凄さというか、大事件ですもんね。

遠 まだプロになってから7〜8ヶ月とかだったんで、どうなるんだろうくらいの気持ちしか持っていなくて。例えば、今ガンバがなくなるとしたら、考えられないです。

平 すごい経験をされましたね。

遠 フリューゲルスにいたメンバーしか経験していないですし、すごい経験ではありますが、できれば今後もあってほしくないですね。

心機一転、関西進出の第一歩

平 次は京都パープルサンガ（現・京都サンガF.C.）ですね。京都はどうでしたか？

遠 風情があって、今でいう映えスポットもたくさんありましたし、お寺巡りも沢山しました。2年住みましたけど、道が混む以外は素敵な場所だと思います。

平 1年前はかなりキラキラしたところにいて、次はある種落ち着いた……。

遠 着物を着た方がいっぱいいる。正反対でした（笑）。あと言葉も全然違いますし。チーム内も標準語の方が少なくて。フリューゲルスのときは関西弁を話している方は数人くらいしかいなかったので、最初は関西弁がすごく新鮮でしたし、少し怖かった（笑）。

平 いまヤットさんのこと、鹿児島出身というより関西出身と思っている人も多いのでは？

遠 僕がフリューゲルスにいたことはもちろん、京都にいたことも知らない選手がたくさんいます。ずっとガンバですよね、と普通に言われますね。若い選手の中にはフリューゲルスという存在自体を知らない選手も沢山いると思います。

平 寂しいですね。

遠 Jリーグのメンバー表って前所属が書かれるじゃないですか。正剛（楢﨑）さんは前所属がフリューゲルスになる最後の選手だったのですが、引退されてしまったのでもう誰もいなくなっちゃったんですよ。僕の前所属は京都になるので……。

平 楢さんのメンバー表って貴重だったんですね。

遠 なので僕は「正剛さん、もう一年や

ればいいじゃないですか」ってずっと言っていたんですよ。練習試合のときに、もしかしたらもう辞めるかもしれないって聞かされていましたけど「まだまだできるでしょ」と。

平 （笑）。京都のときはどんなメンバーがいらっしゃったんですか？ パク・チソン選手とか？

遠 あとはカズ（三浦知良）さん、松井大輔、昔の方だったら大嶽（直人）さん、松永（成立）さん、あとは望月（重良）さん、平野（孝）さん、けっこういいメンバーが在籍していました。

平 豪華ですね。カズさんと一緒にプレーしたんですね。

遠 1年くらいでしょうか。本当にバスローブ着ていました。噂には聞いていましたが、「あ、本当に着ているんやー」って。さすが絵になっていましたね。

平 （笑）。どうでしたか？

遠 テレビで代表の試合もヴェルディの試合も応援していたので。カズさんと一緒にプレーできるんだっていう嬉しさと、カズさんってどんな人なんだろうという好奇心と。普段もとても優しい方で、サッカーに対する熱量はすごくて。本当にすごい人だなと思いました。

ガンバ大阪の生ける伝説となって

平 ガンバに加入してすでに20年ですね。

遠 はい、鹿児島も18年しかいなかったので、大阪の方が長くなりました。加入した当初は3年くらいで移籍する予定だったのに、それが既に20年ですからわからないものですね。まず、この歳までプレーできていること自体がありがたいことだと思います。

平 現在、Ｊ１出場最多記録を更新中ですが、ご自分では数えていたりしますか？

遠 今は色々なところから言われるので実感していますが、途中までは何も気にしていませんでした。代表の試合は途中から数えていました。次は誰々に並ぶ、１００回超えるなあ、とか。

平 Ｊリーグトップになることって、真似しようとしてもすぐできることではないですからね。

遠 でも、実は僕は公式戦１０００試合出場の方が、価値があると思っているんですよ。

遠藤保仁選手
1980年1月28日生まれ、鹿児島県出身。
1998年に横浜フリューゲルスに加入後、
1999年には京都パープルサンガへ移籍し、
2001年からガンバ大阪へ。
ガンバ大阪では、獲得した9つ全てのタイトルに大きく貢献し、日本代表としてもワールドカップに3大会連続でメンバーに選出される。J1リーグの出場試合数は最多記録に並び、日本代表では歴代1位となる152試合に出場。名実ともに日本を代表するMF。

平 リーグ戦の試合数よりも。

遠 もちろん、リーグ戦にも価値があるのは十分わかっているのですが、公式戦1000試合出場を達成することの方が実は難しい。

平 代表の試合も込み、なのでしょうか。

遠 ユースの代表以外になります。リーグ、オリンピック、天皇杯とルヴァンのカップ戦2つ、代表、ACLになります。リーグ戦はリーグだけに集中すれば年に34試合なんですね。変な言い方ですが、例えば1年間、リーグ戦だけに集中して30試合出場できるとしたら、週に一度だけ、きっちりコンディションを作って良いパフォーマンスをすれば、もちろん20年はかかりますが、到達できるんです。でも公式戦1000試合出場は、リーグ戦だったら年間30試合でいいところを、20年続けて50試合出場しなくてはいけない。海外遠征して、帰国したらすぐリーグ戦に出て、正月のお休みも少ない中、常にトップパフォーマンスでプレーする必要がある。それを考えると1000試合出場する方が絶対難しいと僕は思っています。なので1000試合を達成したとき、なんで世間はもっと騒がないのかと思っていました。

平 （笑）。

遠 実は世界でも10数人しかいないんです。これだけ長いサッカーの歴史があって、これだけすごい選手がいて、こんなにサッカー人口が多いのに、10数人て。いや、なんでみんなもっと騒がないのかと色々なところで言っています（笑）。

平 今後もまた隙を見て1000試合の方がすごいですよって言いそうですね。

遠 言うと思います（笑）。

地元にプロクラブができて

平 鹿児島にJリーグのクラブ、鹿児島ユナイテッドFCができましたね。ヤットさんが地元にいらっしゃるときはなかったわけですが、どのように感じましたか？

遠 クラブができたことで地元が盛り上がるのはとても素晴らしいことだと思っています。強化部のスタッフが後輩だったりするので、頑張って欲しいですね。

平 元々、鹿児島出身の上手な選手はいっぱいいらっしゃいましたけど、プロクラブはなかった。

遠 一時期とてもJリーガーが多かったのにできなかったのは、場所的に難しいのかなとは感じていました。でも今後は、鹿児島出身の元Jリーガーが監督やコーチ、社長になったらもっと盛り上がるんじゃないかなと思いながら見ています。それこそ前園さんや城彰二さん、平瀬（智行）さんたちが帰ってきたら盛り上がりそうだなと。お客さんも喜んでくれるんじゃないかなと思います。あとはYouTuber 那須とかね（笑）。

平 （笑）。ゆくゆくは鹿児島に帰りたいという思いはあるんですか？

遠 今はないですね。もちろん、地元・

2019年に引退した
楢﨑正剛も横浜
フリューゲルスで戦った

プロデビューした横浜フリューゲルスから京都パープルサンガ、そしてガンバ大阪へ

鹿児島でプレーできたときは家族や友達も沢山見にきてくれたので嬉しいという気持ちもありました。でもこればっかりは巡り合わせかなと思います。ただ、妻も鹿児島出身なので、帰る可能性もあるとは思いますが、今はあまり考えていないです。

濃密なキャリアを歩んできて今思うこと

平 今後のJリーグについてどう思いますか？

遠 Jリーグができてもう少しで30年経ちますが、技術だったりサッカーの質は飛躍的に上がっているとは思います。でもプレミアリーグとJリーグとどちらを見るかと言われたらやっぱりプレミアを見る人が圧倒的に多いんですよね。その差を縮めていきたいなと。Jリーグだって面白いんだぞと伝えていきたいです。そのためには、プレーしている選手は、お客さんにいかに質の良いサッカーを見せるか、楽しい雰囲気にしていくためにはどうすればいいのかを常に考えなければいけません。その目標を達成するために最大限に努力する必要があると感じています。

平 そこには、Jリーグに関わるたくさんの人の力が必要となりますね。

遠 そう思います。各チームのスタッフのみなさんにしろ、常に満員のお客さんを入れるにはどうすればいいのかも今まで以上に考えていかないといけない。その2つが重なったら、世界のトップレベルの選手たちもどんどんJリーグに加入して、さらに盛り上がるという良い傾向が生まれるはずなので、そういうリーグを目指していきたいなと思っています。あと、観客にとって世界一安全なリーグだと思います。それは海外に誇れることの一つだと思うので、今後も続けていってほしいですね。

平 最近、記事で読んだんですが、親子Jリーガーを目指していると。今、息子さんはおいくつなんですか？

遠 中3になります。今は高1、高2くらいで出場する選手もいるじゃないですか。そうするとあと2、3年なので、僕が辞めるのか、息子がJリーガーになるのか、どっちが早いかわかりませんが、めちゃくちゃ頑張ればいけるかもしれませんね。

平 今まで兄弟Jリーガーはいましたけど、親子Jリーガーっていないですしね。見たいです。

遠 親子でJリーガーになれたら辞めてもいいと思っているくらいなので。一瞬でもいいのでそれまでは頑張ろうと思っています。

Jリーグ56クラブ クラブ紹介＋巡礼インタビュー

目次

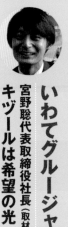

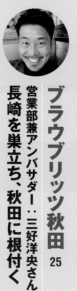

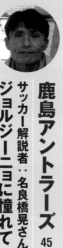

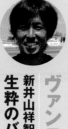

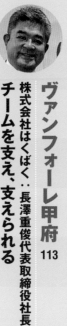

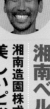

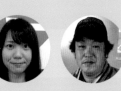

Jリーグ56クラブ
クラブ紹介
＋
巡礼インタビュー

・本書の記述は2020年3月時点のものです。
・インタビュー相手の肩書きや所属クラブ等は、取材時に準じた表記とし、できる限り最新の情報に改めました。
・スタジアムグルメなどは、時期によって食べられない場合があります。またメニューの変更もありますので、ご了承ください。
・各スタジアムへのアクセス情報は、今後の変更が考えられますので、観戦の際は、最新の情報収集をお願いいたします。

写真協力：Jリーグ

北海道コンサドーレ札幌

©1996 CONSADOLE

札幌ドーム

札幌ドームからすすきのまで車で15分ほどなので、勝利後「すすきのへ行こう」と歌った後すぐに、すすきので乾杯ができる。赤黒で染まる試合の日の札幌ドームも素晴らしいが、試合がない日のドームツアーも楽しい。高さ53メートルのドームの屋根には展望台があり、美しい景色が楽しめる。

タイトルが北海道の地に上陸する日が近づいてきた

2019年、ルヴァンカップ決勝は史上稀に見る激闘。スタイルとスタイルの激突は見るものに感動を与えた。本当にわずかに及ばなかったコンサドーレだが、ペトロヴィッチ監督の攻撃的なサッカーが魅力的であることを大舞台で証明。機は熟した。

HIRACHAN CHOICE

レストラン梟巣（おうるず）

練習場、宮の沢白い恋人サッカー場にあるレストラン。練習を見ながら食事が楽しめ、メニューもバラエティに富んでいる。私のお勧めはスープカレー。かなりおいしい。

白い恋人パーク

練習だけ見て帰るなんてもったいない。お菓子のテーマパーク、白い恋人パークは老若男女を甘い夢の世界に誘う。白い恋人など北海道みやげに最適なお菓子もたくさんある。

ドーレくん

プロフィール上、190センチ80キロと大柄だが、ダンスを披露したり、自転車に乗ったりとアジリティは高い。

チャナティップ選手

夢を背負う英雄

北海道コンサドーレ札幌のホーム、札幌ドームから車で10分もかからないところに、札幌の観光スポットの一つ、さっぽろ羊ヶ丘展望台がある。緩やかな丘の上に上ると壮大な景色が広がり、北海道の雄大な自然、空の大きさを感じることができる。

季節によって自然は表情を変える。牧草、ラベンダー、紅葉。そして冬には、チューブ滑りや歩くスキーなど、雪を楽しむアクティビティも用意されている。

ここで写真を撮るなら、やはりクラーク博士像は外せない。北海道開拓の指導者を養成するため、札幌農学校（現・北海道大学）の初代教頭として招かれたクラーク博士。「Boys, be ambitious!（少年よ、大志を抱け）」の言葉はあまりにも有名だ。

ここからは、市内中心部のビルが見える。そして、銀色に輝く札幌ドームも見える。そんな美しい景色や自然を楽しめるスポットには多くの観光客が訪れ、日本人観光客だけでなく、最近は外国人観光客も多い。

外国人観光客の中でも台湾人観光客、その中でも子供に向けて、羊ヶ丘展望台のスタッフはこんな話をする。

「あの銀色に輝く札幌ドームの中で、北海道日本ハムファイターズの王柏融（ワン・ボーロン）選手がプレーしています」。

そして、タイ人の子供にも同じように「あの札幌ドームの中で北海道コンサドーレ札幌のチャナティップ選手がプレーしています」と。

母国のスター選手の名前を挙げると、子供たちはみんな目を輝かせるそうだ。きっと、あの銀色の物体の中でプレーする母国の英雄を想像しているに違いない。

そんな話をすると、「オー、ウレシイデスネ。アリガトウ」とチャナティップは日本語で言った。

タイの英雄であり子供たちの憧れでもあるタイ代表、チャナティップ・ソングラシン。今年でコンサドーレ所属3年目になる。

158センチと小柄ながら、正確なキックや、スピードに乗っても乱れることのない卓越した技術はJリーグ屈指。小気味いいドリブルでディフェンダーを抜き去っていく様子は痛快そのもの。

そして、彼の明るいキャラクターは、タイ人だけでなく日本人の心も掴んだ。日本語を覚え、チームメイトと冗談を言い合う姿は微笑ましく、愛されるキャラクターである。

（取材：2019年12月11日）

子供たちの夢であるチャナティップ。では、チャナティップ自身が子供の時はどんな夢を抱いていたのだろうか？

「タイ代表の選手になることが夢でした。夢が叶うかどうかなんてわからなかったけど、タイ代表の選手になることを強く願っていました。体が小さいから難しいとは思いましたが、夢が叶うように、そこまでいけるように努力しました」。

チャナティップがサッカーを始めたのは4歳の頃。コーチはチャナティップの父。最初はボールを蹴るのではなく、足でボールを扱う方法を教えられた。足の色々な部分でボールを触り、動かした。今現在、チャナティップがピッチで見せるボール扱いやドリブルの技術はこの頃に培われたものなのかもしれない。

チャナティップの子供の頃のアイドルはマラドーナ。それも父の影響を受けている。

「お父さんの夢は子供がマラドーナみたいな選手になること。だから、マラドーナの映像を何度も見せられたし、ハードな練習も課せられました。でも、自分がマラドーナになれないことは分かっていた。だから、自分らしいプレーができればいいと思っていました」。

子供なりにわかっていた。自分がマラドーナにはなれないことを。それでも、父はチャナティップに相当ハードな練習を課した。過酷な練習は毎日続いた。

チャナティップは、左右両足を遜色なく使うことができる。それも、父のアドバイスだ。利き足だけではなく、両足をともに使ってプレーするように求められた。

そして、チャナティップのプレーで注目すべきはキックの強度。強いボールを蹴ることができる。それも、父の練習によるものとチャナティップは言うが、その練習はかなりユニークだ。

「家の近所にある歩道橋を毎日、何回も何回も往復させられました。実は、それで足が相当鍛えられて、強いボールを蹴ることができるようになりました。ただ、厳し過ぎて逃げ出したかったですけど（笑）」。

チャナティップが持って生まれた才能とハードな練習に耐えられるだけの精神力、そして夢を叶える強い意志によって、プロサッカー選手になり、タイ代表にも選ばれた。そして、夢を叶えたチャナティップを子供たちが夢見るようになった。

「自分を見て目をキラキラと輝かせる子供たちに、今、自分は何ができるかをよく考えます。テレビに出たり、取材を受けたりするときに、夢を見る子供たちのモチベーションが少しでも上がるような言葉を、ハードな練習でも克服できるような言葉を使うように心掛けています。最近では自分のことを見て、Jリーグでやりたいと考えるタイ人選手も増えてきました。だから、自分は練習でも試合でも精一杯プレーしなければならない。なぜなら、たくさんの人の夢を背負っているから」。

チャナティップが夢を見る人たちにかける言葉は、幼き日に夢を追いかけていた自分に向けての言葉にも感じる。

夢を叶えたチャナティップは自分の現在地を、想像していた夢以上のステージにいると考えている。そんなステージに立っているからこそ叶えたい夢がある。

「優勝とかACL出場とか、チームでの成功を体験したい。ミシャ（ペトロヴィッチ監督）の1年目はACL出場まであと少しだった。2年目はルヴァンカップ優勝まであと一歩だった。今年は絶対に良い年になる。タイトルを取って、サポーターの人はもちろんタイの人にも喜びを与えたい」。

夢を見ていた少年はいつしか夢を与える立場になった。そして、その夢は自分一人のものではない。北海道コンサドーレ札幌に関わるすべての人、そしてタイの人と分かち合う夢だ。

その夢を叶えるためにどんな試練もきっと乗り越えていくだろう。なぜなら、チャナティップ自身が厳しい試練を乗り越え、夢を叶えてきた経験があるからだ。

夢を叶え、次の夢に向かって走り出したチャナティップに恐れるものはない。子供の頃、毎日何度も何度も往復し、逃げ出したくなったあの歩道橋が今でも実家の近くにある。でも今は、その歩道橋が小さく見えた。

シーズン終了後、タイへの帰国前の慌ただしい中でインタビューに応じてくれたチャナティップ

2019年J1第32節・ジュビロ磐田戦のチャナティップ

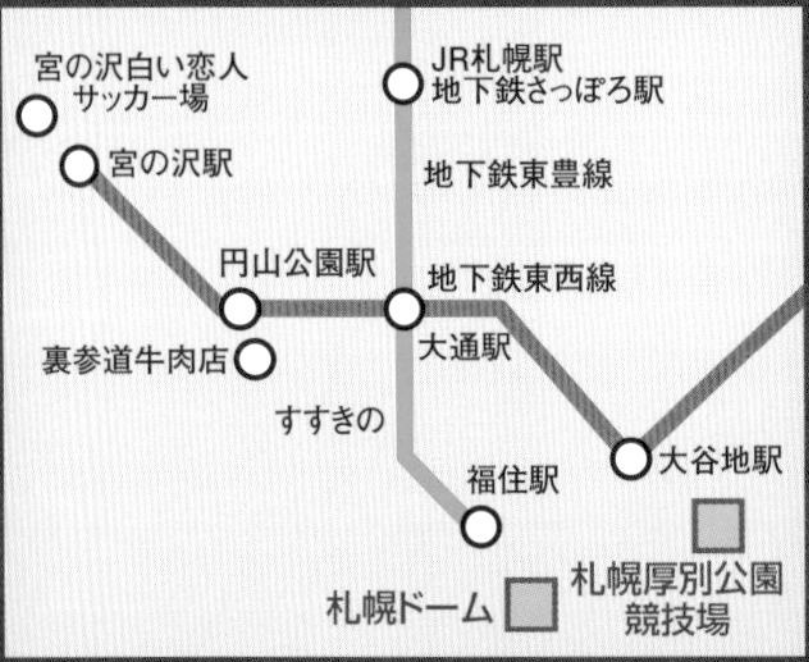

札幌ドーム　アクセス

最寄駅 地下鉄・**札幌駅**、**大通駅**から約11～13分の地下鉄東豊線・**福住駅**。同駅から徒歩約10分。

タクシー **札幌駅**、**大通駅**から約25分

バス 地下鉄東西線・**南郷18丁目駅**、地下鉄南北線・**平岸駅**、同・**真駒内駅**、JR函館線・**白石駅**から直通シャトルバスで約15～35分。片道210円。

宮の沢白い恋人
サッカー場での
練習見学も
おすすめです

Jリーグ初代GKはこの選手

ハーフナー・ディド

1998年3月21日（日本平スタジアム）
Jリーグ 1st 第1節　清水 4-1 札幌

日本サッカーを語る上で、欠かすことができないゴールキーパー。プレイヤー、GKコーチ。コーチ兼選手として様々なクラブで活躍。アメリカW杯アジア最終予選、あのドーハの悲劇の時は、ハンス・オフト監督のもと、ゴールキーパーコーチとして日本代表を支えた。

©2014 VANRAURE HACHINOHE

ヴァンラーレ八戸

プライフーズスタジアム

JR八戸駅から車で約25分。タクシーで4000円弱。試合開催日は無料シャトルバスが運行している模様。アウェイ観戦の方は、「足」の確保は必須。スタンドとピッチの近さは格別。監督の指示、選手同士が呼び合う声、審判へのクレーム（?）もよく聞こえる。ゴール裏、バックスタンドの傾斜のついた芝生席も趣がある。

HIRACHAN VOICE

2019年、J3初年度ながら、堂々存在感を発揮

本州最北端、青森県八戸のJクラブ、ヴァンラーレ八戸。J初年度ながら、大崩れすることもなく、着実に勝ち点を重ねた。冬の寒さは厳しい八戸だが、ホームスタジアムのプライフーズスタジアムに集まる人たちは本当に温かい。

ヴァン太

かわいい。なのに、お酒好きというギャップが良い。東北の冬は厳しい。おいしい日本酒は欠かせない。ヴァン太の気持ちもよくわかる。

HIRACHAN CHOICE

せんべい汁

肉や魚、野菜などで出汁を取った汁の中に、鍋用のせんべいを入れて食べる郷土料理。めちゃくちゃうまい！おいしい出汁が心と体にしみる。

パイカ丼

パイカとは豚バラ軟骨のこと。じっくり煮込まれたパイカと温泉卵がのったパイカ丼がたまりません。

新井山祥智《にいやましょうち》選手

生粋のバンディエラ

（取材：2019年8月2日）

2019年、新たにJリーグに加わったのがヴァンラーレ八戸。これで、東北6県すべてにJリーグのクラブが存在することになった。

このチームで背番号10を背負い、チームを操るのが新井山祥智。この選手ほどバンディエラという言葉に相応しいキャリアを持つ選手も珍しい。他のクラブに所属することもなく12年という在籍年数もさることながら、八戸で生まれ、八戸で育ち、八戸のクラブに所属し現在も八戸で暮らす正真正銘のバンディエラだ。

バンディエラと言葉にしてしまうと、何か近づきがたいような印象になってしまうのだが、新井山祥智の場合はまったく違う。

スポーツ選手特有の肉体的威圧感や体育会特有の「押忍《おす》」感やプロ選手特有のギラギラ感などまったくない。語り口調もやさしく、好青年といった感じだ。

彼とヴァンラーレ八戸がJリーグにたどり着くまでの道のりは非常に興味深い。自ら「ゴリゴリの体育会系ではないです」と語る新井山祥智の経歴は、Jリーグクラブのユースチームで育った選手や、高校・大学の強豪校で鍛えられJリーガーになった選手とは一味も二味も違う。

「Jリーグなんて考えたこともなかった」という新井山は八戸大学を卒業するとヴァンラーレ八戸に加入する。当時チームが所属していたのは、J1から数えると6部に相当するリーグだった。

「東北2部です。しかも、2部で勝てない（笑）」。選手たちはもちろん働きながらプレーしていた。

「平日も練習はありましたが、5、6人しか集まりませんでした。ホームの試合はそれなりに選手も来るんですが、アウェイは11人ぎりぎりで、交代なしとか。監督も選手登録して試合に出ることもあったし、朝集合して足りないときは、いろんな奴らに電話して、起こして試合に呼んだこともありました」。

練習が終わるとみんなでご飯を食べに行き、試合後はお酒を飲みに行く。日本中のサッカーを楽しむ大人ならどこにでもありそうな光景で、新井山自身も当時のことを「おもしろかったですね」と振り返る。

何年かプレーするうちに、チームを構成する選手が若返り、新井山もやるなら勝ちたい、結果がほしいと思い始めた。そして、少しずつチーム力は上がり、東北1部への昇格を果たす。

「東北1部に上がる前かな？　クラブがJリーグを目指すって言っ

てくれました。えっ、大丈夫なの？　冗談でしょ？　って最初は疑っていました。僕たちに特別何かがあったわけでもないし、正直、実感はありませんでした。でも、言われるとやんなきゃなという思いにもなりました」。

２０１３年、東北1部を1年で通過し、２０１４年ＪＦＬに参戦。そこからＪリーグに加入するまでには5年の月日を要した。市の協力もあってバックアップ体制は整いつつあったが、成績はもちろん、施設などクラブとしてクリアしなければならない課題も多かった。

２０１６年にＪ3のライセンスが交付されていたヴァンラーレは、２０１８年に正念場を迎える。Ｊ３昇格条件の年間4位以上をクリアできそうな状況でシーズン終盤戦に突入したのだ。数年前、東北2部で選手を集めることにも四苦八苦していたクラブには、たくさんの取材陣が詰めかけるようになった。

「終盤は記者の数も多かったです。全然サッカーを知らないような記者も来てましたね（笑）。注目されて、周りの期待も高まって、最後の5、6戦はプレッシャーとの戦いでした」。

ホームで迎える最終節を前にアウェイ、ヴィアティン三重に3対1で勝利し、年間4位以内を確定させたヴァンラーレ八戸。先制点を決めたのは新井山だ。

「もちろんゴールも嬉しかったですけど、試合後、選手とハイタッチしている時に、ずっと一緒にやってきたスタッフが泣いているのを見て胸が熱くなりました。やったんだなぁ～って」。

生まれ育った街のクラブをＪリーグに引き上げた。「仲良い奴らにはＪリーガーじゃん！ってバカにされますけど（笑）」。地元の仲の良い人間だからこそ言える言葉。八戸での暮らしが目に浮かぶ。

こうして、２０１９年シーズンからＪ３リーグでの試合が始まった。

「個人の能力はぜんぜん違いますけど、やっててすごくおもしろいですね。（ＪＦＬ時代とは違う）いろんなスタジアムに行けてめちゃくちゃ嬉しい」。記念すべきＪリーグの最初の試合はアウェイのガンバ大阪Ｕ－23戦。会場は最新鋭のスタジアム、パナソニックスタジアム吹田。

「いいの俺ら？　みたいな感じでした（笑）。スタジアムに到着してピッチを見に行って、みんなでベンチに座って写真を撮りました」。これまでとは違うステージに来た実感をどの選手よりも新井山が感じていたに違いない。

Ｊ３リーグは選手全員がプロ契約である必要はない。Ｊリーガーになった新井山も普段はパソコンで入力する仕事をしている。プロ契約の話もあったし、かつてはクラブで働いている時もあった。

「サッカースクールをやると体に疲労が溜まるので、年齢も年齢ですし体に負担がかからないほうがいいと思って、今の会社に勤めることにしました」。ＪＦＬの時と変わらぬ職場で働きながら、Ｊリーガーになった今もプレーを続けている。そして、その職場には新井山の、そしてヴァンラーレの良き理解者がいる。

「ゴール裏にいつもいるような熱狂的な人が会社にたまたまいて、その人が会社での僕のマネージャーみたいな感じで、何かあればその人とやりとりをして仕事のスケジュールを調整してもらっています」。

仕事でいろいろ面倒を見てくれる熱狂的な人。ということは「試合に行ったら、ゴール裏にその人がいます（笑）」。選手とサポーターの関係を超越した人間関係はなんだか温かくて微笑ましい。

取材した日、チームはホームスタジアムのダイハツスタジアム（2020年よりプライフーズスタジアム）で練習を行っていた。このスタジアムには調理室があり、地元八戸のおばちゃんたちが地元の食材で選手達に昼食を提供してくれる。地元の人たちはヴァンラーレ、そして選手達を大切にしてくれる。

そんな八戸は風も強く、冬の厳しさは尋常ではないが、八戸で生まれ育った新井山の居場所はいつもここだ。「シーズンオフでもここです。旅行に行ったりもしますけど、結局帰ってくるのはここです」。

ヴァンラーレ八戸のバンディエラはまさにホームグロウン。クラブは成長し、戦うステージは変われども新井山祥智はいつもここにいる。

172cmと小柄なバンディエラ

プライフーズスタジアムのグルメも、にぎやかで楽しい

プライフーズスタジアム　アクセス

最寄駅　東北新幹線・**八戸駅**から約6分の、青い森鉄道・**陸奥市川駅**。

バス　**陸奥市川駅**から八戸市営バス約19分の市川下車。徒歩約5分。

タクシー　**八戸駅、三沢空港**から約25分。

Jリーグ
初代GK
は
この選手

山《やま》田《だ》賢《けん》二《じ》

2019年3月10日（パナソニックスタジアム吹田）
J3リーグ第1節　G大阪U-23 2-2 八戸

北海道出身。室蘭大谷高校、国士舘大学を経て、2011年ヴァンラーレ八戸に加入。東北2部の時代からヴァンラーレ八戸を支えた選手。2019年いっぱいで現役を引退。2020年からトップチームのGKコーチを務める。

ブラウブリッツ秋田

AKITA BLAU BLITZ Since2010

HIRACHAN VOICE

新たに吉田謙監督を迎え、J3の頂点を目指す

朴訥とした語り口調と、飾り気はなくとも心を動かす言葉の力によって、沼津で指導力を発揮していた吉田謙監督を招聘。もともとハードワークができるチームだが、さらに秋田のサッカーを突き詰めて、2017年以来のJ3の頂点を目指す。

ソユースタジアム

秋田市八橋運動公園陸上競技場は、1941年開場と歴史のあるスタジアム。（株）ソユーが命名権を獲得し、2019年4月1日からソユースタジアムとなった。秋田駅から車で約10分。アクセスも悪くない。

HIRACHAN CHOICE

田中雄大問題

2019年、札幌から左足の精度の高いキックが特徴の田中雄大が加入したが、2020年、相模原からゴールキーパーの田中雄大が加入。まったくの同姓同名。まさにミラクル。

秋田竿燈まつり

東北の短い夏を彩る秋田竿燈まつりは多くの人でにぎわう。ブラウブリッツの試合とともに楽しめたら最高だが、ホテルの予約は困難を極めるのでお早めに。

ブラウゴン

秋田県の龍神伝説にちなむ龍神の子ども。ツイッターを2020年1月より開設。毎日ツイートを頑張っているので、みなさん見てみてください！

営業部兼アンバサダー：三好洋央《みよしひろちか》さん

長崎を巣立ち、秋田に根付く

（取材：2020年2月8日）

長崎県島原市でキャンプを行っている、ギラヴァンツ北九州の取材に行った。島原市を訪れるのは初めてだったが、海もあり山もあり、島原城もあり温泉もある。

単線をかわいい一両の列車が走る島原鉄道は趣があって、島原は風情溢れる良い街だった。でも、長崎市内から島原に向かう車の中から、景色を見ながらそんな旅情気分に浸ってはいなかった。

そんなことよりも、都会でもない、人口も多くないこの街で、島原商業高校や国見高校のサッカーを強くし、全国制覇までも果たした小嶺忠敏監督の偉大さに思いを馳せていた。

この土地から全国有数の強豪校を作るなんて、並外れた情熱がなければ不可能だ。小嶺監督の熱意に頭が下がる思いになった。

ブラウブリッツ秋田の営業部に所属し、クラブアンバサダーも務める三好洋央を目の前にして、ふと島原の風景を思い出し、そんなことを話してみた。なぜなら、三好は長崎県諫早市出身だから。

「島原は遠かったでしょ。少し田舎の臭いがしますよね」。

諫早市出身の三好だが、小嶺監督や島原市と接点がある。小嶺監督は長崎県内の中学生年代の優秀な選手を集め、週に一度サッカーの指導を行う小嶺アカデミーを開いていた。

そのアカデミーに三好も参加していたのである。だから、諫早市出身ではあるが、島原市も知らない土地ではない。

小嶺監督といえば、厳しくハードな練習を課すという話をよく耳にするが、小嶺アカデミーは少し違う。

「ドイツ人のコーチがいて、中学1年の時は基礎技術ばかりを教わりました。もう退屈でしたよ。早く試合させてくれと思っていました」。

2、3年生になると、試合形式のトレーニングも行うようになり、ときには国見高校時代の平山相太や中村北斗や大久保嘉人が練習中にアドバイスをくれることもあった。そのアカデミーから国見高校に進学する者もいるが、三好と一つ上の先輩、梅崎司は大分トリニータのユースを選んだ。

「クラブチームのユースの方がプロになるのが早いと思って。あと、国見高校はかなり練習がハードと聞いていました。自分、走るのが得意ではなかったので（笑）」。

三好は将来プロ選手になることを夢見て、大分トリニータのU-18に加入。その頃のU-18には、素晴らしい選手が揃っていた。

「最近引退しましたけど福元洋平が同期。西川周ちゃん（西川周作）、ツカくん（梅崎司）もいましたし、ぼくの2コ下に清武（弘嗣）や小手川（宏基）がいました。本当に楽しかったです」。

同年代で作るLINEグループがあり、今でも時々集まることがある。トリニータというクラブも大分の街も大好きになった三好。今では、長崎に帰らずに大分に帰ることもある。

トップチームへ昇格することはできず、トリニータで夢のプロ選手になれなかった三好は、親が教師だったこともあって、教員免許を取得したい、そして国立大学に行きたいという思いから大阪教育大学へ進学。それでもプロ選手への夢はあきらめていなかった。4年生の時には数チームの練習に参加。だが、どのチームのテストにも受からず、あきらめかけた頃に、ブラウブリッツ秋田の話が来た。

「正直、行く気はなかったんですよ（笑）。ブラウブリッツ自体を知らなかったですし。最初は縁もゆかりもないなと思っていたんですけど、縁があって、こんなに長くいることになるなんて」。

大学卒業後、ブラウブリッツ秋田に所属することにはなったが、25人の枠外での練習参加からの加入だったので、勝利給はあるものの基本給はゼロ。生活のために働くしかなかった。

「ローソンでアルバイトをしていました。午前に練習して、午後3時ぐらいから、だいたい午後11時まで。週に5、6回は入っていました。試合の日？　関係ないです。試合前も、試合後もアルバイトです」。

とにかく生活費を稼ぐため、サッカーを続けるために働いた。選手もサポーターも日常的に通うローソンで。そんなことを知らないサポーターは、みんな驚いた。さっきまでプレーしていた選手が、レジにいるのだから。

「勝った時は、おめでとう！　がんばれよ！　って声を掛けられることもありましたし、負けた時は、今日はすいませんでしたって謝りながらレジを打ちました」。

他の選手がシーズンオフで秋田を離れても、三好は秋田に残ってアルバイトを続けた。シーズンオフは練習も試合もないので稼ぎ時だと、いつもより長く働いた。もっと稼げるならと、スナックでボーイのアルバイトも掛け持ちした。

「その経験が今に生きています。サッカーの選手だけやっていたら、サッカーの世界のことしかわからない。でも、自分はコンビニで働いて、社会のルールを知りました。コンビニのアルバイトって単純作業のような感じで見られがちですけど、実はいろんな要素が詰まっています。接客はもちろん、発注も精算も任されて、いろいろ学びました」。

三好は6年間、秋田でプレー。２０１６年、秋田から提示された条件の方が良かったにもかかわらず、新たなチャレンジを求めるとともに、一度移籍を経験してみたいという思いから藤枝ＭＹＦＣに移籍。2年間プレーし、２０１７年いっぱいで引退。

その後1年間は藤枝ＭＹＦＣのスタッフとして働いていたが、そんな時ブラウブリッツ秋田の岩瀬浩介代表取締役社長に「秋田で働いてみないか」と誘われた。岩瀬社長は元ブラウブリッツの選手。三好は岩瀬社長との縁や恩を忘れていなかった。

「練習参加した時に、思いっきりやれよとか遠慮するなって唯一声を掛けてくれたのが岩瀬社長でした」。

藤枝での現役2年と、クラブスタッフとしての1年で藤枝への感謝の気持ちもあったが、悩みに悩みぬいた末、秋田に戻ることを決めた。

「秋田って自分の中で特別で、いずれ帰って、何かお役に立てればと考えていたので」。

各地で学んだサッカーと人との出会い。そして、秋田での生活やコンビニでの経験。三好洋央はすべてを無駄にすることなく、現在に活かしている。そして今、長崎でプロサッカー選手を夢見た少年は、経営者になることを夢見ている。

「コンビニでアルバイトをしたことが、いろいろと変えてくれたと思います。経営に興味を持つようになったのもコンビニのおかげで、すごく感謝しています」。

三好洋央は充実した表情をみせた。

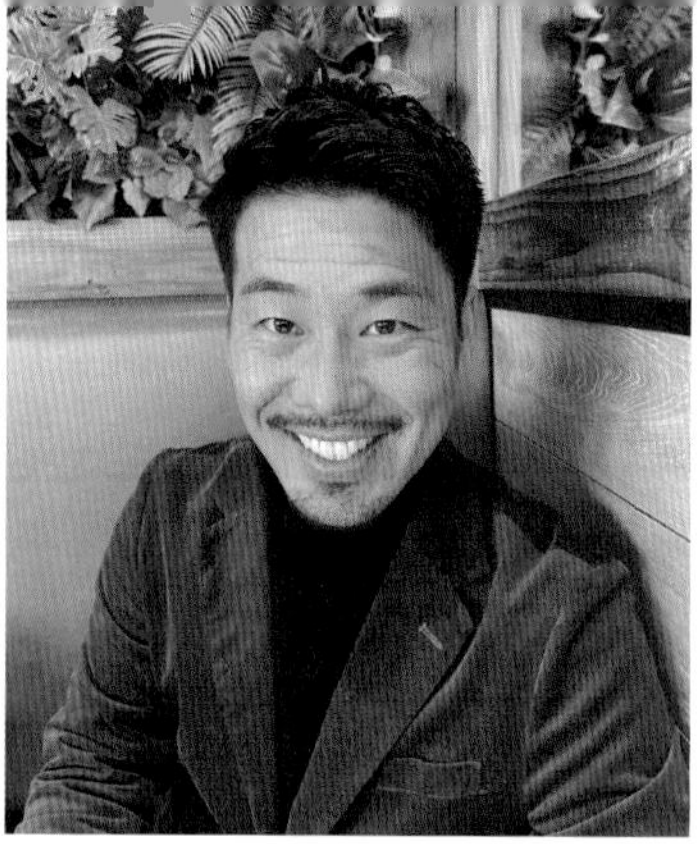
アンバサダーとしても活動している

現役時代の三好洋央

ソユースタジアム　アクセス

最寄駅　秋田新幹線・**秋田駅**。

バス　**秋田駅**西口から秋田中央交通バスで約10分の**文化会館前**下車。徒歩約5分。

タクシー　**秋田駅**から約10分

秋田の
商店街にも
巨大な竿灯が
あります

Jリーグ 初代GK は この選手

石川慧《いしかわけい》

2014年3月9日（ニッパツ三ツ沢球技場）
J3リーグ第1節　Y.S.C.C.横浜 1-1 秋田

新潟明訓高校から2011年、ベガルタ仙台に加入。2014年、仙台から期限付き移籍で秋田に加入。2015年には仙台に復帰し、J1デビューは2016年、ナビスコカップ（現ルヴァンカップ）の鳥栖戦。2019年8月、その鳥栖に移籍し、2020年からガンバ大阪でプレーする。

いわてグルージャ盛岡

いわぎんスタジアム

ピッチが近くサッカーの迫力を感じることができるだけでなく、バックスタンドの芝生席のアットホームな感じもたまらない。サッカーを熱く楽しみたい人も、家族でのんびり楽しみたい人も楽しめるスタジアム。

HIRACHAN VOICE

大きく羽ばたくためのきっかけにしたい2020年

昨シーズンはJ3最下位と苦しいシーズンになったが、NOVAが筆頭株主になり、クラブをバックアップ。秋田豊新監督を招聘し、新たな体制で挑む2020年シーズン。キヅールのように羽を広げ、大きく羽ばたく準備はできつつある。

HIRACHAN CHOICE

キヅールグッズ

直線が魅力のキヅールだが、グッズのキヅールは丸みを帯びて、これもまた魅力的。被鶴（ひづる）はキヅール気分も味わいながら、寒さもしのげる優れものです。

フェザン

盛岡駅ビル。慌ただしいアウェイツアーの方でも、盛岡駅ビルで岩手らしいものを食べて帰ることができる。じゃじゃ麺、盛岡冷麺、わんこそば。充実しています。

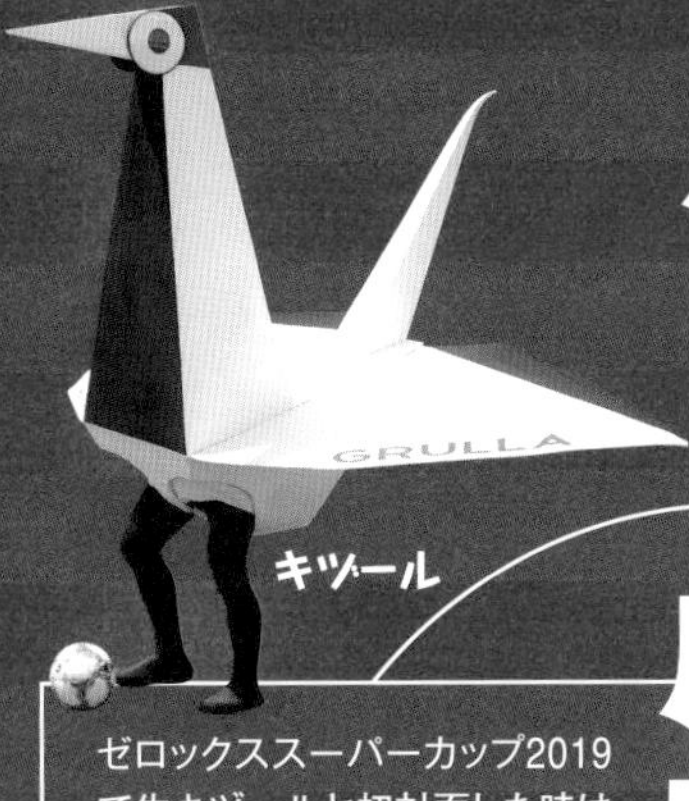

キヅール

ゼロックススーパーカップ2019で生キヅールと初対面した時は興奮した。直線美が美しく神々しい。やはり、キヅールは生に限る。

キヅールは希望の光

宮野《みやの》聡《さとし》代表取締役社長（取材時）

（取材：2019年4月4日）

4月上旬、マスコットのキヅールの話を伺いたくて、いわてグルージャ盛岡の事務所を訪れた。盛岡駅からタクシーで15分ほど。運転手さんは少し悩んでいた。以前は、街なかに事務所があったらしい。私が伝えた住所に到着すると、そこには「伊勢海老つけ麺」と書かれた大きな看板。車内に漂う無言の「？」。

しかし、数秒後に安堵の空気が戻ってきた。お互いに「グルージャ」の文字や車を発見したからだ。事務所はラーメン屋の2階にあった。事務所の中には、試合のポスターはもちろんキヅールのグッズ、そして、そのキヅールのグッズが入った段ボールが積まれていた。

迎えてくれたのは事業・広報担当（取材時）の長谷川宗一郎氏。少し世間話をした後、別の部屋に通された。

今回、キヅールについて話していただけるのは代表取締役社長の宮野聡氏。何も予備知識も入れず、丸腰で社長と初対面。

「若っ！」。どこからどう見ても若い。オールバックも銀縁の眼鏡もひも状のネクタイも見当たらない（古い社長イメージ）。

宮野聡氏は1985年3月25日生まれで取材当時は34歳。2019年2月に株式会社いわてグルージャ盛岡アスリートクラブ代表取締役社長に就任。見た目もスマート、かつ口調も穏やか。だけど、そんな社長がキヅールについて詳しく話してくれるのだろうか？

「デザイン以外はすべて関わっていました」と宮野氏。キヅール誕生はグルージャの歴史、そして宮野氏の歴史と切っても切りはなせないものであることが後々わかってくる。

宮野聡氏は岩手県出身。経営コンサルタントの会社に務めていたが、その会社の社長がJリーグの理事であったり、Jリーグの様々な人と関わったりしているうちに、2016年株式会社いわてアスリートクラブ常務取締役に就任することになり、宮野氏いわく「戻るつもりのなかった地元に戻る」ことになった。そしてその年の夏、グルージャに激震が走る。副社長（当時）の横領事件が発覚するのである。クラブはかなり厳しい局面を迎えることになるが、そんな負の歴史もキヅール誕生と大きく関係していくこととなる。

ところで、経営コンサルタントの目から見てサッカービジネスはどのように映っているのだろうか？「おもしろいと言えばおもしろいですけど、薄氷を踏むような感じで、凄く危うい商売ですね」と宮野氏。全体の支出の半分近くを人件費が占めるというのは、一般のビジネスの世界ではありえない話だそうだ。その反面、十分に可能性も感じている。

「地方を明るくするプロスポーツって大きなポテンシャルがあると思っています。健全な経営をしていって、いっぱしの給料が払えるようになったら、大学進学のために岩手から出ていった若者も戻ってくるかもしれない。働きたい企業ランキングの1位がいわてグルージャ盛岡になるかもしれない。そのくらいの魅力とポテンシャルがスポーツクラブにはあります」。

とはいえ、J3は1年でホームゲームの開催は17試合しかない。だから「残りの348日をどう過ごすかが大事で、その中でもキヅールは移籍しないスーパースター」と言って笑顔を見せた。

マスコットの一般公募が始まったのは2016年の春。テーマは「折り鶴」ではなく「鶴」だった。その中から候補が4つに絞られ、投票でマスコットが決定される。

投票開始の頃には、すでに少し話題になっていた。マスコットとしては特異なデザインのキヅールが。

そんな状況をどう感じていたのだろうか?

「3月の23だっけ、24だっけ、2人（長谷川氏と）で、全部準備して、投票開始して、サーバーダウンして、アクセスできないってなって、うわー、なんだこれってなって、翌日、テレビ東京のスポーツウォッチャーで又吉（直樹）さんに取り上げてもらって、一気にアクセスが20万人になって……」。と、宮野氏はやや興奮気味に話してくれた。反響は、想定を大幅に超えていたようだ。

「嬉しかったですね。事件とかいろいろあって、企業再生をしなければいけない中で、毎日横領の裁判がどうなっているとか地元の新聞に書かれる時代だったので、それを打ち消す明るい話題を出せたのは嬉しかったですね」。

そうして、4つの候補の中から、折り鶴をモチーフとした「キヅール」が1位に選ばれる。どの候補が1位になっても良かったと宮野氏は前置きしながらも、鶴ではなく折り鶴というのがグルージャの現状を捉えた時に、一番思いが籠っているような気がして嬉しかったそうだ。

変な言い方ですけど、あの事件がなかったらキヅールは生まれてなかったですか？　と聞くと「生まれてなかったですし、（生まれていたとしても）ここまで真剣に取り組んでなかった」と宮野氏。「大げさではなく。クラブ的に希望の光」と長谷川氏は言った。

宮野氏はキヅールを考案してくれた方と所作、言葉の発信、グッズのコンセプトなど入念に打ち合わせ。「誕生までにけっこうというか、ものすごい真剣にやっていましたし、かなり無駄に時間をかけるくらい、今までもやっています」。誕生前はもちろん、誕生後もキヅールに熱意を持って取り組んだ。

そんな熱い思いを背負ったキヅールの周りにはたくさんの人が集まって来る。「本当に、ミッキーを見るかのように喜んでくれて、めちゃくちゃ嬉しい」と宮野氏が笑顔を見せれば、「キヅールの周りに笑顔がいっぱいで、笑われているかもしれないですけど、幸せな気持ちにさせられているのかなとも思います」と長谷川氏は語る。

ゼロックススーパーカップの時に、たくさんのマスコットの中にいるキヅールを見て「誇らしい感じはしますし、J3でもこれだけやれるんだぞ！」という想いにもなった。

横領事件のことを伝えていた地元の新聞も、キヅールがグルージャのマスコットに決定した際には、一面で大きく報じた。岩手県内の認知度も上がり、県知事もキヅールの大ファン。

キヅールはグルージャに、岩手に、喜びや希望をもたらしてくれた。これからのキヅールはどこに向かって羽ばたいていくのかを宮野氏に聞いた。「岩手と言えば、キヅール、という風になってくれればと思う。これからは、恩返しじゃないけど、岩手を広めるにあたって、どう活躍していくか、注目していきたい」。

キヅールの恩返しが始まっている。

なお、2020年3月18日に宮野氏の社長退任が発表された。

グルージャの社用車にもキヅールのステッカーが！

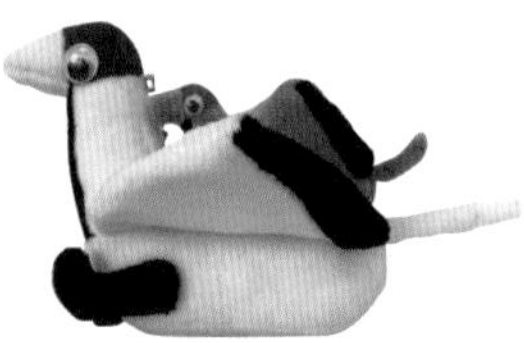

2020年の新グッズ「キヅール&こきづーるキーホルダー」も販売中！

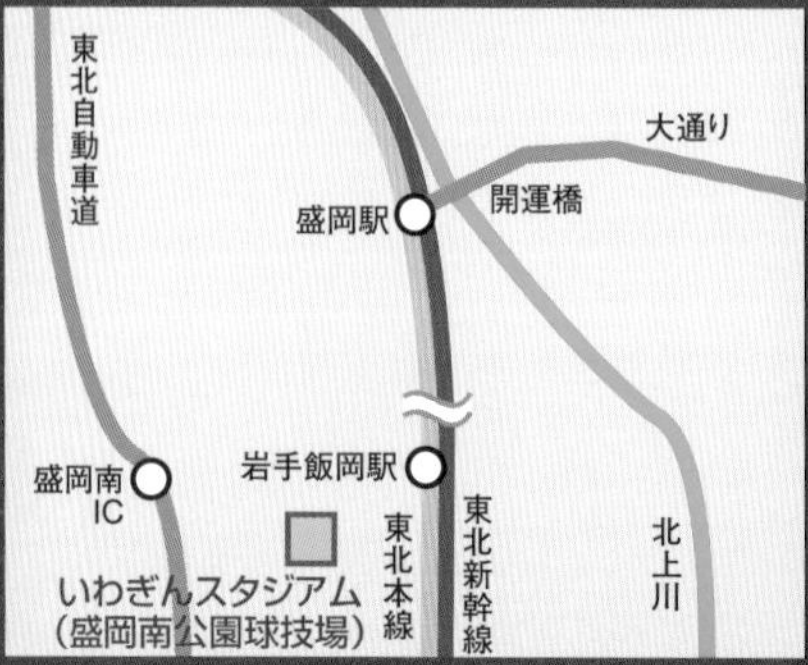

いわぎんスタジアム　アクセス

最寄駅　東北新幹線・**盛岡駅**からJR東北線で約7分の**岩手飯岡駅**。同駅から徒歩約15分。

タクシー　**盛岡駅**から約20分。

シャトルバス　**盛岡駅**西口から運行あり。

路線バス　川久保線・**盛岡駅**14番乗り場から約30分の**中永井**下車。

グルメも充実の盛岡駅

Jリーグ
初代GK
は
この選手

土《ど》井《い》康《こう》平《へい》

2014年3月9日（とりぎんバードスタジアム）
J3リーグ第1節　鳥取 0-0 盛岡

ヴィッセル神戸のアカデミー出身。180センチと大きくはないが、鋭い反応でゴールマウスに鍵をかける。一時、期限付き移籍で京都に所属したことはあるが、2020年でグルージャ9年目。ゴール数「1」。ゴール経験のある数少ないゴールキーパーだ。

©1998 MONTEDIO

モンテディオ山形

NDソフトスタジアム山形

季節ごとに表情を変える奥羽山脈がバックスタンド後方に見え、スタジアムの素晴らしい背景になっている。IAIスタジアム日本平の富士山。白波スタジアムの桜島同様、人間では作れない自然の背景を持つスタジアム。

粘り強く力強い戦いで、3度目のJ1昇格へ

リーグ戦では一時首位に立つなど、常に上位で戦い続け、プレーオフ決勝では敗れたものの、J1昇格がそれほど遠くないことを感じさせる2019年の戦いぶりだった。石丸清隆新監督を迎え、3度目のJ1昇格を目指す戦いが始まる。

HIRACHAN CHOICE

ブルーキッチン

ここのスタジアムに行くときの楽しみの一つはスタグル。山形グルメが楽しめるのはもちろん、県内産の食材を使ったメニューも多く、山形の恵みを堪能することができる。

© MONTEDIO YAMAGATA

温泉

山形県は温泉も有名で、スタジアムのある天童市にも温泉がある。試合を観戦した人は、宿泊料金10%割引のところもあるので、時間がある方は試合も温泉も楽しもう!

モンテス

モンテスの好きなサッカー選手はレフ・ヤシン(1929-1990年、元ソ連代表)。モンテスのサッカーへの造詣の深さに驚きです。

フリーアナウンサー：山内《やまのうち》智《ち》香《か》子《こ》さん

このスタジアムが原点

（取材：２０１９年4月3日）

２０１９年の年末、モンテディオ山形はある「お知らせ」を発表した。

「山内智香子さん　スタジアムＤＪ卒業のお知らせ」。１９９６年から24シーズンに渡りスタジアムＤＪを務めてきた山内智香子さんが、２０１９シーズンをもってスタジアムＤＪを卒業するという。

山内智香子さんのことで、私が印象に残っているのは試合後のヒーローインタビュー。ハイトーンボイス、いや、甲高い山内さんの声がスタジアムに響き渡る。

「放送席！放送席！ヒーローインタビューです！」。

昭和的なインタビューの導入がなんともたまらなかった。テンション高めで、ホームのサポーターは盛り上がり、アウェイのサポーターは負けた悔しさが倍加する。そこにはモンテディオ愛が溢れていた。

１９９６年からということは、ＪＦＬを戦っていたＮＥＣ山形からモンテディオ山形に名前が変わった年でもある。

モンテディオ山形の歴史とともに歩んだ山内智香子さん。山形生まれ山形育ち。モンテディオ山形誕生、いやその前から山内さんはサッカーを愛し、山形のサッカーを愛し続けている。そんな山内さんの話が聞きたくて、２０１９年4月3日、私は山形を訪れた。

山形駅まで迎えに来てくれた山内さん。その流れで山内さんの車に乗車。ありがとうございます。

「健二さんのご親戚の店でもいいですか？」。

えっ？健二さん？もしかして、ミスターモンテディオ高橋健二の親戚のお店？いきなりモンテディオ色を強めてくれる山内さん。到着したお店は、ミスターモンテディオの親戚の方が営むレストラン。雰囲気のいいお店で、モンテディオの選手が来ることもあるという。

「私がサッカーを好きになったきっかけは、やっぱり高橋健二さんです。山形二中の一つ上の先輩なんです」。

山形二中は高橋健二が2年生の時に全国大会に出場。自分が通う中学校のサッカー部が強くて、その中にうまい選手がいれば興味を持つようになるのは自然の流れである。その後高橋は日大山形に進み全国選手権に出場。国士舘大学を経てＮＥＣ山形に加入したのは１９９４年のことだった。

「ＪＦＬの時、柏レイソルとの試合があって、カレカが来るってことになり、大騒ぎになりました。その時、いつも使っているスタジアムにナイター設備が整っていなくて、どこでやったと思います？　県野球場でやったんです。外野の芝生のあるところを中心にして、内野とファウルエリアに芝生を足して。カレカがハットトリックを決めて、7対0で負けましたけど（笑）。そのとき、1万6千人ぐらい入って、こんなに山形でもサッカーを見たい人がいるんだなと思いました」。

入場者が500人ぐらいのこともあったNEC山形時代。しかし、世界的にも有名な選手が来ると、野球場での試合にもかかわらず、多くの人が集まった。きっと山形の人たちもスターのプレーに興奮し酔いしれたに違いない。

中学校時代の山内さんはバスケットに汗を流し、高校では放送部に入った。余談ではあるが、高校の一つ下の後輩に鹿島アントラーズで活躍する土居聖真の母親がいて、山内さんは一緒に通学するほど仲が良かったそうだ。

高校卒業後、地元の短大に進んだ。ちょうどその頃、1992年に開催される第47回国民体育大会（べにばな国体）の開閉会式や、開催前のイベントなどのアナウンサーの公募があり、応募して見事合格。それから、ずっとフリーアナウンサーとして、ラジオやイベントのMCやCMのナレーションなどで活躍している。

こうした仕事を続ける中で山内さんは、FMのラジオ番組や試合中継のリポーターとしてNEC山形と関わるようになっていた。そうして、モンテディオ山形と名前が変わった1996年に、スタジアムDJをやらないかと誘われたことが24年間の始まり。

アナウンサーとして第一歩を踏み出したべにばな国体のメイン会場は、山形県総合運動公園陸上競技場、つまり現在のNDソフトスタジアム山形。モンテディオ山形のホームスタジアムである。

「自分にとっては原点の場所で、仕事をさせてもらうのは本当にありがたいですね」。この思い出深いスタジアムで、山内さんはモンテディオ山形と苦楽を共にし、さまざまな思い出が刻まれていった。

「2004年、J2でのみちのくダービーで、入場者数が2万62人。あの時は感動的でした。東北人としての思いが集結していました」。

その試合にカレカのような世界的スター選手はいない。それでも、多くの山形の人たちが、そして仙台の人たちがスタジアムに足を運び、多くの人でスタジアムが埋まった。昔から山形のサッカーのことを知る山形人の山内さんにとってこれほど感動的なことはなかっただろう。

長年、地元のクラブと関わることで選手や監督、そしてサポーターの人生とも関わってきた。サポーターの結婚式の司会も務め、サポーターが自分の子どもをスタジアムデビューさせた瞬間にも立ち会った。山内さんにとって大切なクラブは、山形の人にとっても大切なクラブへと成長している。

「山形の人にとって、モンテディオはいつも心のどこかにあります。他のクラブに比べて、選手とサポーターの距離が近いと言われますけど、それは実際の距離ではなくて、選手もサポーターも気持ちや感じるものが近いんだと思います。モンテディオは山形の宝であり財産です」。

スタジアムDJを卒業することで、これまでの定位置だったNDソフトスタジアム山形の放送席から離れることになる。いつもメインス

「卒業」を迎えた山内智香子さん

2003年の最終節、大島秀夫にインタビュー

タンドにあるこの放送席からは山形の美しい景色が見えた。

「山形は四季がはっきりしていて、周りの自然も豊かで美しい。ゴール裏のサポーターが一斉に紙吹雪を投げる様子は感動します。選手が入場する時の曲が『OVER THE RAINBOW』なんですけど、本当にスタジアムによく虹がかかるんですよ。素晴らしい景色です」。

2019年の年末にモンテディオ山形が発表した「お知らせ」には次のようなことが書かれていた。「なお、来季ホーム開幕戦にて卒業に当たってのセレモニーを実施させていただく予定です」。その日スタジアムには、きっとサポーターからの感謝の大きな虹がかかるだろう。

卒業を迎えた山内さんだが、これからもモンテディオ山形の取材を続け、YBCで担当している番組でもモンテディオ山形のことを伝え続けている。

NDソフトスタジアム山形　アクセス

最寄駅　JR奥羽本線・**天童南駅**から徒歩約20分。

タクシー　**山形空港**から約20分。
山形新幹線・**山形駅**から約40分。

シャトルバス　**山形駅**西口から約40分。片道600円。

路線バス　JR奥羽本線・**天童駅**から山交バス山形駅行き（長岡経由）で約5分の**東芳賀**下車。徒歩約10分。片道230円。

高橋健二さんの親戚のお店のパスタ、うまかったです

Jリーグ初代GKはこの選手

鈴《すず》木《き》克《かつ》美《み》

1999年3月14日（仙台スタジアム）
J2リーグ第1節　仙台 2-3 山形

山形県出身。日大山形高校から1988年NEC山形サッカー部に加入。山形の県リーグ、東北リーグ、JFL、J2と4つのカテゴリーを経験。NEC山形、そしてモンテディオ山形の歴史を作った。加入以来17年間山形一筋。「かっつぁん」の愛称で慕われた。

©1998 VEGALTA

ベガルタ仙台

ホームの熱烈な後押しを受け、より絆は深まっていく

6年間続いた渡邉晋監督体制は終焉を迎えたが、2018年には天皇杯準優勝と、タイトルまであと一歩のところまで迫った。2020年は新たに木山隆之監督を迎え、ベガルタの絆はサポーターの声援とともにより深いものになっていくだろう。

ユアテックスタジアム仙台

仙台市営地下鉄南北線の八乙女駅を出発し、泉中央駅に着く手前で七北田川を越えている時、進行方向右側に見えてくるユアテックスタジアム仙台が好きだ。数分後にあの場所に自分がいることを想像するだけで楽しい。

HIRACHAN CHOICE

シマオ・マテ

J1で活躍するFWが戦いたくないディフェンダーに名前を挙げる選手。2020年はキャプテンに就任。モザンビーク出身だが、名前の響きから「島尾」の文字が頭に浮かぶ。

仙台駅

アウェイ観戦は案外忙しくて時間がない。しかし、心配ご無用。仙台駅はおみやげが豊富。牛タン、笹かま、萩の月、白松がモナカなど。彼女や同僚、ご近所さんに是非。

ルターナ

ついにベールを脱いだベガッ太の妹。兄のキャラが濃いので妹は大変だ。だって、ベガッ太は浅香唯が好きって、どんなキャラだよ!

フリーアナウンサー：村林《むらばやし》いづみさん

チームと並走する人生

（取材：2019年4月4日）

ここ十数年、ベガルタ仙台のホームゲームの中継で欠かせない人がいる。フリーアナウンサーの村林いづみさん。スカパー！時代、ハーフタイムコーナーでS気質のベガッ太にいじられる村林さんは非常に印象的ではあったが、その時も中継がDAZNになった現在も、試合中のレポートは秀逸。ベガルタ仙台のチーム情報やピッチ上で起こっていることなど、明確で聞き取りやすいレポートは試合を見る興味を増幅してくれる。

私は何度も村林さんに会い、スタジアムでも色々な話をしてきたが、そもそもベガルタと出会ったきっかけや、ベガルタへの想いをじっくりと聞いたことはなかった。そこで今回は、もう少し深い話を聞こうと、仙台まで足を運んだ。秀逸なレポートの裏にある、ベガルタとの絶妙な距離感、そしてベガルタへの想いを村林さんは楽しくまじめに話してくれた。

私は勝手に村林さんを仙台の人だと思っていたが、そもそも、生まれはどこなんだろうか？「青森県青森市出身です。父の転勤の関係で、小中は仙台、高校は青森、大学は仙台です。普段は完全に（自分のことを）仙台人だと思っているんですけど、不思議なことにねぶた祭りのねぶた囃子を聞くと、なんとも言えない血の騒ぎを感じます」。

体の奥底に青森人気質を残す村林さんは、仙台の大学に通っていた時もそれほどサッカーやベガルタに興味はなかったそうだ。

その頃、ベガルタ仙台はJ1に初昇格。街は大いに盛り上がっていたが、「『仙スタ（仙台スタジアム）ってフーリガンがいるところと思っていた』と村林さんは笑う。スタジアムは怖いイメージしかなく、発煙筒が焚かれていると本気で思っていた。

就職活動の時期になり、全国の局アナの試験を受けたが、合格の知らせはどこからも届かず、その後コミュニティーFM「FMいずみ」で1年間仕事をしたが、それも辞めてフリーアナウンサーとして活動を始める。そんなとき、当時ベガルタ仙台に在籍していた佐藤寿人の番組がFMで始まることになり、そのアシスタントの募集に応募したところ、見事採用が決まった。サッカーにもベガルタにもほとんど興味がなかった村林さんのベガルタ人生がここから始まる。

佐藤寿人にはサッカー選手のイメージを完全に覆された。あまりサッカーを知らなかった村林さんは、サッカー選手のことを街でキャーキャー言われる派手で華やかな世界の住人だと思っていたが、「（佐藤寿人は）気さくで話しやすくて良い人で、良い意味で普通の男の子だった。だから、イメージをすべて覆された」。

ユアテックスタジアム仙台にも足を運んだ村林さんは、今度はラジオでのイメージを覆される。「普段ラジオで喋りまくっている寿人くんがピッチに立って頑張っている姿を見た時に、真剣にベガルタを見なきゃ、真剣に考えなきゃだめだと気づかされました」。

この時のラジオ番組、そして佐藤寿人との出会いは村林さんの人生を変えたと言っても過言ではない。「今まで続けられているのも、このラジオと寿人くんのおかげ」と、佐藤寿人に感謝し、現在でも活躍を願っている。「（佐藤寿人が活躍すると）懐かしいし嬉しい。ゴールするたびに嬉しくて、もう仙台の人ではないけど、今でも応援し続けている」と村林さんは昔を懐かしむような表情をした。

その後、ラジオ番組のパーソナリティーは佐藤寿人から梁勇基と中田洋介（現・盛岡商高監督）に引き継がれる。学年でいうと一つ下になる梁勇基も村林さんにとっては非常に重要な存在だ。「彼が現役でいるから私も仕事を続けられていて、頑張り続けられるモチベーションになっています」。

２０２０年からサガン鳥栖でプレーすることになった梁勇基とは、仙台在籍中必ず行う儀式があった。「シーズン初めに生存確認するんですよ。年に一度だけ握手をして、お互いにこの1年も現役であることを確認し、1年間頑張ることを胸に誓います」。そうやって、村林さんとベガルタ仙台というクラブ、そして選手との絆は深まり、ベガルタの歴史と村林さんの歴史は切っても切れないものになっていった。

そんな歴史の中でも、２０１４年から２０１５年は村林さんの記憶に深く刻まれるシーズンとなった。２０１４年、村林さんにこの上ない喜びが舞い込んだ。新しい命を授かったのだ。その一方で、ベガルタ仙台は苦しいシーズンを送っていた。開幕からの不振でグラハム・アーノルド監督は退任。ヘッドコーチを務めていた渡邉晋が監督に就任するものの、厳しい戦いは続いた。ある日、不振にあえぐベガルタを心配して、練習場に元ベガルタ仙台監督の手倉森誠が姿を見せた。そんな手倉森にプライベートな話をするのは申し訳ないと思いながらも、村林さんは妊娠を報告した。すると、手倉森は村林さんの妊娠を我がことのように喜び、祝福してくれた。「赤ちゃんは守り神だから、今年のベガルタは大丈夫！」。手倉森の言葉は現実のものとなり、ベガルタ仙台は厳しいシーズンを乗り越え、J1残留を果たした。翌年、開幕戦はモンテディオ山形とのみちのくダービー。ウイルソンのゴールと時同じくして陣痛が始まり、翌日無事出産を終えた。練習場に赤ちゃんを連れていくと、ウイルソンはやさしく赤ちゃんを抱いてくれた。村林さんとベガルタの歴史の中に、登場人物が1人増えることになった。

〝仙スタにはフーリガンがいると思っていた〟アナウンサー志望の一人の女性の人生の節目にはいつもベガルタ仙台が存在し、人生そのものになっていった。出産後も、献身的にベガルタ仙台、そしてマイナビベガルタ仙台レディースの取材を続ける村林さん。

「今となっては、ベガルタがないことなんて考えられないし、ベガルタと出会ってなかったら、喋る仕事も続けられていたかわからない。

チームからもらったものが大きすぎる。これまでの人生で」とベガルタへの感謝の気持ちを語った。

そんな村林さんとベガルタ仙台との距離感、そして存在はどんなものなんだろう？「選手にも関係者にもサポーターにも人生のドラマがあって、何か特別なことができるとは思わないけれど、チームの歴史と並走して走っている感じです」。

取材の現場はどちらかというと男社会。そんな中で「おかあちゃんだったり、おねえちゃんだったりみたいな感覚を持っていよう」と思っている村林さん。そんな温かみのある目線や思いやりがベガルタ仙台と良い距離感を生み出している。これからも村林さんとベガルタ仙台の程よい距離感の並走は続いていく。

村林いづみさんの深いベガルタ愛を感じる話だった

ベガルタ仙台時代の
佐藤寿人

ユアテックスタジアム仙台　アクセス

最寄駅 東北新幹線・**仙台駅**から市営地下鉄南北線で約15分の**泉中央駅**。同駅から徒歩約4分。

タクシー **仙台駅**から約25分。**仙台空港**から約45分。

浅香唯が
好きな
ベガッ太と

Jリーグ初代GKはこの選手

石川《いしかわ》研《けん》

1999年3月14日（仙台スタジアム）
J2リーグ第1節　仙台 2-3 山形

沖縄出身初のJリーガー。沖縄国際大学から1992年に名古屋に加入。1997年、当時JFLのブランメル仙台に移籍し、1999年名称変更したベガルタ仙台でもプレーした。現在、故郷の沖縄に戻り、KBC未来高等学校沖縄サッカー部の監督を務める。

福島ユナイテッドFC

とうほう･みんなのスタジアム

あづま総合運動公園内にある、とうほう･みんなのスタジアム。メインスタンドの外観のたたずまいはかなりの迫力で存在感抜群。お隣の福島あづま球場は東京五輪の野球、ソフトボールの会場にもなっている。

福島にしか できないことを 着実に積み重ねる

けっして大きなクラブではないが工夫を凝らし、今、福島にできること、福島にしかできないことを着実に積み重ねている。福島に行ったことがない人もいるかもしれないが、仙台や山形に行った際は、是非足を運んでいただきたい。

HIRACHAN CHOICE

いもくり佐太郎

芋と栗の素朴な味とやさしい甘さがたまらない福島銘菓。とうほう･みんなのスタジアムでも売っている。お土産のつもりで買ったのに、我慢しきれずに食べてしまった。

福島ユナイテッド農業部

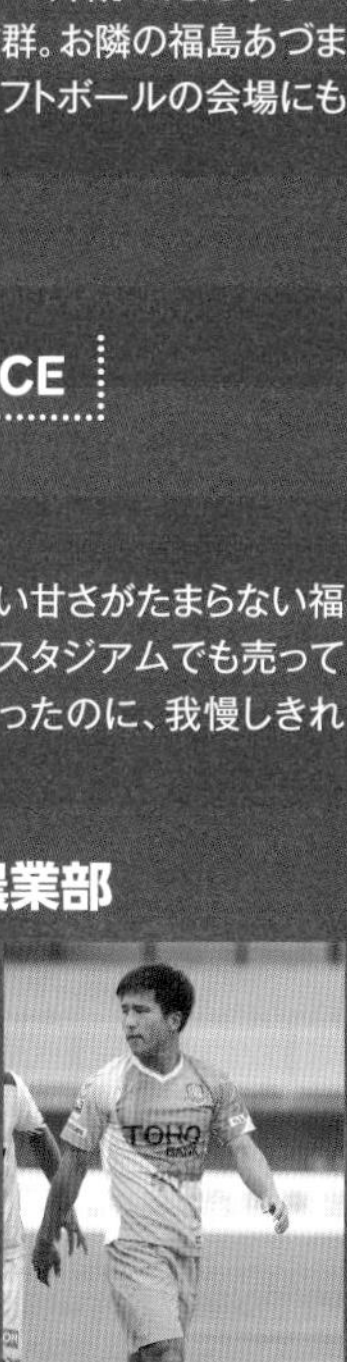

福島ユナイテッドFCの選手と地元の農家の方がタッグを組み、米や桃やりんごなどを栽培、収穫、販売を行う。2019年、農業部の部長は樋口寛規（写真）。ピッチ内外で大活躍だ。

白べこちゃん　赤べこちゃん

会津柳津町出身の赤べこちゃん、白べこちゃんが2017年、応援キャラクターに就任。フォルムも表情もかわいい。

鍼灸師：茂木《もぎ》弘人《ひろと》さん

鍼灸師合格から、道はまた続く

（取材：２０１９年10月14日）

「鍼灸師になったJリーガー」。そんな記事を、時間潰しに見ていたスマホの画面で目にした。

その記事の主役はサンフレッチェ広島、ヴィッセル神戸、福島ユナイテッドFCで活躍。ある時はフォワードとして幾度もゴールネットを揺らし、また、ある時はスピード感あふれるオーバーラップからのクロスで味方のゴールを演出。福島ユナイテッドFCではセンターバックでプレーすることもあった茂木弘人。

取材当時、外部コーチとして母校の聖光学院高校サッカー部の指導をしながら、かまた鍼灸整骨院で鍼灸師として働いていた。

プロサッカー選手の引退後の道は人それぞれだが、鍼灸師になったJリーガーという話を聞いたのは初めて。是非とも話を聞いてみたいと思い、福島県郡山を訪ねた。

郡山駅近くのスターバックスに入店すると、店員はすぐに気づいた。「茂木さんですよね」。店員は福島県出身でサッカー好きなようだ。「見てました。ずっと。○○高校の時から」。興奮気味の店員。

コーヒーを受け取り、テーブルを挟んで向かい合って座ると、茂木弘人は声を潜めて私に言った。「高校の名前、間違ってますけどね（笑）」。ただ、そんなことで気分を害するような茂木弘人ではない。いたって穏やかでやさしい。店員の間違いのおかげで、少しリラックスムードの空気の中、現役生活や鍼灸師になった今の生活を飾ることなく話してくれた。

茂木は聖光学院高校卒業後、２００２年に広島に加入。「それほど活躍していなかったですし、プロの世界は厳しいなと思いながらプレーしていました」と広島時代を振り返った。そうして２００６年、ヴィッセル神戸に移籍する。

「自分が一番輝けていたのが神戸。クラブの考え方もシビアで、結果を出さないといけないという気持ちが常にありました」。

神戸在籍時、茂木弘人はある年はフォワード、また、ある年はサイドバックでプレーしていたが、そのほとんどは監督に言われたコンバートではなく、自ら監督に直訴したものである。これは、シビアな世界で生き残るための決断でもあり、来年はもう契約してもらえないのではないかという不安にかられての行動でもあった。

もう一度フォワードに挑戦したいという思いが高まり、カイオ・ジュニオール監督にフォワードでプレーしたいと訴えたシーズンもあった。もちろん、すぐにレギュラーポジションが与えられるわけではない。紅白戦の出場の機会すら与えられない時期もあった。それでも努力を続け、レギュラーポジションを獲得。しっかり結果を残した。

そんな現役時代には、アキレス腱を切り、シーズンのほとんどをリハビリに費やした年もあった。日々の練習や試合で筋肉の張りを感じることは幾度もあった。そんななか、様々な治療を受けてきたが、鍼の治療が自分には合っていると感じていた。

2015年、福島ユナイテッドFCに加入すると、チームのスポンサーの中に福島医療専門学校の名があった。引退後のことも考えはじめ、鍼に興味もあった茂木は、専門学校の先生に、現役を続けながら鍼灸を勉強し、国家資格を取得する方法があるかを相談してみた。

幸いにも、この専門学校には夜間部があり、現役を続けながら鍼灸師になるための勉強をする方法が見つかった。そして、クラブもそんな茂木を後押しした。

ヴィッセル神戸の時と変わらず、自分の想いに素直に行動した茂木弘人。「今振りかえると、自分がなぜ、そんなに思い切れたのかが不思議です」と当時を振り返った。

午前の練習が終わると、その後は勉強漬けの毎日。遠征にも勉強の本を持参し、移動の時も、宿泊先でも勉強に励んだ。鍼の効果を知ってはいるものの、人の体に打った経験はもちろんない。最初は、手や足など自分の体に鍼を打つ。学校では、生徒同士でお互いに打ち合う。

「最初はめっちゃ怖かったです。お灸もやりますが、下手くそなんで、最初は火傷します」。聞いてるだけで、鳥肌が立つような話だ。

これまでは治療を受ける立場だったのが、治療を施す側へ、全く真逆の立場になるが、「いろいろな治療を受けてきた分、こういうことをされたら嫌だなというのが他の人よりもわかるのはアドバンテージです」。全てを前向きに捉え、新たなチャレンジに取り組んだ。

3年で養成課程を修了し、国家試験の受験資格を得た。国家試験は2月。チームは1月からすでに始動していたが、国家試験が終わるまで勉強に集中することを許された。その期間チームに迷惑をかけたものの、国家試験が終わると、すぐにチームに合流。そして、勉強の甲斐あって、国家試験も見事一発合格。茂木弘人は晴れて鍼灸師になった。

ところで、先ほどから鍼灸師と言っているが、実は鍼灸師という国家資格はない。「はり師」と「きゅう師」という2つの国家資格があり、実質どちらも取得する人が多く、2つの資格を持つ人のことを一般的に「鍼灸師」と呼ぶのである。

鍼灸は人によって合う合わないはあるものの、薬を使わずに自然治癒力を高める効果があり、可能性も大きいと言われる。茂木弘人も受けていたような、スポーツ治療の分野から、美容の分野、そして高齢者医療にも幅を広げている。茂木弘人は柔道整復師やあんまマッサージ指圧師よりも鍼灸師に、より可能性や将来性を感じたのである。

「まだまだ、修業の身です」と言いながらも、もっとスキルを上げて、将来的にはサッカーはもちろん、プロスポーツの選手に打てるような鍼灸師になりたいと思っている。

一方で、母校のサッカー部も強くしたい。もっといい選手を育てたいという想いも強い。そして、サッカーを指導することの楽しさや難しさを感じていた。

そして現在、かまた鍼灸接骨院を離れ、聖光学院高校サッカー部外部コーチ兼トレーナーとして公式戦に帯同し、必要がある選手には、鍼治療や体のケアを行っている。引退後の進むべき方向はまだ明確なものはなく、現在模索中。ただ、そんな自分の未来に対して「不安よりも楽しみの方が大きい」という茂木弘人。現役時代同様、出来るだけ自分の可能性を広げ、選択肢を増やす中で、自分で納得できる道を見つけ、自分の想いに素直に突き進んでいく。

2019年3月の引退セレモニーで挨拶する茂木弘人

神戸時代、2010年の茂木。大宮の石原直樹と競り合う

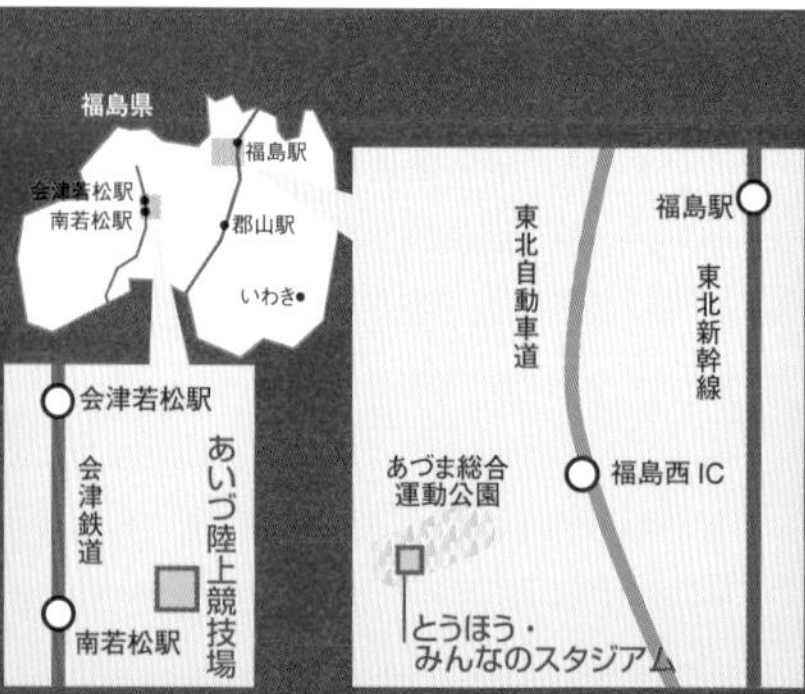

とうほう・みんなのスタジアム
（県営あづま陸上競技場）　アクセス

最寄駅 東北新幹線・**福島駅**。

バス **福島駅**東口から福島交通路線バス佐原線佐原行で約30分の**あづま総合体育館**下車。徒歩約10分。片道630円。

タクシー **福島駅**から約20分。

お土産にぴったりな、いもくり佐太郎

Jリーグ初代GKはこの選手

内藤友康《ないとうともやす》

2014年3月9日（味の素フィールド西が丘）
J3リーグ第1節　長野 1-0 福島

横浜F・マリノスジュニアユース追浜、日本大学藤沢高校を経て2005年名古屋グランパスエイトに加入。その後、アビスパ福岡、モンテディオ山形に在籍し、2009年から福島でプレー。J3通算53試合出場。2018年、東邦チタニウムへ移籍。働きながらプレーを続けている。

© KASHIMA ANTLERS

©1992 K.A.FC

鹿島アントラーズ

HIRACHAN VOICE

常に勝利を希求し、タイトルを渇望し続けるクラブ

サポーターの一体感は応援の迫力を生み出し、勝利を求める熱がスタジアムに広がっていく。さらに、重要な試合ではそのボルテージが何段階も上がる。鹿島に関わる人たちは、勝つために、優勝するために何が大切かを知っている。

県立カシマサッカースタジアム

鹿島サッカースタジアム駅は、鹿島アントラーズホームゲーム開催日等のみの臨時停車駅。駅に着いたら目の前にスタジアムがあるというのが実にいい。ディズニーランドの舞浜駅同様、期待感に満ち溢れた駅だ。

HIRACHAN CHOICE

もつ煮

このスタジアムで、もつ煮を食わずに帰るほどもったいないことはない。店舗数も多いし、店によって味も違う。値段もリーズナブルだし、もつ煮食べ比べもできる。

スタジアムツアー

ファンクラブ会員の希望者の中から、抽選で参加できるスタジアムツアー。このツアーの良さは、試合がない日ではなく、開催日であるということ。ピッチやベンチも体感できる。

アントン　しかお　しかこ

立派な角を持つ父しかお。リボンがかわいい母しかこ。角が小さめ、子供のアントン。スタジアムのコンコースなどで活躍中。

ジョルジーニョに憧れて

鹿島アントラーズのユニフォームの左胸のエンブレムの上には大きな2つの星が輝いている。それは、20個のタイトルを取った証。

Jリーグ優勝8回。ルヴァンカップ（旧・ナビスコカップ）優勝6回。天皇杯優勝5回。そしてACL制覇1回。

その最初はJリーグを制覇した1996年。後に、フランスW杯日本代表でもDFラインを支える秋田豊や相馬直樹が守備陣を牽引し、中盤では本田泰人が目を光らせていた。

柳沢敦はこの年のルーキー。リーグ戦では出場試合数はそれほど多くはなかったが、8試合で5得点。その後の活躍の足掛かりとなった。

そして、世界的なスターが2人いた。レオナルドとジョルジーニョである。レオナルドは華麗なプレーで観客を魅了した。ジョルジーニョは攻守に存在感を発揮し、この年のMVPを獲得した。1996年のこのメンバーを見れば、20に及ぶタイトル獲得の最初の年にふさわしいことがわかる。

名良橋晃はこの翌年、1997年にベルマーレ平塚から鹿島アントラーズに加入することになる。

千葉英和高等学校を卒業後、1990年フジタ工業に加入。チーム名がベルマーレ平塚に変わった後も、ずっとプレーを続けていた名良橋晃だったが、どうしても鹿島でプレーしたい理由があった。

「一番の理由は憧れのジョルジーニョと一緒にプレーすること。そして、ワールドカップの日本代表のメンバーに選ばれるため。アントラーズのユニフォーム一色で染まった鹿島のスタジアムで、圧倒的な応援を受けてプレーしてみたいというのも大きな理由です。あとは、相馬直樹と同じ方向を向いてプレーしたいという思いもあった。実は、鹿島に入る前から相馬直樹研究会を創設してたんですよ」

気になるな〜、相馬直樹研究会。ジョルジーニョの話をたくさん聞きたいところだけど、少し寄り道して、まずは相馬直樹研究会について。

「代表合宿とかで、自分と斉藤俊秀と並木トレーナーの3人が相馬直樹のいろんな動きを研究していました。クロスを上げる時の腕の動きとか、自陣に戻る時のバックステップの踏み方。その他いろんな動きを研究すると言いながら、最終的には相馬直樹をいじるんですけど（笑）」。

名良橋さん！ 貴重な時間と文字数返してください（笑）。冗談交じりの相馬直樹研究会だが、それだけ相馬直樹のことを意識していたと

（取材：2020年1月2日）

いうことだろう。そんな刺激を受ける選手が鹿島の練習場には多く存在し、練習場にはいつも緊張感が張り詰めていた。

「移籍初年度はBチームのレベルが高くて、紅白戦でもバチバチにやりあって、時には喧嘩にもなりましたし、とにかくレベルが高かった。リーグ戦以上に緊張感がありましたね」。

その頃Bチームには、平瀬智行、鈴木隆行、真中靖夫、室井市衛、鬼木達など。リーグ戦で中位ぐらいにはいけそうな選手たちが揃っていた。Aチームの2トップが柳沢敦とマジーニョの組み合わせになると、Bチームの2トップを黒崎久志と長谷川祥之が組むこともあった。

「この2トップは強烈。リーグ戦では見ることができない秋田と長谷川のマッチアップなんてすごい迫力。お金を払ってもいいくらいのお得感が紅白戦にありました」。

気の抜けない紅白戦はお互いを高め合い、チーム全体のレベルがさらに上がっていく。戦えない選手は練習場に居場所さえなかった。

「消極的なプレーをする選手はチームでも浮いていましたね」。

練習のレベルが高いというと、とかく練習方法が最先端のように思いがちだが、練習のレベルは選手が作り出すもの。そんな伝統が今でも鹿島に受け継がれている。

そんな中でも、名良橋晃が刺激を受けたのはもちろんジョルジーニョ。1990年のイタリアW杯のブラジル代表でプレーする姿を見てから、ずっと憧れ続けてきた選手である。移籍が決まるのが遅れ、ブラジルでのキャンプに遅れて合流した名良橋晃。目の前には憧れのジョルジーニョがいた。

「ジョルジーニョと同じチームになって、同じ練習やって、同じ食事を食べることが本当に信じられなかった」。

ただ、この大切な機会を逃すまいと、ジョルジーニョのすべての動きに注目した。ボールを蹴る時のフォーム。蹴ったボールが描く軌道。練習は驚きの連続だった。

「ボールを蹴った時の音が、他の人と全然違う。聞いたことがないような『シュー ッ』って音がするんですよ。全然力を入れずに、簡単に蹴っているように見えるんですけど、『シュー ッ』って音とともに綺麗にボールが伸びて、受け手の足もとにピタリと収まる。これまで見たサッカー選手とは全然違いました」。

練習後は居残り、ジョルジーニョの蹴り方を参考にしてボールを蹴り、自分の体に覚えこませた。完璧にマスターはできなかったが、名良橋晃のプレーの引き出しは格段に増えた。ピッチ内だけでなく、ピッチ外でも触れ合い、憧れの選手と同じチームで戦える日々は夢のようだった。

しかし、夢の終わりは意外と早くやってきた。翌1998年、ジョルジーニョの退団が決まった。お別れの日、成田空港まで見送りに行った。名良橋はその日のことを鮮明に覚えている。奇跡が起こったことも。

「1才の息子を連れて空港に行ったら、息子が初めて『ジョルジ』って言ったんですよ。奇跡です。確かに、自分がよく『ジョルジ、ジョルジ』って言っているのもありますけど、今まで一度も言ったことがなかったのに、お別れの日ということもわからないのに、なぜか突然『ジョルジ』って。そうしたら、ジョルジーニョが振り返って親指を立ててくれました。いつもかっこいいけど、あの時のジョルジもカッコ良かったな〜」。

完全にファン目線の名良橋晃。同じピッチでプレーして、一緒に練習をして、ピッチ外で食事に行っても、憧れの気持ちがなくなることはなかった。そして、その気持ちは今でも変わらない。

「ジョルジーニョにはリスペクトしかないです。ぼくにとっては一生忘れることができない憧れの存在です。何歳になっても」。

サッカーの世界にすごい選手はいる。スター選手もいる。ただ、同じサッカー選手からリスペクトされる選手は多くはいない。一人の偉大な選手の存在が、一人のサッカー人生を変えた。

「ジョルジーニョがいなかったら、今の名良橋晃は存在しない」。名良橋晃にとってジョルジーニョは永遠のMVPである。

ジョルジーニョ愛を貫く名良橋晃さん

1997年当時の
ジョルジーニョ

県立カシマサッカースタジアム　アクセス

最寄駅 JR鹿島線・**鹿島サッカースタジアム駅**からすぐ。

タクシー JR鹿島線・**鹿島神宮駅**から約10分。

ピストンバス **鹿島神宮駅**から約15分。片道250円。

鹿島サッカースタジアム駅です

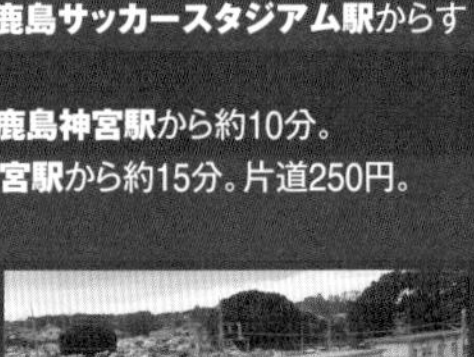

Jリーグ初代GKはこの選手

古川昌明《ふるかわまさあき》

1993年5月16日（県立カシマサッカースタジアム）
Jリーグ 1st 第1節　鹿島 5-0 名古屋

1992年、鹿島に加入。1993年、Jリーグ開幕の年は全試合フルタイム出場。選手キャリア、ブラジル留学経験から「キーパーコーチ次第で選手は伸びる」ことを知り、引退後は川崎や鹿島のGKコーチでそのことを実践。現在いわきFCのGKコーチ。

水戸ホーリーホック

ケーズデンキスタジアム水戸

年間入場者数の目標、12万5千人を超えた2019年。平均入場者数も過去最高の6087人。このスタジアムは楽しい。そして、去年は悔しさも覚えた。だから、今まで以上に愛されるスタジアムになるはずだ。

HIRACHAN VOICE

J1昇格プレーオフまで、あと1点だった!

J2が22チーム制になった2012年以降で、クラブ最高順位の7位に終わった2019年の水戸ホーリーホック。しかし、6位山形と勝ち点は同じ70。得失点差も同じ+19。あと1点だった。しかし、昨年の戦いぶりが色褪せることはない。

HIRACHAN CHOICE

アツマーレ

水戸ホーリーホックの練習場。道中、坂やカーブが多い道になる。すれ違う車も減る。少し不安になる。ナビを疑い始める。だから、到着したときの喜びもひとしおだ。

宇宙まお

公式応援ソング『無限の力』や創設25周年応援ソング『ONE～ひとつになる～』を歌う女性シンガーソングライター。人生を後押しするような歌声や歌詞がたまらない。

ホーリーくん

6月11日が誕生日のホーリーくん。その前後のホームゲームでは、たくさんのゆるキャラが集合してホーリーくんの誕生日を祝う。

本間《ほんま》幸司《こうじ》選手

ホーリーホック創世記

（取材：2019年5月22日）

駐車場に車を止め、取材の準備をしようとかばんを探っていると、運転席の窓をコンコンとノックされた。外には知らないおばさんがいる。もちろん誰だか全くわからない。駐車禁止の場所だったのだろうか？

なんだかわからないけど窓を開けてみると、「どうぞ」の声とともにペットボトルに入ったアセロラドリンクを渡された。きっと水戸ホーリーホックを応援されている方なのだろう。私のことも知ってくれていた。だから、アセロラドリンクのプレゼントだったのだ。やさしいなぁ～。

「ありがとうございます」と言って、頭を上げた頃にはすでに踵を返し、おばさんは後ろ姿。去り方の格好良さに私はメロメロで、心身ともに茨城モード、アツマーレモード突入である。

水戸ホーリーホックに素晴らしい練習場ができたことは耳にしていた。その名も「アツマーレ」。しかし、なかなか行くことができず、今回が初めての訪問となる。

城里町七会町民センター「アツマーレ」は廃校になった旧七会中学校を再利用した施設。天然芝の練習場や選手のロッカールームはもちろん、地域の人たちが利用できるような体育館やバーベキュー場、城里町の住民のための行政施設もあり、証明書発行などの窓口業務も行っている。トレーニングルームは町民に無料開放されており、選手の横で近所の住民の方が体力づくりのため、マシーンを使って体を鍛えていることもある。

そんなアツマーレでお話をしてくれたのは、水戸ホーリーホックの、いやＪ2の、いやいやＪリーグ全体にとってのレジェンド本間幸司。水戸ホーリーホック加入21年目のレジェンドは、水戸ホーリーホック創世記の話を中心に、楽しくそして包み隠すことなく話してくれた。

彼のやさしさ、懐の深さ、そして駐車場で会ったアセロラおばさんと通じる人としての温かさ。本間幸司の言葉を胸に水戸ホーリーホックの試合を見ると、これまで以上に水戸への思いが深まるに違いない。

本間幸司は１９７７年4月27日生まれ。茨城県日立市出身。水戸短大附属高（現・水戸啓明高）卒業後、浦和レッズに入団した。

しかし、浦和在籍の3年間、公式戦の出場はなく、そんな時に当時ＪＦＬの水戸ホーリーホックから声がかかった。１９９９年のことである。

「レッズでいろいろ思い悩んでいて、本当はサッカー辞めようかなと思っていた時、地元から声が掛かったので、今年1年試合に出て、サッカー楽しんでもうやめようと。軽いノリでしたね」と当時を振り返る。

当時の水戸にはクラブハウスもなく、土のグラウンドで練習していた。浦和レッズから加入した本間にとってはあらゆる環境の違いが驚きだったが、さらに驚いたのはこのクラブでプレーする選手たちの姿勢である。

「みんなコンビニでバイトしたり、朝まで弁当を作ったりして働いて、青い顔して練習に来る。みんなすごいなーと思いました。こんな思いまでしてサッカーをやりたいんだなぁ。なんか、オレ甘えてたなぁ」。

そんな当時の水戸ホーリーホックは本間によれば「うまい下手ではなく、サッカーへの情熱がないと、サッカーができない場所だった」。

自分の甘さに気づいた本間は「昇格云々よりも、目の前の練習、目の前の試合のことしか考えていなかった」と語るほど、思いを新たにして全力でプレーに打ち込んでゆく。

その年、J2に昇格できなければクラブ存続の危機に陥るような状態ではあったが、そんな苦しい状況だからこそなのか、彼らの過ごす日々はまさに「青春」そのもの。不器用で泥臭く青臭い日々が続いていく。

「今は亡き当時の社長は、試合に勝つとロッカーで取っ払いで3000円をくれました。その3000円を握りしめて、つぼ八行って、安い酒を飲んで、サッカーの話をしているのが本当に楽しかったですね。8連勝したとき、ロッカーに社長の姿がなくて、いろんなところから『ふざけんなよ！　つぼ八行けねーよ！』とか声が聞こえてきた。少し時間が経って、社長が現れましたけど、『きっとお金をおろしに行ったに違いない』と言ってみんなで笑っていました」。

青春映画のワンシーンのような世界。むき出しのストレートな感情がぶつかり合っていた。この年は、「俺はヘディングだけでセルシオを買った」と堂々と言い放つ本間をして曰く「めちゃめちゃやばいくらい熱い人」、地元出身の渡辺卓が加入。そして、現役を引退していた「きーやん」こと木山隆之（現・ベガルタ仙台監督）もシーズン途中に加入。

監督はいたものの、経験のある選手がチームメイトにサッカーを教え、能力はあるがあまりサッカーを知らなかった選手がどんどん成長していった。

社長の知り合いが、敷金礼金も取らずに家賃2万円でアパートに住ませてくれた。10人ほどがそのアパートで暮らし、時に一つの部屋に集まっては大騒ぎし、時にビデオを見ながらサッカー談議に花を咲かせた。悪戦苦闘の日々の末、この年、水戸ホーリーホックはJ2昇格を果たした。

「勝っていくうちに絆が生まれて、自分の中では一番思い出に残っているチーム」と言う本間。このチームのメンバーは、今でも年に1回集まるという。

そのことを本間は「みんな、水戸に帰って来てくれる」と言った。

「昔はこのチームより下はなく、ここで結果を出さなかったら終わりだった。だからあの頃のメンバーにとって水戸は原点です。気持ち的に中途半端ではなくなる場所です」。

当時、このチームに関わっていた選手たちは、いまだにサッカーと関わっている人も多く、試合会場などで会うと「しぶといねー」、「あの時代があったから全然余裕っす」と言い合う。

「あの当時は永遠にこれが続くと思っていて、けっこう辛かったですけど、今となっては、今となってはですよ（ここ強調した）、楽しかったし、いい思い出です」と本間は笑った。

「かつては練習場もジプシーだし、車で着替えるのが当たり前だったので、練習場ができて自分のロッカーがあることが感動です」。

アツマーレという施設もでき、J2上位で過ごす時間も長くなり、応援する人も増えてきた。

「アウェイでの試合の日なのに、水戸のユニフォームを着ている人を駅でたくさん見かけて、感動しましたね。憧れていた風景なので」。

徐々に成長していくクラブの姿に「僕がもうちょっと若い頃にこうなってくれたら良かったですけど」と言って本間は笑った。

水戸ホーリーホックの歴史を語ってくれた本間幸司

昇格を果たし、
J2で戦う2000年シーズンの
渡辺卓（右）と木山隆之（左）

Jリーグ
初代GK
は
この選手

本間幸司《ほんまこうじ》

2000年3月11日（浦和市駒場スタジアム）
J2リーグ第1節　浦和 2-0 水戸

誰もが知る水戸のレジェンド。1999年に水戸に加入しJFLを戦った。翌年、初のJリーグでの対戦相手が古巣の浦和というドラマ。スタジアムに掲げられる手書きの小さめの横断幕は「幸司とJ1へ」。J1の舞台で浦和と対戦するドラマも見てみたい。

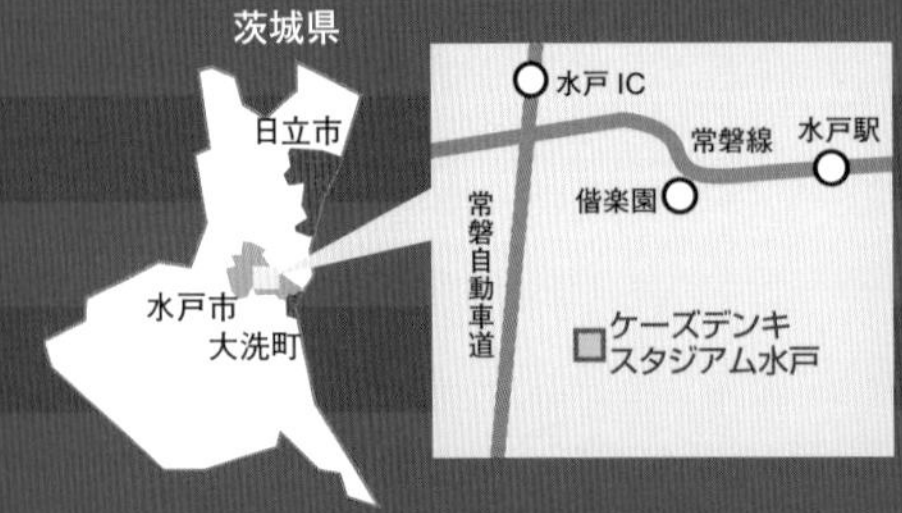

ケーズデンキスタジアム水戸　アクセス

最寄駅 JR常磐線・**水戸駅**。

バス **水戸駅**北口4番乗り場から茨城交通バスの「ケーズデンキスタジアム水戸行き」で約30分。終点で下車。片道490円。

水戸駅北口6番乗り場から関東鉄道で約45分の**市立競技場**下車。片道690円。

タクシー **水戸駅**から20〜25分。

ケーズデンキスタジアム水戸になぜか、鶴が

栃木SC

栃木県グリーンスタジアム

略してグリスタ。ピッチとスタンドが近い。だから、声援が選手の耳に届く。シーズン終盤、ハードワークを重ね疲れた体でも、あと一歩を踏み出せたのは、スタンドからの声援によるものだったことは言うまでもない。

最終節、涙の残留劇！栃木に関わる人達の結束力を見た

勝ち点的には相当厳しい状態だった2019年の栃木SC。しかし這い上がり、J2残留を果たした。終盤3勝1分けで見せた結束力。監督も選手もスタッフも、そしてサポーターも、すべての人でつかみ取った残留。かつて、掲げていたスローガン「一枚岩」そのものだった。

HIRACHAN CHOICE

玉子焼き

グリスタのフードエリア「ビストロトッキー」も充実している。なかでもオススメの一つが玉子焼き。本気度の高い玉子焼きがスタジアムで食べられるのはけっこう珍しい。

芝　お持ち帰り自由

ホーム最終戦後、芝生更新工事開始に伴い、ファンクラブ会員などの人達にピッチが解放され、芝の一部のお持ち帰りが許された。持ち帰った芝生がどうなったのかが気になる。

トッキー

栃木の観光地といえば日光。日光といえば猿。ゆえに、トッキーはやんちゃで冒険心と好奇心いっぱいの少年猿。毛並みの良いモヒカンの盛り上がりはなかなかのものだ。

作新学院大学サッカー部コーチ：入江《いりえ》利和《としかず》さん

運命のJリーグ初ゴール

（取材：2019年11月22日）

2019年11月16日、J2第41節、V・ファーレン長崎対栃木SCの23分。コーナーキックから乾大知がヘディングシュートを決め、栃木SCはそのまま0対1で勝利した。この乾大知のゴールが栃木SCのJ2通算400ゴールとなった。

10年前の2009年4月5日、J2第6節で生まれた栃木SCの記念すべきJ2第1号ゴールもヘディングシュートだった。ゴールを決めたのは地元、栃木県宇都宮市出身の入江利和。現在、母校の作新学院大学サッカー部のコーチを務めている。

入江に話を聞くにあたり、2009年の選手名鑑と私の観戦ノートを持参した。サッカーを見過ぎてボロボロになった選手名鑑には、大久保裕樹、佐藤悠介、小針清允、米山篤志など、黄色のユニフォームを着た顔写真が並んでいる。「懐かしい〜」と入江の声は若干裏返った。

矢板中央高校から作新学院大学に進んだ入江。首都圏の大学からも話はあったようだが、「首都圏に行ったら遊んでしまうなと思いました。都会過ぎて（笑）。それに、都会のプレッシャーに耐えられないかもしれない」。

大学卒業後はジェフユナイテッド市原・千葉リザーブズに加入。アマチュアチームのため、平日は朝7時から午後5時まで弁当配達。午後7時から練習。土日は試合という生活を繰り返した。その結果、ここでの活躍が認められ、2008年、当時JFLの栃木SCに加入する。

入江は地元の栃木SCの試合を、前身の栃木教員サッカークラブの頃から見ていた。そしてその栃木SCは、Jリーグ入りを強く願っているタイミングだった。

2008年は栃木SCにとって勝負の年。だから、メンバーは全員プロ契約。「地元のチームでプロになれるのは幸せでしたね」。練習環境も少しは良くなった。選手も揃ってきた。ゆえに、この年にJリーグに上がることができなければ、チームがなくなるかもしれないというプレッシャーのかかるシーズンだった。

入江はチームに加入したものの、出場機会は全く訪れなかった。そればかりか、紅白戦にも出場できない日々が続いた。転機が訪れたのは天皇杯3回戦の熊本戦。そのゲームで、良いパフォーマンスを見せ、その後のリーグ戦でも活躍。チームもJFLで2位に入り、Jリーグ入りの切符を掴み取った。

熊本戦が転機になったことは、2009年の選手名鑑にも記載されているが、それを見るわけでもなく入江は、まるで昨日の出来事のように話した。当時の記憶は脳裏に鮮明に刻まれているようだ。

もちろん2009年のこともしっかりと覚えていた。私の観戦ノートを見ながら、栃木SC初のJ2シーズン、初ゴールまでを辿っていく。

第1節、3月8日、0対1で敗れた岐阜戦。ここには入江の名前がない。

「1試合目はあまり内容が良くなくて、2節目からメンバーが少し変わりました」。

第2節、3月15日、0対1で敗れた湘南戦。この試合から、入江は左サイドバックでスタメンに抜擢される。

「その時はやるしかないなって感じでした。嬉しかったですけど、正直に言うと湘南かよ！　という気持ちもありました。もう少し弱いチームとやりたかった（笑）。ジャーンだ！　アジエルだ！　やばい、鹿実の田原（豊）だ！　って感じでした」。

JFL時代と比べれば、対戦相手に有名かつ実力のある選手がそろっている。そんなことに驚きながらも、対戦してみた感触はそれほど実力差を感じるものではなかった。敗れはしたものの、このカテゴリーでもやっていけそうな手ごたえを感じた。

第3節、3月22日、セレッソ大阪戦も0対1で敗れた。

セレッソには乾貴士、香川真司がいた。この2人に関して、この試合での印象は「まあまあうまいな」というのが入江の率直な感想である。

ただ、このシーズンのJ2は18チームの3回戦総当たり。2回目にこの2人と対戦したときは、「うまっ！　こいつらやべえなぁー」となり、3回目の対戦の時には「どうすんだよ？　どうやって止めればいいんだよ！」と2人に対する印象が変化していった。

「1年間でこんなに人って変わるのか？　選手って成長するのか！　という驚きがありました。成長スピードが半端ない。こいつら、この先どうなっちゃうんだろうと思いました」。

初のJリーグ参戦。3戦3敗。無得点。手ごたえがないわけではなかったが、勝利はおろかゴールも遠かった。

第4節、3月25日は福岡戦。栃木県グリーンスタジアムのナイター設備が整備されていなかったため、国立競技場での開催だったが、これも0対2で敗れた。

「福岡、強かったですね」。

第5節、3月29日、東京ヴェルディ戦。ヴェルディホームの国立競技場での試合は、大黒将志にPKを決められ0対1で敗戦。

このゲームから左サイドハーフでの起用になった入江が衝撃を受けたのは、大黒将志のポジショニング。そして動き出し。

「注意深くマークしていても、本当にいなくなる。クロスの時も、わかっていても一瞬にして姿を消す。僕らのレベルでそんな選手はいなかった」。

この試合でも、栃木にチャンスがなかったわけではない。しかし、開幕5連敗。ノーゴール。

そして、4月5日、第6節。ホームでの岡山戦。ついに、初ゴールを迎える。

ゴールシーンは30分。大久保裕樹のロングスローから始まる。ただ、ロングスローからのパターンを練習していたわけではない。

セットプレーの時は、こぼれ球を狙えるポジションをとる入江だったが、スローインを前に栗原圭介から「中に行け！」と言われた。栗原は経験のある選手。入江は「はい」と、ただただ素直に従った。

スローインをニアで松田正俊が頭ですらし、ファーサイドの栗原がヘディングシュート。そのボールがクロスバーに当たる。すると、中に入っていた入江の方向に、クロスバーに当たったボールが向かってきた。いつもはそこにいるはずのない入江のところに。

体が勝手に反応していた。入江のヘディングシュートがネットを揺らした。「やべぇ、俺点取っちゃったよ。ガッツポーズとかどうやったらいいかわかんねーし」。栃木ＳＣを初勝利へと導いた記念すべきゴールは、入江利和の３年間のＪ２でのプレーで唯一のゴールでもある。

栗原圭介に導かれるようにしてゴール前にポジションをとった入江利和。いや、きっと運命に導かれたに違いない。

今も地元、栃木でサッカーに関わっている

初ゴールの試合後、インタビューを受ける入江。若い！

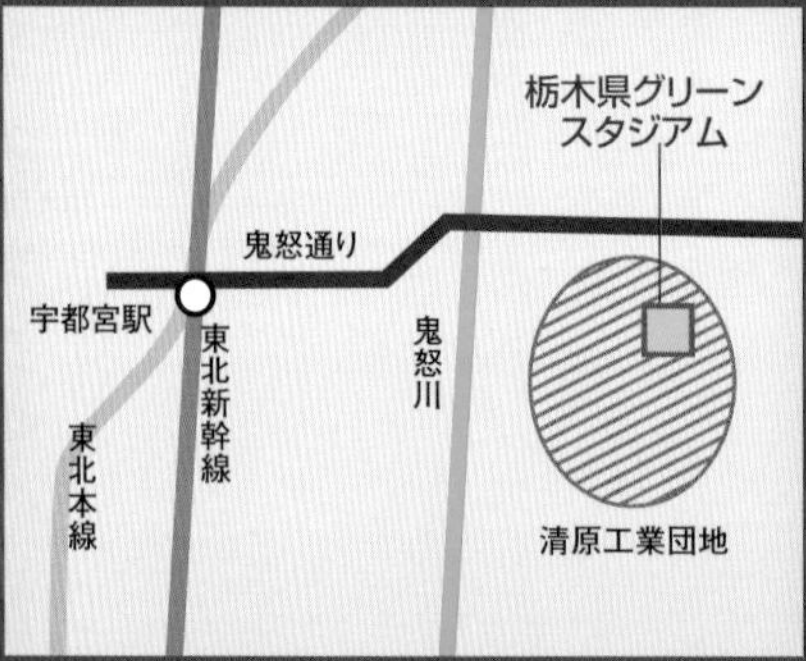

栃木県グリーンスタジアム　アクセス

最寄駅 JR宇都宮線・**宇都宮駅**。
シャトルバス **宇都宮駅**から約30分。片道600円。
バス **宇都宮駅**から水都西線ベルモール・BT経由芳賀町役場行きで、**清原台3丁目**下車、徒歩約11分。
タクシー **宇都宮駅**から約25分。

黄色で染まるグリスタのゴール裏も熱い！

Jリーグ初代GKはこの選手

小針清允《こばりきよみつ》

2009年3月8日（栃木県グリーンスタジアム）
J2リーグ第1節　栃木 0-1 岐阜

読売のユース育ち。ドレッドヘアーがトレードマーク。2008年、JFL時代の栃木SCに加入。フルタイム出場を果たし、J2昇格に大きく貢献。このJリーグ初戦の対戦相手、FC岐阜の中盤では、その後、栃木SCの精神的支柱になる菅和範がプレーしていた。

ザスパクサツ群馬

正田醤油スタジアム群馬

東京からだとドライブが楽しい距離。ただ、サービスエリアの誘惑に負けてはいけない。なぜなら、ここのスタジアムグルメが最高だから。おいしさはもちろん、醸し出す空気がたまらない。とにかく楽しい。

J2、そして北関東ダービーにザスパが戻って来る!

ゴール裏から聞こえる草津節の始まりはゆっくりだ。そこで思いや魂を溜め込む。そして、一気にテンポが上がり解き放つ！ 2020年は3シーズンぶりにJ2復帰。草津節同様、これまでの想いをJ2の舞台で解き放て！ ザスパクサツ群馬！

HIRACHAN CHOICE

高山眼科

ザスパクサツ群馬のオフィシャルパートナー。年に一度の高山眼科スペシャルマッチにおける、高山院長のザスパ激励シャウト（必ず声が裏返る）はもはや夏の風物詩。

LACCO TOWER

群馬出身のメンバーも含むロックバンド。公式応援ソングを提供。サポーターからも「ラッコさん」と呼ばれ愛されている。ロックの力でザスパクサツ群馬を後押しする。

湯友

プロフィールには選手同様、出場記録の項目がある。何かの間違いで出場していないかと期待したが、残念ながらゼロだった。

応援サポーター「湯もみ娘」：はるさん

湯もみ娘としてチームを見つめつづける

（取材：2019年7月27日）

「生活の一部、いや全部かもしれない。（ザスパが）なかったら何を楽しみに生きていけばいいのか……」。ザスパクサツ群馬について尋ねると、笑いながらそう答えてくれた。

ザスパクサツ群馬をゴール裏から応援する人たちの中に、いつも草津温泉の湯もみの格好をして、湯もみ板を手に持ち声援を送る女性たちの姿を見ることができる。ザスパクサツ群馬・応援サポーター「湯もみ娘」。冒頭のザスパ愛溢れる言葉を聞かせてくれたのは、「湯もみ娘」の広報部長（自称）の「はるさん」。

はるさんは、ひょんなことがきっかけでザスパクサツ群馬と出会い、彼女の人生と彼女の子供達の成長がザスパの歴史とリンクして、切っても切れない縁が生まれていく。

ザスパクサツ群馬がリエゾン草津として活動を開始したのは1995年。その4年後の1999年に「はるさん」はご主人の転勤で群馬にやってきた。

リエゾン草津からザスパ草津に改称したのが2002年。監督に植木繁晴氏を招聘し、元鹿島アントラーズの奥野僚右や元日本代表のGK小島伸幸を獲得した。この小島伸幸が「はるさん」とザスパの出会いのきっかけである。

「元日本代表のGKが草津でサッカーをやっているというのを旦那が聞きつけて、近所の（渋川市）総合公園でやっているから見に行こうという話になった。結局、私は仕事で行けなくて、旦那と子供が見に行ったのがきっかけ」。

小島伸幸の出身は群馬県前橋市。地元のスターが群馬県1部のリーグにやってきた。見に行きたくなるのは当然だ。その後、はるさんはときどき試合を見に行くようになる。

時同じくして、サッカーを始めていた息子さんが中学生になるタイミングを迎えた。中学校の部活でサッカーを続けるか？　それともザスパのジュニアユースに入るか？　「ザスパのジュニアユースも出来たばかりで、ザスパ渋川みたいな名前で、結局ジュニアユースに入ることになったんだけど、息子がジュニアユースでお世話になっているうちに、親が（ザスパに）夢中になっちゃった」と言ってはるさんは笑った。

2004年から戦いの舞台をJFLに移したザスパ草津。この頃からはるさんは熱心にスタジアムへ足を運ぶようになる。ある日、当時小学3年生だった娘さんを連れてスタジアムに行くと「娘さんだけでもいいから、一緒に応援しませんか?」と声をかけられた。

「じゃあ、ちょっとだけ」。この「ちょっとだけ」から始まり、「湯もみ娘」の応援を現在まで続けている。

でも今の話からすると、現在でもゴール裏で行われている「湯もみ娘」の応援スタイルはJFL時代から行われていたということになる。

「草津の龍燕っていう中華屋さんのマスターがやっていたんですよ。よっちゃんという人がコールリーダーでした」。

人にもクラブにも、そして応援にも歴史がある。ザスパ草津という名前からもわかるように、かつては草津でも試合を行っていた。草津の人たちが応援していた。そして、選手は草津の街で働いていた。これもはるさんがザスパに夢中になっていった理由のひとつ。

「やっぱりね、一生懸命やってるんだよねー。草津に行くと働いているんですよ選手が。その当時、私はもみちゃん(籾谷真弘)が好きだったんだけど、もみちゃんがお好み焼屋で働いていたりとか、ホテルに行けば布団敷いてる選手がいたりとか、みんなすごいなぁって感心した」。

元日本代表GKへのご主人の興味から始まったザスパへの関心は次第に高まり、選手のひたむきさに心を動かされるようになっていく。

2005年、ザスパ草津は見事Jリーグ加盟を果たす。この頃からホームゲームはほぼ皆勤のはるさん。春先にJリーグの日程が発表され、試合の日がわかるとすぐに、勤めているパートの勤務表に「×」を書き込む。他のパートの従業員の人達もそんなはるさんのことを理解してくれている。「お局だから」と言ってはるさんは笑うが、試合以外の日は率先して「○」を書き込む。

試合の日はザスパの応援、そして「湯もみ娘」活動に勤しむ。レギュラーメンバーともいえる10人ほどの湯もみ娘は衣装を自己管理。これは、湯もみの実演ショーで知られる草津温泉の「熱乃湯」で使われていた本物のお下がりだ。

この「湯もみ娘」の応援は、いつでも誰でも大歓迎。ホームゲームならブースがあるので、洗濯代の500円を支払えば誰でも湯もみ娘になれる。アウェイの場合も、はるさんに連絡を入れると、人数分の衣装をはるさんは用意してくれる。それもこれも愛するザスパのため。

勝利の後は、選手と喜びを分かち合うため、選手も湯もみ板を持って一緒に喜び合うのが恒例だが、去年ぐらいまで選手達は恥ずかしいのか、いま一つ乗り切れていない様子だった。そこではるさんは、2019年のシーズンが始まる前に社長やクラブの人に「罰ゲームじゃないんだから、お願いだから楽しそうにやって!」と懇願し、選手が応えてくれるようになった。「(渡辺)広大さんとか率先してやってくれて、みんなが楽しそうにやってくれるから本当に嬉しいです。至福の時です」。

アウェイまで衣装を運んだ疲れも、アウェイの芝生席で少し前かがみになって湯もみ板を動かしたことが原因の腰の痛みも、勝利の至福の時が解消してくれる。

2013年にクラブの名称はザスパクサツ群馬に変更された。2018年から戦いの舞台はJ3になった。そして2019年、選手は大幅に入れ替わった。選手が大幅に入れ替わると外野からの印象は良いものではないかもしれないが、いつもザスパを近くで見つめているはるさんの思いは違う。

「J2に戻りたいのは当然だけど、今の選手と一緒に戻りたい！　みんな、すごく良い子なんです」。大卒ルーキーも数多く加入した2019年。若い選手達のひたむきさは、はるさんがザスパを応援し始めた頃、草津温泉で働きながらプレーしていた選手達の姿を思い起こさせるのかもしれない。

実は、はるさんが「湯もみ娘」になるきっかけにもなった娘さんは、この取材をしている時点で妊娠中。はるさんにとって初孫になる。「生まれてくる子供が女の子なら、親子三代で湯もみをやりたい！」。だけど、このインタビューの時点では生まれてくる子供が男の子か女の子かは分かっていない。「男の子なら、サッカーボールしか与えない(笑)」。はるさんの人生、そしてはるさんの夢はこれまでも、そしてこれからもザスパクサツ群馬とともにある。

湯もみ娘の皆さんとの記念写真。
左端がはるさんです

J2初年度、2005年の小島伸幸

Jリーグ 初代GK は この選手

岩丸史也《いわまるふみや》

2005年3月5日（群馬県立敷島公園県営サッカー・ラグビー場）
J2リーグ第1節　草津 0-3 山形

前橋育英高校出身。2000年にヴィッセル神戸に加入。2005年には期限付き移籍でザスパ草津（当時）に加入し、21試合出場。その後、数クラブを経て2014年、再び群馬へ。出場はなかったが、現役最後のシーズンを故郷の群馬のクラブで過ごした。

正田醤油スタジアム群馬　アクセス

最寄駅　JR両毛線、湘南新宿ライン・**前橋駅**。

路線バス　**前橋駅**北口1･3･5番線乗り場より路線バスで**敷島公園バスターミナル**、または**競技場入口**下車

シャトルバス　**前橋駅**北口6番乗り場から約15分。片道250円。

タクシー　**前橋駅**から約15分。

ザスパクサツ群馬に湯もみ娘の応援は欠かせない。

浦和レッズ

埼玉スタジアム2002

埼玉高速鉄道、浦和美園駅から徒歩で約20分。少し距離はあるが、これからスタジアムで起こることを想像して楽しむ時間にも使える。歩きながらの一人サッカー妄想タイムも、仲間とのサッカー談議も楽しい。

優勝、上位争いの中にレッズがいないと寂しい

2019年、アジアの戦いの中で存在感を見せたが、Jリーグの上位争いの中に浦和レッズの名前を見ることはなかった。最後までわからない白熱のリーグだったが、あの中にレッズがいれば、さらに盛り上がったはず。強いレッズが見たい。

HIRACHAN CHOICE

オフィシャルマッチデープログラム(MDP)

1992年9月5日、初めてプロチームとして戦ったナビスコカップ(現・ルヴァンカップ)で発行されたものが第1号。その時から今日までホーム戦では必ず発行されている。

サッカーの街

浦和駅周辺には、サッカーの街、浦和レッズの街を感じることができるものがたくさんある。その中で異彩を放つ「浦和うなこちゃん」。実は、浦和はうなぎの街でもある。

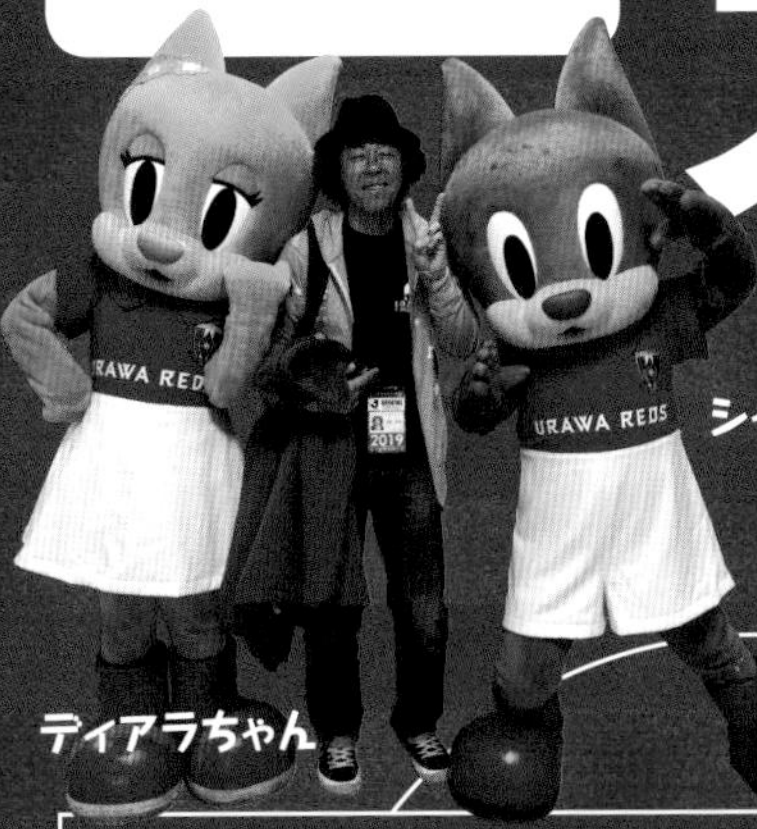

シャーレくん

ディアラちゃん

レディアとフレンディアの間に生まれた双子。向かって右がシャーレくん。左のリボンをつけているのがディアラちゃん。

埼スタならではの、試合前の雰囲気

強化部課長：水上裕文《みずかみひろふみ》さん

裏方のベテラン

（取材：2019年9月10日）

かつて浦和レッズに在籍していた那須大亮には毎試合行うルーティーンがあった。

ピッチに登場し審判団や相手選手と握手を交わし、写真撮影を終えると、キャプテンはコイントスへ向かい、その他の選手はピッチに走り出していく。しかし那須は、ベンチの方向に向かって歩いていく。

そこに待ち構える髭の男は、那須大亮と何か会話を交わしながら、拳で那須の胸を数度叩く。そして、タイミングが整うと髭の男に那須は背中を向ける。すると、髭の男は思いっきり那須の背中を平手で叩いた。試合前の気合いの儀式である。

「試合前に一緒に気合いを入れられないスタッフやファン・サポーターの分もお願いしますって那須に言われていたので、思いっきり叩きました。だから、本当にヒットした時は、ハーフタイムに着替える時でも、まだ背中に手形がついていました」。

髭の男とは、Jリーグ開幕当初からレッズを支え続ける水上裕文さん。肩書は強化部課長で、近年はデスクワークが増えたとはいうものの、マネージャーとしての役割も続け、現場で起こるあらゆることに対処し、選手や監督、スタッフをサポートし続けている。

水上さんは浦和生まれ、浦和育ち。サッカー少年だった。専門学校卒業後、サッカーに関わる仕事をしたいとサッカー雑誌の面接を受けたが、どれも受からず、セブンイレブンでアルバイトをしていた。そんな時、三菱自動車フットボールクラブが浦和にやって来るという話になった。そして、セブンイレブンに、チームマスコットに名前を付けようというハガキが置かれていた。

「レジで暇なときに、レッズで働きたいと書いて送りました」。

すると、面接に来るようにと返信が来た。そして、面接を受けると見事合格。会社の説明を受けると「来週からキャンプに行くから、羽田に来てくれ」と言われ、高知のキャンプに合流。アルバイト先で見つけたハガキから、環境は急激に変化し、激務に追われる日々が始まった。

「レッズに入って5年くらいは記憶がないほど忙しくて大変でした」。

Jリーグ開幕当時は、水曜日と土曜日に試合が開催されることが多く、試合も延長、そしてPKまであった。試合の次の日はリカバリー。その次の日は試合の前日で移動。家にはほとんど帰れず、友達の誘いも減った。

1993年、サントリーシリーズでは18戦して3勝。ニコスシリーズでは18戦して5勝。どちらも最下位だった。外国人のフィジカルコーチには「お前が悪い運を持ってきたんじゃないか！」と冗談か本気か分からないような嫌みを言われたりもした。

業務に忙殺され、大変な日々は続いた。しかし、この仕事を辞めようとは思わなかった。なぜなら、そんな大変さを補って余りあるほどの報われる瞬間があるからだ。

最終戦の後にロッカールームの片づけをしていると、「1年間ありがとな。おつかれさま」と言って肩を叩いて、労をねぎらってくれる選手がいる。キャンプの最終日、部屋で荷造りをしていると、打ち上げで盛り上がっている選手もいる中、「荷造りを手伝うよ。2人より3人。3人より4人の方が早いだろう」と言って手伝ってくれるベテランの選手がいる。

「つらいことよりも、その時の喜びが上回りました。この仕事をやっていてよかったなと思える瞬間です」。

選手の感謝の言葉や気遣いの行動が何よりも嬉しかった。それだけで、激務の疲れが吹っ飛んだ。そして、生まれ育った街にできたクラブで働ける喜びがあった。

「やりがいがありますし、誰でもやれる仕事ではないんですよね。当時は10クラブ。各クラブでマネージャー業務に携わる人は2人か3人。日本で20人か30人しかできない仕事をしている。それも生まれ育った浦和のチームのために仕事ができる。感謝しかないですよ」。

ほとんどの人間がプロ初体験のリーグの中で、選手もスタッフもプロとは何か？を探し、自分で見つけ、やりがいや、やるべきことを見い出していった。選手はプロで、水上さんや他のスタッフは社員だったが、「契約形態は違うけど、せめてプロの気持ちでいこう」というのを合言葉に様々な業務に励んだ。その中で、プロの選手や監督から多くのことを学んだ。

初の外国人監督として招聘されたホルガー・オジェック監督はクラブハウスがまだ平屋でプレハブの時代に、「なぜ、スタッフ用のシャワールームやコーヒーマシンがないんだ！まずは、スタッフルームにシャワールームを一つ設置することから始めよう」と言って、スタッフのプロ意識を高めた。

井原正巳は「退場になった時こそ、ミックスゾーンでしっかり話をしないといけない。メディアを嫌がるのではなく、退場になった時こそ、メディアの先にいるファン・サポーターの人に向かって、説明する義務がプロ選手にはある」と言った。

水上さんは井原正巳のプロの姿勢に感動した。そして、こういうことをここで終わらせてはいけないと思い、坪井慶介に伝えた。それは鈴木啓太にも受け継がれた。ユニフォームやスパイクを準備するだけではない、長く浦和にいる水上さんだから出来るマネージャーとしてのプロの仕事のひとつである。

「監督や選手からいろいろな話を聞いて、自分も成長できました」。

いつの間にか、レッズにやってきた外国人監督に「お前はレジェンドだから、何でも知っているだろう」と言われるようになり、エメルソンを知らない選手に、エメルソンのことを説明するようになっていた。

浦和レッズに入り、業務に忙殺され、プロとは何か？　を模索した日々は過去のものとなり、浦和レッズのことを誰よりも知る、なくてはならない存在になった。

そんな水上さんは自分の未来とレッズの関係を次のように考えている。

「仕事を引退して、シニアになった時に、練習場やスタジアムでレッズを見ながら、若い人に自分がレッズに関わって見てきたことを伝えて、それを聞いた若い人が、年を取った時にまた若い人に伝えるようなことが続いていけば良いなと思っています。南米やヨーロッパみたいに。自分は日本のサッカーの歯車の一つだから、次の歯車にパスすればいいのかなと思います」

浦和はサッカーの街である。浦和レッズはその象徴でもある。ただ、それだけではない。そのレッズに浦和出身の水上さんのような人がいることこそが、浦和がサッカーの街と呼ばれるゆえんなんだ。

大原サッカー場で話を聞きました

浦和レッズ時代の那須大亮

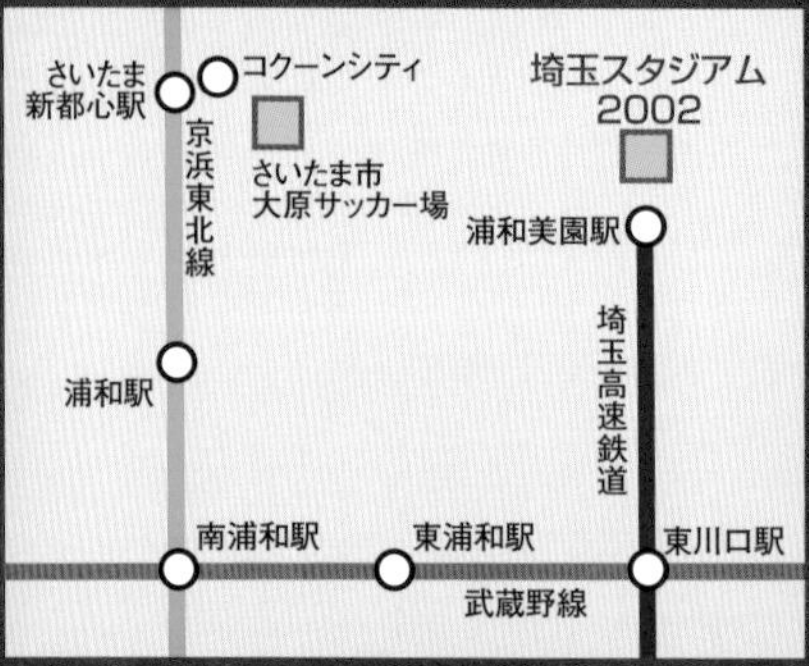

埼玉スタジアム2002　アクセス

最寄駅　埼玉高速鉄道埼玉スタジアム線・**浦和美園駅**。同駅から徒歩約20分。

タクシー　**浦和美園駅**から約5分。JR・**浦和駅**から約30分。

臨時シャトルバス　**浦和駅**東口から約40分。片道420円。JR武蔵野線・**東浦和駅**から約20分。片道320円。

スタジアム前の広場で行われる多彩なイベント

Jリーグ初代GKはこの選手

土《つち》田《だ》尚《ひさ》史《し》

1993年5月16日（万博記念競技場）
Jリーグ1st 第1節　G大阪 1-0 浦和

大阪経済大学から1989年、三菱重工業サッカー部に加入。大きな声と闘志あふれるプレーで浦和レッズの創成期を支えた。2000年に引退。2001年から、コーチ、GKコーチとしてチームを支え、2020年、スポーツダイレクターに就任した。

大宮アルディージャ

©1998 N.O.A

NACK5スタジアム大宮

埼玉県営大宮公園サッカー場として開場したのは1960年（昭和35年）のこと。かつては、あのマラドーナもプレーした、歴史も伝統もある日本初のサッカー専用スタジアム。2007年、NACK5スタジアム大宮として生まれ変わった。

オレンジと紺の勇者、俺たちの街の誇り

「叫ばずにはいられない」とサポーターは大宮への愛を歌う。大宮の街、そして大宮アルディージャへの愛が詰まった歌が、オレンジで埋まったNACK5スタジアム大宮を包み込む。歌声は選手を後押しする。「この歌よ君に届け　ともに戦うために」

HIRACHAN CHOICE

大宮公園

NACK5スタジアム大宮などのスポーツ施設、小動物園や児童スポーツランド（遊園地）など家族で楽しめる施設、さらには、埼玉県立歴史と民俗の博物館のように学べる施設もある。

一の宮通り

大宮駅からスタジアムに向かう途中にあり、飲食店、美容室、古着屋など多くの店が並ぶ。道に置かれた「Ardija」と書かれたオレンジのプランターを見ると、ほっこりとした気持ちになる。

アルディ

NACK5スタジアム大宮の観客席の前で熱烈中華食堂日高屋と書かれたセグウェイを乗りこなすアルディの姿はお馴染み。

毎日興業株式会社：男澤《おとこざわ》望《のぞむ》代表取締役会長

〝愛してるぜ〟のポーズを広めたい

（取材：２０１９年5月14日）

大宮アルディージャでは、年に一度、ホームゲームで必ず開催されるイベントがある。

「手話応援デー」。

以前から気にはなっていたが、本書執筆の機会に取材させてもらおうと、大宮アルディージャにお願いしたところ快諾していただいた。

指定された場所に向かうため、大宮駅で降りる。そして、ＮＡＣＫ５スタジアム大宮に向かうときに使う東口ではなく、西口に向かった。東口の♪酒が飲める、酒が飲める、酒が飲めるぞー♪の雰囲気に比べて、西口はわりと静かめ。出口一つで表情が変わるのが駅のおもしろさでもある。

徒歩5、6分で指定された場所に到着。ビルの入り口で「大宮アルディージャ事業本部 フットボール事業担当 パートナー営業グループリーダー」（役職長っ！）池田正人さんが待ってくれていた。数分の世間話の後、「手話応援デー」の話を聞くため、ビルの中に入る。

「毎日興業株式会社」。埼玉県を中心に首都圏に展開する総合ビル管理会社。

どこの馬の骨かもわからないサッカーバカな私を迎えてくれたのは、毎日興業、男澤望代表取締役会長と田部井良代表取締役社長。恐縮です。

大きな会社のお偉い方にもかかわらず、非常にフレンドリーで楽しい雰囲気を作ってくださいました。なので、それに甘えて、いろいろお話を伺いました。再び恐縮です。

そもそも「手話応援デー」が始まったのは毎日興業の創業者、故田部井功前社長時代のこと。

知的障がい者のスポーツを支援するスペシャルオリンピックスが２００５年に長野で開催された時、活動に関わった田部井社長は、この年Ｊ１に昇格した大宮アルディージャを障がいのある人もない人も一体となって応援できないかと考えた。

埼玉県立特別支援学校大宮ろう学園の江藤千恵子教諭に相談の電話を入れると、その会話の中で、手話を使った応援ができればおもしろいという話になり、「手話応援デー」は産声を上げる。

２００６年、ＮＡＣＫ５スタジアム大宮に生まれ変わるため、大宮公園サッカー場は改修中。そのため第1回の「手話応援デー」は駒場スタジアム（現浦和駒場スタジアム）で開催された。

参加人数は80人。熱意溢れる記念の第1回「手話応援デー」になるはずだったが、結果的には多くの批判を受けることとなった。

なぜならば、クラブにもサポーターにも根回しせず、手持ちの招待券でゲリラ的に行ったため。サポーターの応援の統制を乱し、一般の観客に迷惑をかけることになってしまったのだった。

このことで手話応援はしばらくの間中止を余儀なくされたが、20 10年、大宮アルディージャ側から毎日興業へプレゼンツマッチの提案があった。その時、田部井社長は「プレゼンツマッチはいいから、毎日興業の名前は出さなくていいから手話応援をやらせてほしい」と懇願。

田部井社長の並々ならぬ「手話応援デー」への熱意によって、今も続く「手話応援デー」が再び産声を上げる。そして、その時から関わっているのが男澤望会長で、取材時は「手話応援デー」の実行委員会の代表だった（現在の実行委員会の代表は田部井社長が務める）。

さて、手話応援とは一体どんなことをするのか？

大宮アルディージャのチャントの中に〝愛してるぜ We are ORANGE〟という一節がある。その歌詞を手話で表現。ポイントは〝愛してるぜ〟の部分を英語圏の手話を用いて表現したこと。親指と人差し指と小指を立てて、中指とくすり指を折り曲げ、〝I love you〟とした。他の部分の歌詞も振り付けはあるが、

「この〝愛してるぜ〟だけでもみんなにやってもらいたい。そして手話を一般の方に広めたい。手話を通じて、障がいのある人もない人も交流できればいいんじゃないかという発想で始めた」と男澤氏は語る。

しかし、すぐにこの手話応援が広がっていったわけではない。続けているうちに男澤氏は大事なことに気づいた。「この手話応援の論理は、健常者側、耳が聞こえる側の論理だった。耳の聞こえない人の気持ちを分からずにやっていて、行き違いが生まれていた」。

それからは、耳の不自由な人の意見もどんどん取り入れ、改良・改善していく。たとえば、以前は配布されたTシャツの前面には絵や柄がプリントされていた。しかし、これでは手話が目立たず、手話の邪魔をしてしまう。その反省から手話をするスタッフのTシャツの前面は無地のものになった。

「手話応援デー」に参加する人たちは、アウェイチーム側のゴール裏にホーム側の応援席を確保して陣取るが、そもそもホームゴール裏側に陣取るサポーターが何のチャントを歌っているのか？〝愛してるぜ〟を歌っているのかがわからない。それからはリーダーの人が旗を上げて視覚的サインを出すようになった。

そうやって続けていくうちに、「手話応援デー」は10回を超え、参加人数もどんどん増えていった。

「手話応援デー」の日、スタジアムでは試合の時間以外でも聴覚障害の人たちといわゆる健常者の人との交流が図られる。

手話教室ブースでは聴覚障害の人が先生になって手話を教える。手話を教えることが新鮮で、教えることに喜びを感じているそうだ。

「手話応援デー」を続けていくうちに、メインスタンドにも〝愛してるぜ〟の手話を一緒にやってくれる観客の姿が増えてきた。試合後、選手は場内を一周し、手話応援デーに参加している人たちに一礼した

後、全員で〝愛してるぜ〟の指の形を披露する。

年末、ジュニアの時代からアルディージャで育った大山啓輔を筆頭に、アルディージャの選手は大宮ろう学園に足を運び、手話で自己紹介し、小学部の子供たちとサッカーで触れ合う。その子供たちがスタジアムにやって来る。そんなサイクルがずっと続いている。

「イベントではなく取り組みです」とアルディージャの事業本部の池田氏は言った。この日のTシャツを着た人が、街ですれ違う。〝愛してるぜ〟の手話をする。それだけで言葉はいらない。この取り組みは、もうスタジアムから外に向かって歩き始めた。

男澤氏にこれからの夢を聞いた。「この〝愛してるぜ〟のポーズをピースサイン並みにしたい」。

なぜだかわからないけど、このポーズをしている人たちはみんな笑顔だ。故・田部井功社長の強い想いが、そして大宮アルディージャの取り組みが着実に広がり始めている。

“愛してるぜ”のポーズの男澤望会長（左）と田部井良社長（右）

大宮ろう学園を訪問する選手たち

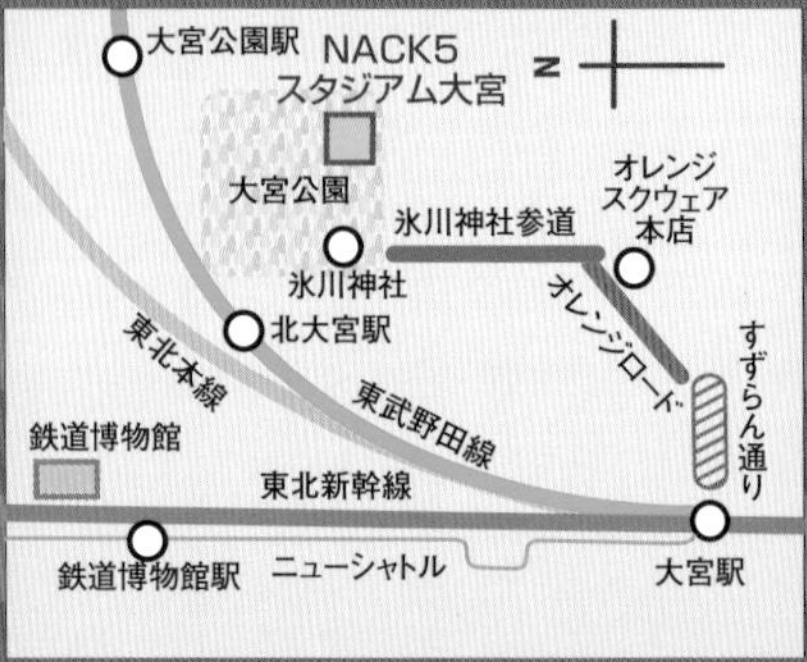

NACK5スタジアム大宮　アクセス

最寄駅　JR東北／北陸新幹線・**大宮駅**。同駅から徒歩約20分。東武野田線・**大宮公園駅**、同・**北大宮駅**。それぞれから徒歩約10分。

タクシー　**大宮駅**から約10分。

バス　**大宮駅**東口から国際興行バス導守循環行きで**大宮サッカー場前**下車。

大宮公園の
雰囲気、
大好きです

Jリーグ
初代GK
は
この選手

白《しら》井《い》淳《あつし》

1999年3月14日（韮崎中央公園陸上競技場）
J2リーグ第1節　甲府 1-2 大宮

大阪府立摂津高校、京都産業大学を経て、1989年、JSL2部の田辺製薬サッカー部に入部。その後、数チームを経て、1999年から2001年まで大宮に在籍。引退後、大宮や新潟でGKコーチを務めた。現在、大阪の中学生以下の子供を対象にしたKONKO.FCでU-15GKコーチを務める。

ジェフユナイテッド市原・千葉

©1996 JEF.FC

フクダ電子アリーナ

JR蘇我駅から徒歩約8分。国道357号線を跨ぐ歩道橋の上から見えるフクアリの姿にも心が躍る。規模感がベスト。臨場感がありながら、ピッチ全体の様子もわかる。最高にサッカー観戦が楽しめるスタジアム。いろいろな意味で、J1の器だ。

尹晶煥監督を迎え、新生ジェフはJ1を目指す

「このクラブを昇格させてユニフォームを脱ぎたかった」。これは2019年、現役引退を決断したバンディエラ佐藤勇人の言葉。ジェフに関わるすべての人の想いはJ1復帰だ。鳥栖で実績を残し、C大阪でJリーグカップと天皇杯を獲得した尹晶煥監督の元、J1復帰を狙う。

HIRACHAN CHOICE

ユナイテッドパーク

ジェフの練習場やクラブハウス、オフィシャルショップがある施設。注目はフクアリとの距離。スタジアムのすぐ近く。フクアリ観戦の時は、一度見てみる価値があります。

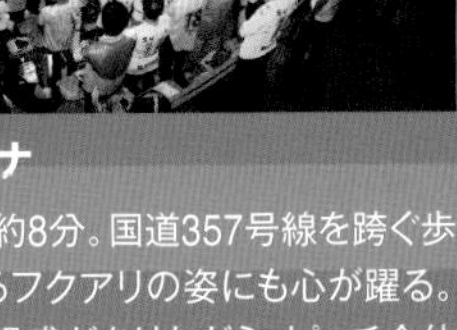

みなちゃん

ジェフィ

ジェフィ、ユニティとともにスタジアムを盛り上げるみなちゃん。出生地は谷川岳の麓。ピンクの肉球がかわいい。

JR蘇我駅の男子トイレ

トイレ渋滞問題は女子に限った話ではない。男子にも悩みはある。この男子トイレは男子の大か小か問題を見事解決。しかもジェフカラーで。これで、変な汗をかかなくて済む。

オシムの教えを継承する「隊長」

U-15監督：坂本將貴《さかもとまさたか》さん（２０２０年からトップチームコーチに就任）

（取材：２０１９年9月11日）

8月10日、ジェフユナイテッド市原・千葉対愛媛ＦＣを観戦のため、フクダ電子アリーナを訪れた。キックオフ10分ほど前に、記者席の空いているところに座ると、ウォーミングアップが終わり選手のいないピッチでは、おそろいの服を着た若い選手たちがメインスタンドに向かって横一列に並び、キャプテンらしき選手が挨拶し、観客が拍手を送っていた。

こんなシーンをいろんなスタジアムで何度も見ている。アカデミーの選手たちが全国大会出場を決め、トップチームの試合前に挨拶し、決意を新たにし、観客は激励の拍手を送る。なんだか心温まるひと時である。

セレモニーも終わり、キックオフを待っていると突然声を掛けられた。

「こんにちは！」。声の主は坂本隊長こと坂本將貴だった。

「お久しぶりです。今、何をしているんですか?」という私の問いに、

「さっきの子供たちの監督やっています」と坂本將貴は答えた。

先ほどピッチで横一列に並んでいたのは、ジェフユナイテッド市原・千葉のU-15の選手たち。夏に北海道で行われる、日本クラブユースサッカーU-15 ２０１９に関東代表のチームの一つとして出場することが決まり、セレモニーはその報告会だった。そして、そのチームの監督を務めているのが坂本將貴だったのだ。

２０００年にジェフに加入し、２００７年はアルビレックス新潟でプレーしたものの、次の年には再び千葉に戻り、２０１２年までプレー。テクニックで酔わせるというよりも、気持ちのこもったプレーで観客の胸を打ち、「坂本隊長」と呼ばれ、愛された選手だった。

引退して7年。いわゆるオシムチルドレンの一人である坂本將貴は中学生を率いる監督になっていた。その日は、ゆっくり話もできなかったので、北海道での大会も終わり、少し落ち着いたであろう9月にジェフの練習場、ユナイテッドパークを訪ねた。

いろいろ聞きたいことはあったけれど、まずは知っているようで知らない、おバカな質問をぶつけてみた。

「なぜ、坂本隊長って呼ばれるようになったのか?」。自分でもアホなことを聞いていると思ったけれど、坂本隊長のテンションは上がったようで、少し声のトーン強めで教えてくれた。

「声が高いとかキャラ的なものがゴンさん（中山雅史）に似ている

というところから、ゴンさんが中山隊長と呼ばれているので、坂本隊長と呼ばれるようになりました。ただ、隊長といえばゴンさん。失礼なような、悪いような気がして、最初はあまり坂本隊長と呼んでほしくなかった。でも、オールスターの時に、中山さんが『隊長！』って自分のことを呼んでくれて、許されたような、認められたような気がして嬉しくなりました。それからは、坂本隊長って呼ばれるのが嬉しかったです」。

坂本将貴の気遣いと中山雅史の粋な振る舞い。そして、一瞬の隊長継承セレモニー。「ジェフのサポーターに限らず、『隊長！』って呼んでもらえて嬉しかったです」。坂本将貴の名は、坂本隊長というニックネームとともに全国のサッカーファンの中に浸透していった。

２００３年、ジェフの監督に就任したイビチャ・オシムのサッカーは日本のサッカーに大きなインパクトを与え、旋風を起こし、坂本隊長のニックネームの浸透度もさらに高まった。２００２年、１stステージ8位、２ndステージ11位だったジェフは、オシム監督が就任すると、リーグ戦では上位争いをするようになり、２００５年、２００６年とナビスコカップ（現・ルヴァンカップ）を連覇するチームになった。

坂本将貴が指導者を目指すことになったきっかけは、やはりオシムの影響が大きいという。論理的な指導、独自の練習法、引き出しの多さ。オシムの指導を受けた選手はみんな衝撃を受けた。

「ただの4対2のボール回しでも、シチュエーションとか設定が変わるので、集中して、いつも頭の中がアラートな状態でないと解決できないメニューになる」。

常に考えることを要求された。教えられたというよりも、練習をしているうちに体に染み込んでいった。

対戦相手のＶＴＲを見ながらミーティングをするようなことはなかった。１週間の練習メニューに取り組み、練習で出された課題を克服。すると、練習と実際の試合がなぜか繋がる。練習で見た場面に、練習で克服したシチュエーションに試合で遭遇する。練習通りにやれば試合に勝てた。すべてが論理的で、その言葉の力は選手を納得させた。

そんなオシムの指導法に選手時代も衝撃を受けたが、指導者になった今だからこそ、さらに偉大さを感じ、あの時の言葉の意味が理解できるようになった。

「もっと練習メニュー、メモっておけばなー」。現役時代にそんなことは考えなかったけれど、指導者になった今だからこその坂本の後悔である。

引退して、最初の３年は地域貢献などの普及活動。育成部門に来て、中学生を指導して4年目になる。

中学生といえば、いろんな意味で微妙な年代じゃないですか？　と聞くと「色気づいてますよ〜。思春期もあって」と言って坂本隊長改め坂本監督は笑った。

ただ、現役時代はわからなかったが、「育成もこんなに楽しくて、こんなに大事なんだ」ということを育成に来て学んだ。ジェフというクラブを良くしたい。下のカテゴリーを強くしたい。

「ジェフを愛する子供たちにはプロになって、フクアリでサッカーをやってもらいたい」。勝利と同時に成長を常に願っている。

2012年、12月15日、坂本将貴は引退セレモニーの中でこんなことを言っている。

「このフクダ電子アリーナ、そして、ファン・サポーターのみなさんの前に、ジェフの監督として戻ってくることを、これからのひとつの目標とし、来年からは指導者として、このチームと一緒に第二の人生を歩んでいきたいと思います」。

7年たった今も、その夢はブレていない。2019年、S級ライセンスを取得。引退セレモニーで語った目標に一歩近づいた。会話の中で何度も「オシムの真似はできないけれど」と言っていた坂本将貴。きっと、オシムでもないどの監督でもない独自の坂本将貴監督としてフクアリに戻って来ることだろう。

彼の監督になる夢、そしてジェフへの思いの源流は引退セレモニーで最後の感謝の言葉の前に言った一言がすべてだ。

「本当にぼくはこのチームが好きで……」。

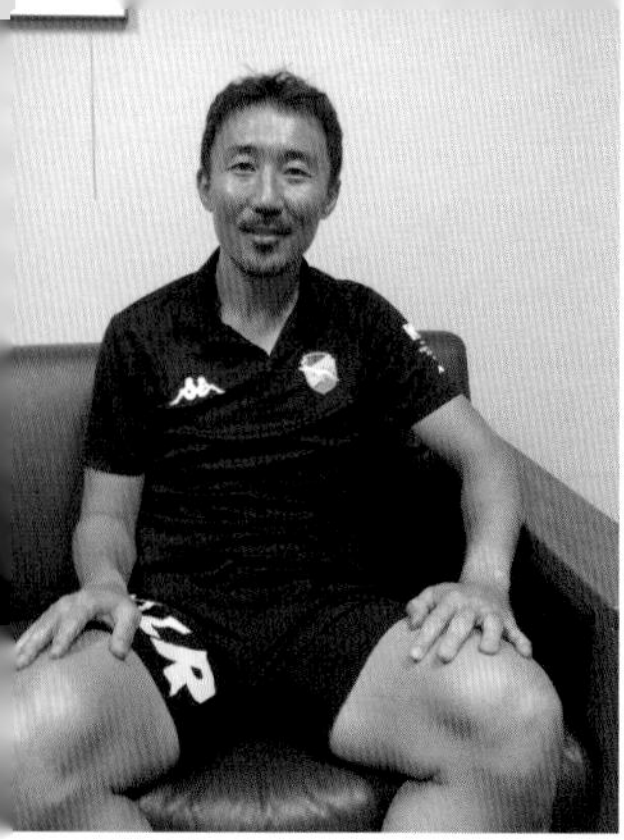

坂本隊長は、いまや坂本監督となった

大きな影響を受けたというオシム監督との握手（首位G大阪と勝ち点差1の5位に終わった2005年J1リーグ最終節で）

Jリーグ初代GKはこの選手

下川健一《しもかわけんいち》

1993年5月16日（広島スタジアム）
Jリーグ 1st 第1節　広島 2-1 千葉

元日本代表。岐阜工業高校時代から注目され、古河電工時代には日本サッカーリーグ新人王も受賞している。2000年までジェフでプレーし、2001年から2006年は横浜F・マリノス。ただ、移籍後のリーグ戦出場は1試合にとどまった。

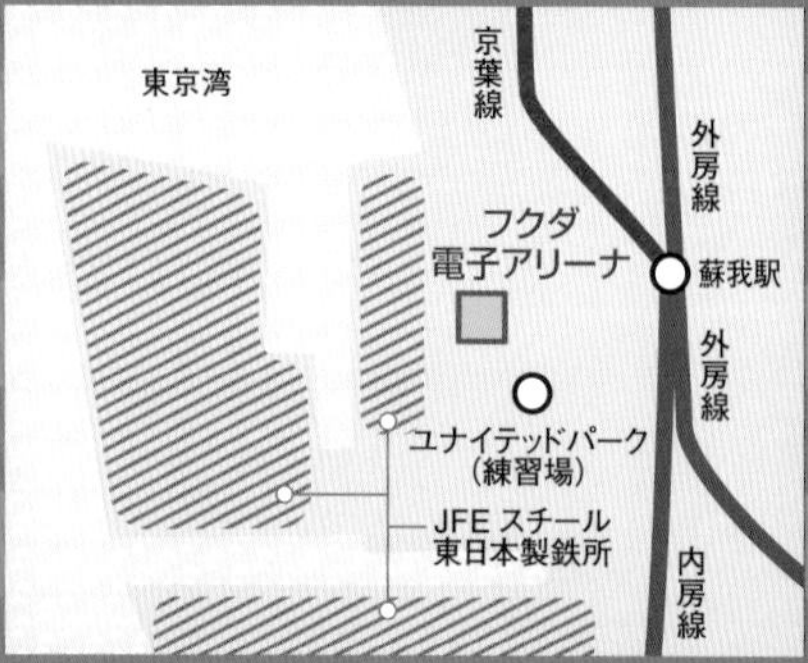

フクダ電子アリーナ　アクセス

最寄駅 JR京葉線／外房線／内房線／**蘇我駅**。同駅から徒歩約8分。

蘇我駅の
男子トイレの
床表示です！

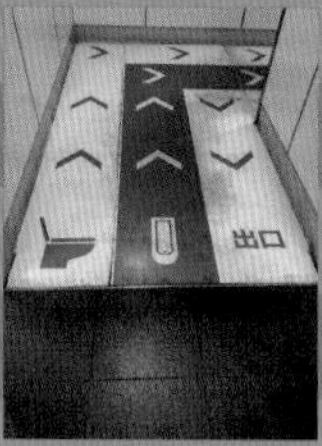

KASHIWA REYSOL

柏レイソル

レイソルが追い求め続けること「柏から世界へ」

2019年シーズン、強さを見せつけJ2優勝、そして1年でのJ1復帰を果たした。歓喜の笑顔の中に涙はなかった。なぜなら、彼らにとってJ1復帰は通過点でしかないから。レイソルに関わるすべての人が見つめるもの。「柏から世界へ」。

三協フロンテア柏スタジアム

最高のホーム感が味わえるスタジアム。ピッチとスタンドの近さによってサッカーの楽しさ、迫力が体感できる。サッカーを知らない彼女を連れていったら、サッカーを好きになってくれる可能性が高まる。

HIRACHAN CHOICE

柏でよりみちアディショナルタイムズ

スタジアムまでの地図や、柏駅周辺情報がわかりやすく掲載されたフリーペーパー。存続問題に直面しているようだが、是非とも続けてほしい。柏駅で会えることを心から願う。

モンテローザ

柏駅東口からすぐ。昭和41年創業の手作りピッツァ&本格パスタの専門店。最高に美味しい。雰囲気も格別。そしてスイーツのうまさも極上。柏に行った際には是非。

レイくん

柏市から特別住民票を授与されたレイくん。2017年から原動機付自転車（50cc以下）のナンバープレートにも採用されている。

ミュージシャン：パッパラー河合《かわい》さん

地元感あふれまくるサポーター

（取材：2019年6月22日）

とりあえず、三協フロンテア柏スタジアム（通称：日立台）で会う約束は取り付けていたが、会えないままタイムアップの笛が鳴った。レイソルが勝利し狂喜乱舞のゴール裏サポーター。メインスタンドの観衆も皆立ち上がり、勝利の余韻に浸っている。

そんな中、レイソルのタオルマフラーを頭に巻き、あの人がメインスタンドの階段を上ってきた。そして、記者席にいる私を見つけて開口一番こう言った。

「9時半に駅前のスタバでいいですか?」。いきなり地元感溢れる場所を指定してくれるなんてナイスチョイス。

約束を取り付けていたのは柏生まれ柏育ちそして柏レイソルの熱狂的ファンのパッパラー河合さん。1993年から柏レイソルを応援し続けている河合さんは柏レイソルのホームページ内で応援ブログ「パッパラー河合の檄！ レイソル日記」を書き続け、その回数は2000回を余裕で越える。

土曜の夜の柏駅周辺はけっこうな賑わい。スターバックスもかなり混んでいて、結局サンマルクカフェに集合。なんだか柏の地元感が漂ってまいりました。

店内でよもやま話をしながら、録音の準備をしている間にも知り合いを見つける河合さん。「おっ、こんにちは。今日（日立台に）行ってた？ 仕事？ 仕事か〜。残念だね」。

増幅する地元感。みんなレイソルで繋がっている。

それにしても、この地元感あふれる柏とは一体どんな町なのか？

河合さんは独自の理論を交えてご自身の見解を語ってくれた。

「不思議な話なんですけど、（国道）16号線理論っていうのがあって、柏、大宮、町田。東京に付随する街というのは新興住宅地で、ものすごく中途半端。自分のアイデンティティーがなかなかなくて、誇れるものがない。東京に行ったら田舎者っていわれるけど、自分たちはそんなに田舎者ではないと思っている。中途半端かもしれないけど、それなりにおしゃれだし、〝東の渋谷〟というキャッチコピーを作ったりして、アピールしたがっていた」。

その話を聞いて思い出したことがある。爆風スランプのデビューシングル「週刊東京『少女A』」の中に、

♪とんでもないわ　教えられないわ

10桁もあるテレフォンナンバー♪

という歌詞がある。少女は東京に遊びに行って、あたかも東京の人間のような顔をしているのに、10桁もある電話番号を教えてしまうと東京の人間ではないことが発覚してしまう（生まれた時から携帯電話がある人にはわからない話だけど）。

それはあまりにも恥ずかしく、歌詞の最後では、

♪頬っぺた　火を吹く　市外局番よ〜♪

と結ぶのである。

東京と柏の微妙な距離感。だけど、河合さんも、同席した東京生まれの奥さんもこういうのである。「柏の人って、柏大好きですよ」。

大好きがゆえに河合さんはいろいろなところで柏をアピールした。「KASHIWAマイ・ラブ〜ユーミンを聞きながら〜」という曲も作った。しかし、柏に対する周囲の反応はいまいちだった。どこに行っても柏が理解されなかった。

そんなときに誕生したのが柏レイソルである。柏にひとつのアイデンティティーが生まれたのだ。それまで柏と言っても反応が悪かった人が、「柏」といえば「レイソルの」と言ってくれるようになった。

河合さんは何度もこう言った。「俺、柏生まれ柏育ちだからレイソルを応援している」。レイソルを応援する理由はストレートそのもの。だから、

「自分の推しているクラブって自分の子供みたいなもので、レベルとかカテゴリーなんて関係ない。レイソルが勝ったけど、いい試合じゃなかったよねって言う人がいるんですよ。俺はそんなの関係ない。何でもいいから勝てばいい。PKの1対0で勝っても最高に嬉しい」。

レイソルを心から愛している。最高に楽しんでいる。芸能人なのにVIP席のようなところで観戦することもほとんどない。

「1年に1回ぐらい、上のガラスの中（VIP席）で見るんだけど、ぜんぜんおもしろくない。だって、音も聞こえないし、点が入った瞬間に立ち上がる人もいない。なおかつジャケット着用だし（笑）」。

ピッチとスタンドが近く、臨場感あふれる日立台のメインスタンドの年間シートを購入してレイソルを楽しむ。ただ、ホームもアウェイも一人で行くことはない。なぜならば、負けた時に心の傷を癒やしてくれる人がいないと生きていけないから。

「負けた後の1週間は落ち込みますよ。そんなとき、俺がレイソルが大好きだと知っている周りの人からは、残念でしたねって言われるんだけど、それが一番イヤ！　もう、触れないでほしい。なかったことにしてほしい」。

愛するレイソルが負けるはずがないのだ。そんな事実は認めない。河合さん、溺愛過ぎます（笑）。それでも、長年続けているブログではネガティブなことは書かないそうだ。

「負けた時も、まぁいいじゃないかと明るく前向きに書けば、サポーターが少しハッピーになれる。負けた時に罵詈雑言を吐く人がいる。それが嫌なんですよ。言うのも自由だし、それをやめろとは言わないけれど、自分はそういうことは言わないで、楽しまなきゃいけないと思う」。

河合さんは試合前、ゴール裏に顔を出し、バックスタンドにも足を運んでいろいろな人たちと話をするそうだ。サインを頼まれればサイ

パッパラー河合さんの言葉一つひとつに「柏愛」があふれていました

ユニホームの背にはPAPALA

ンもするし、写真をお願いされれば、その要求にも応える。それは柏の仲間として、日立台に来た人に幸せになってほしいと思っているからだ。柏を愛し、レイソルを愛する河合さんは、サポーターのことも愛している。そんな仲間と勝利を分かち合う瞬間。それは最高なものに違いない。

勝ったからといって、柏が繁栄するわけでもなく、何か自分にリターンがあるわけでもない。でも、勝利の瞬間の喜びは他では得ることができないものだ。そのレイソルは、インタビューした2019年は降格したJ2で戦っていた。

「どんなに弱くても、柏レイソルだったら応援する。たとえJ3でも」。

サンマルクカフェを出て、左に向かえば柏駅だが、そこで河合さんは右に曲がろうとした。「ちょっと実家に寄っていきます」。

パッパラー河合さんにとって、地元・柏にある柏レイソルは本当におらが町のチームなんだ。

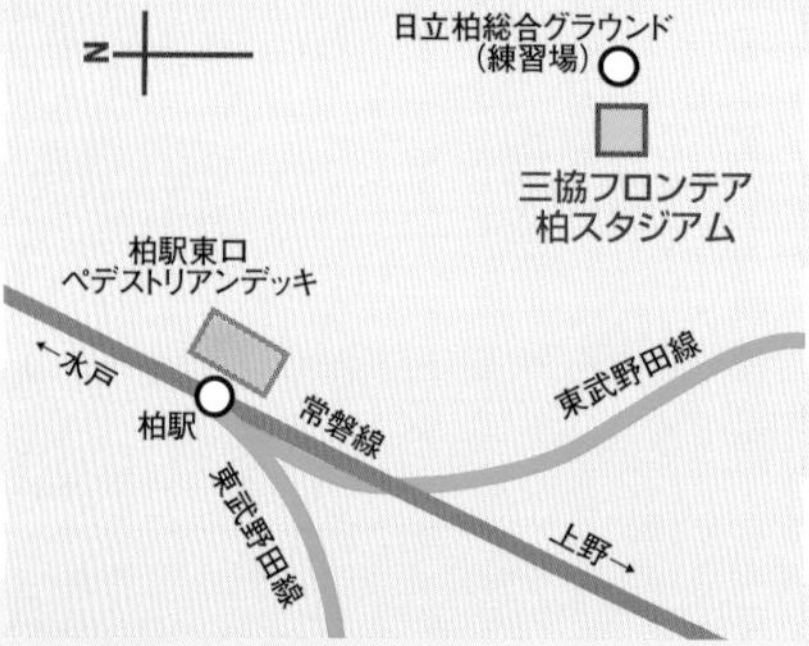

三協フロンテア柏スタジアム　アクセス

最寄駅 JR常磐線／東武野田線（アーバンパークライン）・**柏駅**。同駅東口から徒歩約20分。

タクシー **柏駅**から約10分。

バス **柏駅**東口5番乗り場から東武バス「名戸ヶ谷行き（常磐台経由）」に乗車。ホーム側は約18分の**緑ヶ丘**下車。片道170円。ビジター側は「名戸ヶ谷行き」に乗車。約10分の**日立台**下車。片道200円。

このピッチとスタンドの近さが魅力

Jリーグ初代GKはこの選手

加藤《かとう》竜二《りゅうじ》

1995年3月18日（静岡県営草薙陸上競技場）
Jリーグ 1st 第1節　清水 3-2 柏

東邦チタニウム、東京ガス、PJMフューチャーズを経て1995年に柏レイソルに加入。2014年、ロアッソ熊本のGKコーチ時代、負傷者が続出しGK不足になったため、急遽選手登録された。結局ベンチ入りは1試合で、再びGKコーチに戻った。

©1998 F.C.TOKYO

FC東京

東京五輪を控え
首都東京のクラブに
期待が高まる

2019年シーズン、強固な守備力と組織力で最終節まで優勝争いを演じたFC東京。オリンピックイヤーを控えて首都東京のクラブにはリーグタイトルへの期待が高まっている。長谷川健太監督体制3年目。機は熟した。

味の素スタジアム

ラグビーワールドカップでは日本対ロシア。そして、準々決勝日本対南アフリカでも使用。ラグビーでも多くの観客を集めたが、FC東京でも、2019年の平均入場者数は31,540人。1試合平均3万人を超えた。

HIRACHAN CHOICE

青赤パーク

味スタ南側広場(おにぎり丸広場とアジパンダ広場)は青赤横丁改め青赤パークに。おいしいグルメはもちろん、FC東京のオリジナルクラフトビールも登場。試合前から存分に楽しめる。

東京ドロンパ

動きも表情も愛らしい東京ドロンパ。もちろんグッズもかわいい。子供用東京ドロンパジャンプスーツのかわいさが半端ない。

折り返し地点

味の素スタジアムの横を走る甲州街道は1964年の東京五輪のマラソンコースであり、「オリンピック東京大会マラソン折返点」の看板や近くには折り返し地点の石碑もある。

育成部U－18コーチ：右田《みぎた》聡《さとし》さん

人としての成長を見守る育成

（取材：2019年12月20日）

12月下旬のFC東京の練習場、小平グランドは閑散としていた。シーズン中なら、駐車場には選手が乗っている大きめの外車を含めたくさんの車が並び、受付付近はマスコミの人やクラブのスタッフなどたくさんの人が行き交う。

だが今日は、受付の前のソファーに座っているのは私だけ。時折、この施設を管理する人とU－18に所属する高校生が通るくらいだ。

私の前を歩いて行った高校生は、すでに厳しい競争社会の中で勝ち残ってきた選手たちである。

サッカーがうまい子どもはたくさんいる。その中でも、かなりうまい子どもたちがFC東京のU－15のセレクションを受ける。

FC東京には、U－15深川とU－15むさしとU－15のチームが2つあるが、セレクションの募集に対し、それぞれのチームに毎年600人ほどの応募がある。

それとは別に、スタッフがスカウトしてきた選手もいて、合格するのは14～15人。FC東京のU－15チームは超難関でかなり狭き門だ。

ただ、U－15チームに入ったからといって、プロになれる保証などまったくない。彼らは競争社会の入り口に立ったに過ぎない。ピラミッド型の育成システムは、頂上に行くほど先が細くなる。U－15の選手が全員U－18チームの選手になれるわけではない。

先ほど、私の前を通った高校生は、これまでに何度もふるいにかけられ、これからも厳しい競争社会に挑み、プロを目指す選手たちである。

そんなFC東京のアカデミーに通う選手たちをずっと見守り続けているのが右田聡・育成部U－18コーチ。右田コーチには選手としてのプロ経験はなく、東京学芸大学を卒業してから、ずっとアカデミーの選手育成に携わり26年。FC東京の歴史よりもそのコーチ歴は長い。

「FC東京と名乗る前の、東京ガスフットボールクラブと名乗るさらに前に、東京ペレフットボールクラブという時代がありました。そのクラブの中学生チームの立ち上げの時に、アルバイトで加わったのがきっかけです」。

東京ペレフットボールクラブとは、東京ガスがサッカーの王様ペレのサポートを受けて創設したサッカークラブ。右田コーチはその時代からずっと育成に携わり続けている。

2001年、右田コーチが初めてU－18を担当したときに、FC東京U‐18は日本クラブユース選手権で優勝。その大会でMVPを獲得した馬場憂太（2002〜2007年：FC東京）と尾亦弘友希（2002〜2005年：FC東京）が、FC東京U‐18からトップチームに昇格した第1号となった。

その後も、梶山陽平や権田修一、橋本拳人などがトップ昇格を果たし、U‐18から一度大学を経由して、三田啓貴や武藤嘉紀などがFC東京に加入している。このアカデミーで育ち、他のJクラブで活躍している選手も多い。

それだけ多くのプロ選手を輩出しているアカデミーなので、プロになるためにサッカーだけに専念しているものと思っていたが、何よりも一人の人間としての成長が重要視され、勉強を疎かにすることは許されない。

「U‐18からトップに上がれずにスポーツ推薦で大学に行くとしても、最近は成績が良くないと、大学側も採ってくれません。サッカーだけやっていれば大学に入れるような時代ではないと、選手には口酸っぱく言っています。だから、学期ごとに通知表を集めてチェックします」。

学校訪問をして、アカデミーの選手の担任の先生と会って、普段の様子を聞いたり、保護者と会って話し合いをしたりと、育成に携わる人たちはピッチ以外の仕事がかなり多い。

ただ、そういうことがピッチでサッカーを教えることと同じぐらいに育成では重要になる。なぜなら、私たちは、華やかなプロの世界で活躍する選手しか見ていないが、育成に携わる人たちは競争社会に勝ち残れなかった、ピラミッドの頂点にたどり着けなかった、その他多くの選手を見ているからだ。

「トップチームで通用する選手を育てるということも大事ですが、実は、年間トップチームに昇格できる選手は1人か2人で、プロになれずに一般の社会で働く選手がほとんどです。だから、社会で通用する人間を育てることが大事になります」。

プロになった選手同様、プロになれなかった選手も、右田コーチにとっては大事な選手である。だから、ふるいにかけられ、生き残れなかった選手を見過ごしたりはしない。アカデミーってもっとドライな感じがしていたけれど、なんだか温かい。

「Jのクラブでは珍しいと思いますが、うちは毎年1月3日に初蹴りをやります。始めて15年くらいになりますが、いつも100人くらい集まって、現役を交えてミニゲームをやって、豚汁を食べる。そのイベントが根づいてきて、他のクラブでプレーしていても、もうサッカーをやっていなくても、帰って来る場所ができ始めています」。

中学や高校では、年始早々に初蹴りをするというのはよく聞く話だが、Jリーグのクラブのアカデミーでも初蹴りが行われているという話を聞いたのは初めてだ。

この小平の人工芝のピッチでは、U‐18のチームに入って初めてプレーできる。だからU‐15の選手にとって小平グランドは夢であり、憧れである。そして、人工芝のピッチでプレーする若者は、プロの選手が練習する隣の天然芝のピッチを夢見る。

小平はFC東京のアカデミーの選手にとって特別な場所であり、夢を叶える場所でもある。ただ、夢破れたものに対しても、温かく迎え入れてくれる環境を右田コーチは整えてくれている。

「武藤嘉紀が海外に行ったり、橋本拳人が活躍して日本代表に選ばれたり、そういう選手を継続して育てることも重要ですが、それ以上に、それ以外の選手の方が多いので、僕らはそこから目をそらさないで、彼らが大人になった時に、FC東京で育って良かったと思ってもらえるような環境を作っていきたいですね」。

FC東京のアカデミーに入ることは簡単なことではない。仮に入ったとしても、プロのサッカー選手になれるのはほんの一握りだ。だけど、右田コーチが作り上げている環境ならば、何も恐れず、後のことは考えず、思いっきり夢を見ることができるような気がする。

プロになった選手にとっても、なれなかった選手にとっても、小平は夢のピッチであり続ける。

FC東京誕生以前から育成に携わる右田聡コーチ

2002年にトップ昇格を果たした馬場憂太

味の素スタジアム　アクセス

最寄駅 京王線・**飛田給駅**。同駅から徒歩約5分。西武多摩川線・多磨駅。同駅から徒歩約20分。
タクシー **多磨駅**から約10分。
最寄りのバス停 **味の素スタジアム入り口**:京王線・**調布駅**北口から「調33」「飛01」系統約10分。同バス停から徒歩約5分。**萩の原住宅**:**調布駅**北口から「武91」系統約10分。JR中央線・**武蔵境駅**南口3番乗り場から約20分。JR中央線・**武蔵小金井駅**南口から約25分。小田急線・**狛江駅**北口から約25分。同バス停から徒歩約5分。

東京ドロンパはイベントでも大活躍

Jリーグ初代GKはこの選手

堀池洋充《ほりいけひろみつ》

1999年3月14日(国立西が丘サッカー場)
J2リーグ第1節　FC東京 2-0 鳥栖

清水東高、慶應義塾大を経て1994年、東京ガス(当時)に加入した175センチのゴールキーパー。1998年、JFL優勝、ベストGKにも選ばれた。2000年、7月8日川崎戦。土肥洋一の負傷で後半41分に交代出場。これが、唯一のJ1出場となった。

TOKYO VERDY

東京ヴェルディ

味の素スタジアム

最寄り駅の京王線飛田給駅に向かうとき、新宿方面ではなく分倍河原駅方面から飛田給駅に向かうとまたいつもとは違った趣になる。通常スタジアムに向かう時よりも混雑具合が緩和され、快適にスタジアムに向かえる。

かつて
嗅いだ覚えのある、
緑の香りが漂い始めた

かつてヴェルディでプレーし、ユースの監督も務めた永井秀樹監督が2019年シーズン途中にトップチームの監督に就任。自分たちでボールを動かし、自分たちでスペースを作る。そんなヴェルディの香りがピッチに漂い始めた。

HIRACHAN CHOICE

日テレ・ベレーザ

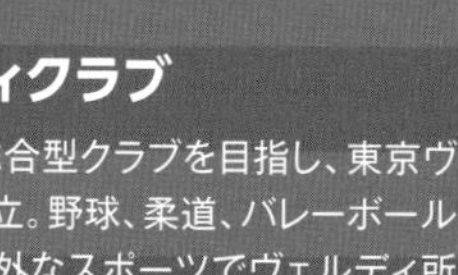

なでしこリーグ、なでしこリーグカップ、皇后杯と2年連続3冠達成。これまでは日テレ・ベレーザだったが、2020年から名称は日テレ・東京ヴェルディベレーザに。

東京ヴェルディクラブ

東京ヴェルディは総合型クラブを目指し、東京ヴェルディクラブを設立。野球、柔道、バレーボール、チアダンスなど。意外なスポーツでヴェルディ所属の選手が出てくるかも。

ヴェルディ君

かつて右足の爪を負傷し、右足第二爪打撲と診断されたことがクラブから発表されたヴェルディ君。選手同様ケガには気を付けて。

A.C AZZURRI総監督：鈴木《すずき》武一《たけかず》さん

ヴェルディの緑の由来を知る人

（取材：2019年4月3日）

この本を作成するにあたって、すぐに顔が浮かび、取材したいと思った人が何人かいる。そのうちの1人が、ベガルタ仙台の初代監督・鈴木武一氏。それも東京ヴェルディのページでお話をうかがいたいと考えた。

現在でもベガルタ仙台の試合の中継で解説をされているので、ご存知の方も多いと思うが、普段は会社を経営する傍ら、中学生年代のクラブチームA・C AZZURRIの総監督を務め、このクラブからベガルタ仙台の吉野恭平やブラウブリッツ秋田のゴールキーパー、田中雄大を輩出している。

とある飲み会の席で、鈴木武一氏にお会いしたとき、東京ヴェルディ、そして読売クラブに関する大変貴重で興味深い話を聞き、もう少し詳しい話が聞きたいと思っていた。そして、この本を書く機会に、仙台まで足を運ぶことにしたのだった。

じっくり話してみると鈴木武一氏の生き方、考え方が本当におもしろかったし、サッカーへの造詣が深く、話が尽きることはなかった。

飄々とした喋り口調で、サッカーを語る姿は大学教授にも哲学者にも見えてきて、もっと話が聞きたかったけれど、ある程度時間が経ったところで私はこう言っていた。

「武一さん、お腹いっぱいです。これ以上聞いたら、武一さんで一冊の本が出来上がってしまいます」。

この言葉が録音の最後の言葉になるくらい楽しい時間だった。では録音の最初の会話は？　というと、出身地を聞いただけなのに、とんでもない答えが返ってきた。

「塩竈出身で、加藤久は小学校の1年2組で同じクラスになって以来の付き合い」。

いきなり香ばしい匂いが漂う展開。彼の周りになぜか集まって来るサッカーに熱い人たち、読売クラブとの出会い、そして今も尽きぬサッカーへの情熱。楽しい時間はあっという間に過ぎていった。

中学生の時、塩竈のサッカー少年団の団長は非常に熱心な方で、子供たちのために東京12チャンネル（現・テレビ東京）まで足を運び、海外サッカーの映像を8ミリに収めて持ち帰り、見せてくれたそうだ。

ジョージ・ベストに憧れ、ゲルト・ミュラー、ベッケンバウアーに感動し、ペレがワールドカップで優勝したときの映像を見て育ち、また教科書として擦り切れるぐらい何度も見た鈴木氏。

当時、これほど海外サッカーに精通していた中学生なんて、日本にはいなかっただろう。その影響がさらにおもしろい行動を生み出す。

「中学、高校の時は、チームのユニフォームを自分が決めていた。中学はドイツ代表。高校の時はバーミンガム。マークとかもこだわって、オリジナルで作れるから、清水のゴール（静岡県、清水にあるスポーツショップ）に発注していた」。

宮城県塩竈市から清水のスポーツショップにユニフォームを発注する中学生。おもしろ過ぎる。

仙台二高から次の進路は早稲田大学に決めた。当時、大学のチームでありながら、社会人のチームと変わらない強さを誇っていた早稲田に憧れた。ただ、受験に失敗。でも、東京へは行きたかった。なぜなら、東京には、当時日本サッカーリーグの2部に読売クラブというおもしろいチームがあり、そのチームにジョージ与那城という凄いサッカー選手がいるということを聞いていた。そして、1年2組の同級生のお兄さんが読売クラブにいたからだ。

画策の末に選んだ方法が実にトリッキー。「早稲田に入るなら、高田馬場の早稲田予備校に行くしかないと親を騙した」。結局、予備校に行ったのは2日ほど。その後、読売クラブの練習に2週間ほど参加し、オランダ人監督のバルコムに認められ、練習生扱いではあったが、読売クラブに加入することを許された。

読売クラブにはいろんな選手がいた。

「ジョージ与那城、小見幸隆、岡島俊樹、松木安太郎だけでなく大学生も予備校生も板前の修業中の人も美容師の人もいた。サッカーがうまければ、何をやっていても構わなかった」。

かつて、グルノーブルフット38（フランスリーグ）のGMを務めた祖母井秀隆は読売クラブに入団し、半年後西ドイツに渡ることになるが、祖母井秀隆が出ていった下宿に住んだのが鈴木武一氏である（なんという歴史）。

「人間的にもおもしろい人が集まり、サッカーもおもしろかった」と当時を振り返る鈴木氏。

新しい外国籍選手が来ると、負けたくないので紅白戦で削りに行っては乱闘騒ぎ。三菱、日立、古河に対しては「ピッチの上ではホワイトカラーには絶対に負けない」と意地を見せた。

国立での試合後は原宿のシェーキーズに一旦集合して、ピザとビールで乾杯し、その後はそれぞれの趣味趣向に応じて六本木や新宿三丁目に分かれていった。そんなこともすべて「読売っぽいだろう」と言って鈴木氏は笑った。

「当時、勝手にユニフォームを選手が作って良い時代だった」と言う鈴木氏。サッカーショップKAMOが原宿にできて、そこで買ったアスレタのユニフォームの時もあったし、アディダスの時もあった。ただ、チームカラーも何もなかった。

ある時、新しいユニフォームを作ろうという話になった。中学生時代からユニフォームにはこだわっていた鈴木氏。もちろん彼の出番である。数パターンのデザインを用意した。当時、斬新なサッカーゆえに異端扱いされていた読売クラブの選手たち。ならば、ユニフォームも斬新なものをと、他のチームが使っていない色のユニフォームにすることになった。

選ばれたユニフォームは、フランスリーグのサンテティエンヌのユニフォームをベースにしたもの。色は他のチームが使っていない「緑」だった。

「カッティングとかもメーカーと話して、パンツもピチピチで、腕の部分も締まって、袖の二の腕の筋肉にかからないようにして、とにかくこだわった。たぶん、背中に名前を入れたのも俺が最初だと思う。たぶん」。

他にない色のユニフォームは斬新で、やっているサッカーとフィットし、チームも強くなっていった。そして、いつの間にか「緑」のチームになっていく。「VERDY」とはポルトガル語の「VERDE」つまり「緑」が由来。鈴木武一氏は現在の東京ヴェルディの源流だったのだ。

「カリオカ（ラモス瑠偉の愛称）の血は緑って言うけど、カリオカの血を緑にしたのも、もしかしたら俺かもしれないね……」。

こだわりのサッカーにこだわりのユニフォーム。

「おもしろいもん読売！」。楽しいサッカーにおもしろい人が集まり生まれた「緑」が東京ヴェルディに受け継がれていく。

読売クラブ時代の貴重な話を聞かせてもらいました

小学校の同級生だった加藤久

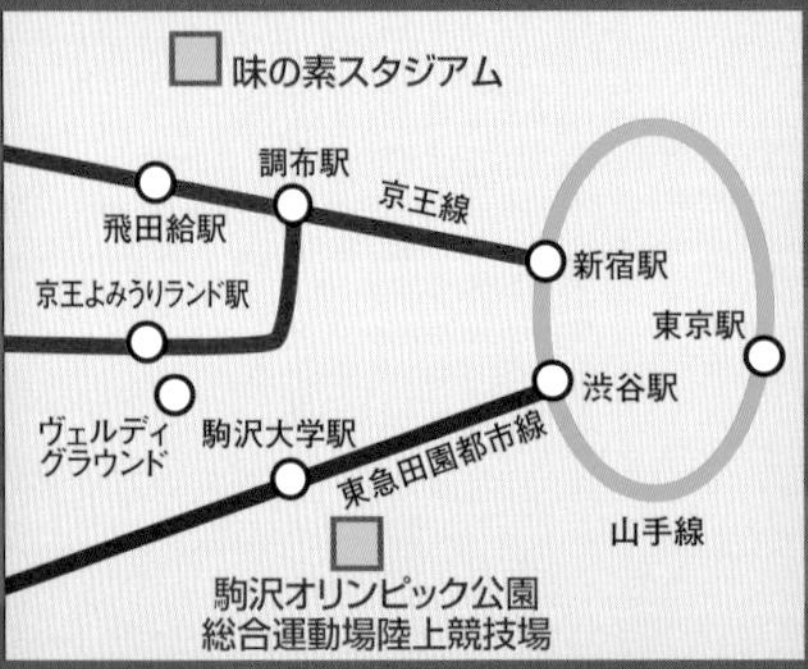

味の素スタジアム　アクセス

最寄駅　京王線・**飛田給駅**。同駅から徒歩約5分。
西武多摩川線・**多磨駅**。同駅から徒歩約20分。
タクシー　**多磨駅**から約10分。
バス　JR中央線・**武蔵小金井駅**南口から「武91」系で約25分、小田急線・**狛江駅**北口から「境91」系で約25分の**萩の原住宅**下車。徒歩約5分。

味スタ最寄りの
京王線飛田給駅

Jリーグ初代GKはこの選手

菊池新吉《きくちしんきち》

1993年5月15日（国立霞ヶ丘競技場）
Jリーグ 1st 第1節　横浜マリノス 2-1 ヴェルディ川崎

岩手県遠野市出身。幼い頃に父を亡くし、小学生の頃から牛乳配達や新聞配達をして家計を助けた。Jリーグ開幕の頃、ヴェルディ川崎の攻撃力が目立ったが、苦労してプロにまで上り詰めた菊池新吉がゴールキーパーだったことも、強さの理由のひとつだった。

©2009 FCMZ

FC町田ゼルビア

町田GIONスタジアム（町田市立陸上競技場）

2020年から、スタジアム名は町田GIONスタジアムに。2021年には、観客席が1万席から1万5千席に増設される。改修中のバックスタンドを見ることができるのは今年だけ。美しくなる前に記憶に刻もう。

プレーする喜びと ともに見る楽しさも知る 町田の人たち

サイバーエージェントのバックアップ、スタジアムの改修、J1への道は整いつつある。時に変化することも大事。ただその変化が、サッカーのことが大好きな町田の人々に喜んでもらえるような変化になることを切に願う。

HIRACHAN CHOICE

ゼルビーランド

町田市立陸上競技場のゼルビーランドが楽しい。グルメは最高。ステージではさまざまなパフォーマンス。そして、町田産の新鮮野菜直売会も見逃せない。旬の野菜を是非。

野津田公園

自然豊かな、町田市民憩いの公園。季節に応じて、草花や鳥、そして昆虫を観察することができる。そんな環境なので、夏にはスタジアムに虫除けスプレーが用意されていた。

ゼルビー

町田市の鳥、カワセミがモチーフ。試合の日の行動範囲は広いので、気が付くといつの間にか写真に写りこんでいることも。

渡辺直也《わたなべなおや》さん

勝負の世界に転じた〝わったん〟

（取材：2019年12月20日）

ＦＣ町田ゼルビアでご登場いただくのは、主務（取材当時）の渡辺直也さん！　という感じで普通に進めていきたいところだが、自分で取材対象を決めておきながら、今回、一つだけ残念なことがある。彼とは10年以上の付き合いで、知り合った当初から「わったん」と呼んでいる。スマホの登録も「わったん」だ。

「わったん」と呼ばれていることから、きっと「渡辺」という名字だと思ってはいたが、仮に「綿貫」であったとしても何の問題もない。「わったん」は「わったん」でしかない。だから、名字も名前も知りたくなかった。「渡辺直也」なんて聞かされても、別人のような気がする。だから、このあとも「わったん」で進めていきます。

突然ですが、ＦＣ町田ゼルビアのホームページが実に素晴らしい。選手、スタッフ紹介のところで、選手の経歴だけでなく、スタッフの細かい経歴までも載っている。それでは、わったんの経歴を。

兵庫県西宮市出身。日本サッカー協会Ｃ級ライセンス。２００９年、カマタマーレ讃岐マネージャー。２０１０年～２０１２年、東京ヴェルディマネージャー。２０１３年～２０１４年３月、湘南ミラネーゼＪＹ監督。２０１４年、ＦＣ町田ゼルビア主務。２０１５年～２０１６年、鳴尾高校サッカー部コーチ。２０１７年～ＦＣ町田ゼルビア主務。

そして、備考欄に目を移すと、２００３年～２００７年、スカパー！海外サッカー班データマン。２００８年～２００９年、フットメディア・リサーチャー。

就職の時に出す履歴書のように、職歴が事細かく記載されている。わったんと知り合ったのは、わったんがスカパー！でデータマンとして働いていた２００６年あたり。付き合いはけっこう古い。

なので、小田急線鶴川駅で合流し、わったんの車で、まずはゼルビアの選手、サポーター御用達のラーメン屋で昼食。わったんも確定申告しているんだとか、かなりプライベートな話を繰り広げ、店を出た後、ドライブをしながらわったんの話を聞いた。

現在、ゼルビアで主務（業務的にはマネージャーのような仕事）を務めるわったん。スカパー！の時もサッカーに携わる仕事をしていたが、今はサッカーの〝勝負〟に関わる仕事に携わっている。

「試合後の片付けが全然違います。勝つと楽しくて仕事がはかどります」。

わったんはマネージャーなので、スタジアムで会うときは淡々と仕事をしているように見えたが、内心は違ったようだ。

「選手がユニフォームを雑に脱いだり、ソックスが丸まっていたり、裏返っていたりしても、勝つとしょうがないなと思いますけど、負けた時は、もうやりたくないなーって正直思いますよ（笑）」。

勝負の世界に生きる選手を支えるマネージャーも勝てば嬉しいし、負ければ悔しいのは当然だ。ただ、勝負の世界に生きる選手の感情はもっとぎりぎりのところで揺れ動いている。

「交代させられた選手は、みんな怒っていますよ。自分はベンチに下がってきた選手にあまり声を掛けないです。肩を叩いて、タオルを渡すぐらいです。何を言っても慰めにならないですから。交代させられたら、ポジションがなくなることも、次にチャンスが来なくなることもある世界ですからね」。

そんな世界だからこそ、ゴールを決めた時、勝利した時、目標を達成した時に選手たちは喜びを爆発させる。

「選手が喜んで抱きついてくれたときはうれしいですね。（２０１９年シーズン最終節に残留を決めた）山形戦の後も、選手と抱き合った時に、ぐっとくるものがありました。勝負の世界にいる醍醐味ですね」。

サポーターや監督には見せられない苦しさや悩みが選手にはあり、マネージャーはその苦悩をロッカーや練習場で見たり聞かされたりする。いや、仮に選手は何も言わなくとも、試合後のユニフォームを見ればわかることがある。

「深津康太や井上裕大の試合後のユニフォームは汗と泥でいつも真っ黒です。体を投げ出したり、接触して倒されたりするからでしょうね。試合後のユニフォームはプレースタイルを物語ります。ヴェルディでいえば、巻誠一郎と飯尾一慶がそうでした」。

泥臭いプレーなどと表現することがあるが、実際に泥まみれになって選手はプレーしている。そういう選手は、どの試合でも泥まみれになってロッカーに帰ってくる。

その巻誠一郎でいえば、わったんには忘れられないゲームがある。千葉でプレーし、ロシア、中国のクラブに移籍後ヴェルディに加入した巻誠一郎が、アウェイの選手として初めて千葉のホーム、フクダ電子アリーナに戻ってきたときのことだ。

「試合前のウォーミングアップのとき、ピッチでアップの手伝いをしていたら、ヴェルディの選手紹介が始まって、巻の名前が紹介された時、スタジアム全体が拍手と歓声に包まれて、地響きがしているような感じがして本当に鳥肌が立ちました。観客の巻に対するリスペクトが感じられて、一人の選手がこれほどまでに愛されることがあるんだなぁ～と感動しました」。

巻誠一郎は汗の量も相当多いようで、試合後のユニフォームが重くなっているそうだ。きっと、かいた汗に対し、ジェフユナイテッド市原・千葉のサポーターはリスペクトと感謝の気持ちを表現したのだろう。そして、Ｊリーグの舞台でマネージャーを長く務めるわったんだからこそ、そんな感動的なシーンにも立ち会えたのだ。ただ、マネージャー歴は長くなったが、わったんは昇格や優勝を経験したことがない。

「昇格とか優勝って、人生でなかなか味わえることではない。そんなことを体験できる仕事というのも、他にはまずない。だから、そんな瞬間に立ち会えたら嬉しいですね。ゼルビアみたいに下から上がってきたチームがJ1に上がったら感慨深いですよね」。

これまで、どんなに劇的な勝利でも、マネージャーの仕事のことが頭から離れることはなかった。だからこそ、やってみたいことがある。

「終了間際の劇的ゴールみたいなときに、ゴール裏に飛び込む選手に混ざって喜びたいなとは思いますが、まだ一度もやったことがない。だから、J1昇格が決まった瞬間にゴール裏に飛び込んでみたい」。

わったん！ その時は思いっきり飛び込んでもいいと思う。いつもチームのために汗をかいているんだから。

「わったん」こと渡辺直也さん

2019年J2最終節の山形戦は、89分のロメロ・フランクのゴールで逆転勝利

町田GIONスタジアム　アクセス

最寄駅 小田急線・**鶴川駅**、小田急線／JR横浜線**町田駅**、小田急線／京王線・**永山駅**、小田急線／京王線・**多摩センター駅**、JR横浜線・**淵野辺駅**。それぞれからバス。

タクシー **鶴川駅**から約20分。

直行バス ホームゲーム開催時**鶴川駅**から、キックオフ2時間24分前より約12分間隔で運行。**町田駅、多摩センター駅、淵野辺駅、南町田グランベリーパーク駅**からも直行バスを運行（一部無料）。詳しくはクラブ公式ホームページをご確認ください。

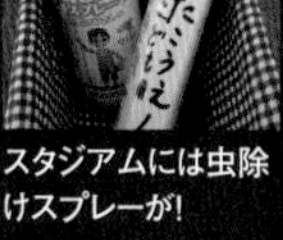

スタジアムには虫除けスプレーが！

Jリーグ 初代GK は この選手

相澤貴志《あいざわたかし》

2012年3月4日（ニンジニアスタジアム）
J2リーグ第1節　愛媛 2-0 町田

新潟県出身。2000年、川崎フロンターレでプロ生活をスタート。2012年、完全移籍で町田に加入。対戦相手、愛媛FCのGK秋元陽太（現・FC町田ゼルビア）が東京都町田市出身というのも、なにか縁を感じる。現在、アルビレックス新潟のアカデミーのGKコーチを務める。

川崎フロンターレ

FRONTALE
KAWASAKI
EST.1997

等々力陸上競技場

スタジアムに向かう出発地点によって、いろんな路線、様々な駅を利用できるのが良い。桜が楽しめるスタジアムはたくさんあるが、等々力の桜もかなり美しい。いつ行っても楽しいが、春はさらにおすすめです。

サッカーのおもしろさ、スタジアム観戦の楽しさが充満

チケット完売の多さがフロンターレのサッカーのおもしろさ、そしてスタジアム観戦の楽しさを物語っている。長く応援している人はもちろん、あまりサッカーを知らない人へ向けての仕掛けも、等々力にはたくさん用意されていて、誰しもが楽しめる。

HIRACHAN CHOICE

とんとこ飴

フロンパークで小気味よいリズムが聞こえて来たら、それは川崎大師仲見世の松屋総本店のとんとこ飴。飴を切る時の、包丁がまな板を叩く音がリズミカルで心地良い。

ふろん太

田中碧のベストヤングプレーヤー賞の代理で、正装で登場したふろん太くん。フォーマルな装いも見事に着こなしていた。

SHISHAMO

女性3ピースバンド。MVが等々力で撮影された『明日も』は、フロンターレの試合を見て、感じたことを歌にしたのは有名な話。その歌がチャントになるなんて素敵だな〜。

ケイエム観光バス運転手：町田篤仁《まちだあつひと》さん

バスはクラブハウスの延長

（取材：2019年10月26日）

2019年10月26日、埼玉スタジアム2002。ルヴァンカップ決勝、北海道コンサドーレ札幌対川崎フロンターレの一戦はまさに激闘。不安からの歓喜。歓喜からの絶望。天国から地獄。そして地獄から天国への帰還。ジェットコースタームービーの様相で、見終わった後に、なんともいえない疲労感に襲われるほどの壮絶な決勝戦だった。

その日、私はスタジアムにはいたものの、しっかりと試合を見ることができたのは延長戦とPK戦だけ。帰宅してから、壮絶なドラマを見直したが、試合の前半と後半が行われていた時間は、ある人と一緒に試合を見るためスタジアム内の移動を繰り返していた。

スタジアム内の記者席で、「お久しぶりです」とあいさつを交わし、彼の横に座ったときには、札幌が先制し、すでにスコアは動いていた。私を記者席で待っていてくれたのは、12年間務めていた前任者の小泉透さんから、2017年に業務を受け継いだ町田篤仁さん。川崎フロンターレのチームバス専属運転手である。

「乗り物が好き。人が好き。それが軸です」という町田さん。かつては、バイク雑誌の編集に携わる仕事をしていた。その後、ケイエム観光バス株式会社の乗務社員になり、観光バスやハイヤーを運転する業務についていた。

川崎フロンターレのチームバス専属運転手の小泉さんが定年を迎え、後任に指名されたのが町田さんだった。他にも指名された人がいたようだが、なかには辞退する人もいたという。

大型バスを運転する業務のなかでも、チームバスの運転業務は特殊だ。クラブ関係者と良好で密接な関係を築き、急なリクエストにも対応しなければならない。観光地に行って温泉を楽しむことも、ご当地グルメに舌鼓を打つことも、バスガイドとの楽しいひと時もなくなる。トップチームだけでなくアンダーカテゴリーの移動の運転に加え、バスのメンテナンス。1ヶ月に23、24日は稼働する仕事は楽ではないし、辞退する人がいても不思議ではない。しかし、町田さんはこの仕事を引き受けた。自分の希望や願望を貫く生き方も大事だが、縁や運を大切にし、それに身を委ねる生き方も大事だと考えたからだ。

引き継ぎも終わり、専属運転手になった町田さん。バスを運転することに不安はなかったが、等々力陸上競技場に到着する目前で浮き足立ってしまったという。

なぜなら、多くのサポーターがバスを迎え入れていたから。そして、そこにいる全員がバスに注目していたから。観光バスを運転しているときには絶対にありえない状況だ。

「みんながバスを見ているんです。もちろん自分のことを見ているわけではないことは頭の中ではわかっていましたが、自分が見られているような気がして浮き足立ちました」。

そんな経験をしているうちに、観光バスやハイヤーを運転している時にはなかった感情が生まれる。1点を追いつこうと札幌ゴール前に迫るフロンターレを後押しするサポーターを見ながら、町田さんは語り始めた。

「これだけ多くの人が楽しみにしていて、大きな声援を送っているのを見ると、安全に確実に仕事をしないといけないなと思います。もし、何かあったら、クラブや選手に迷惑をかけるだけでなく、多くのサポーターを悲しませることになる」。

以前は運行指示書通りに業務を遂行することが大事とだけ考えることもあったが、サポーターがクラブに寄せる期待の大きさを感じ、専属運転手という仕事への責任感が増した。

サポーターの思いを知れば知るほど、クラブへの愛着も増す。もちろん、勝てば嬉しいし、負ければ悔しい。しかし、プロの選手を運ぶプロの運転手だからこそ、結果に一喜一憂せず、どんな時も平常心で試合後の選手をバスに迎え入れる。

「バスはクラブハウスの延長。建物の一環だと思っています。だから、選手には居心地の良い環境を。そして、自分は芝生を管理する人、ご飯を作る人と同じクラブを支える人間。だから、勝っても負けても、いつもと同じように選手と接することを心がけています」。

そんな町田さんのプロの姿勢はサポーターに対しても同様で、等々力陸上競技場に到着し、選手がスタジアムに入ると、抽選に当選した15人ほどのサポーターを、さっきまで選手が乗っていたバスに案内する。誰がどこに座っているかを教え、町田さんだけが知るエピソードを披露して試合前のサポーターを楽しませる。

と、そんな話をしていると、前半終了間際、阿部浩之のゴールで川崎が追いついた。「やったー!」。歓喜の町田さん。いいんです。運転中ではなく試合中は一喜一憂しても。

「後半、時間があったらバスに来ませんか?」と誘ってくれた町田さん。ハーフタイム中に町田さんは少し業務があったので、後ほどバスで合流することを決めて、一度別れた。

後半が始まり、スタジアムの歓声を少し遠くに感じながら、町田さんの仕事場、選手バスを訪ねた。少し前に新調したバスの車内は、シートの間隔にも余裕があり、リラックスできる空間になっていた。

車内のテレビで試合を見ながら、引き続きいろんな話をしていたが、急にテレビ内の声のテンションが上がった。そして、スタジアムの歓声も大きくなった。画面には、大島僚太の浮き球のパスを受けた小林悠がワントラップシュートを決めたスローVTRが映し出されている。

「悠選手良かったねー」。テストで100点をとった子供に話しかけるように画面に語りかける町田さん。すると、

「あっ、そうだ星!」

と言い出して、運転席まわりを探り始めた。バスの乗車扉横の車体

には、2度のリーグ優勝を示す星が輝いている。町田さんは、3つ目のタイトルの証となる、星の準備を始めた。「選手が乗るときには、3つ目の星が着いているように準備しておきます」。

そんな様子を見て、私はバスから離れたが、その後ゲームは波乱の展開を迎え、札幌が追いつき、延長では両チーム1点を加え、最終的にはPK戦で、川崎フロンターレはルヴァンカップを掴み取った。町田さんが、専属運転手になってからタイトルを取り始めたフロンターレ。試合後、再びバスを訪ねた。

「前任の小泉さんに退職を延ばしてでも、タイトルを味わってもらいたかったです」と言う町田さんの声は、少しテンション高め。もっと喜んでもいいんですよ。優勝したんだから。

勝っても負けても、いつも同じように選手と接するように心がけているという町田篤仁さん

ルヴァンカップ優勝で星がまた一つ増えた

等々力陸上競技場　アクセス

最寄駅 東急東横線／JR南武線・**武蔵小杉駅**。同駅から徒歩約20分。
JR南武線・**武蔵中原駅**。同駅から徒歩約15分。

タクシー **武蔵小杉駅**から約10分。

バス **武蔵小杉駅**北口東急バス2番乗り場から溝の口駅行きで約6分の**市営等々力グランド入口**下車。片道210円。
武蔵中原駅（中原駅前）から杉40系統-小杉駅前（武蔵小杉）行きで約12分の**市営等々力グランド入口**下車。徒歩約6分。

桜の時期の等々力、何回見ても美しい！

Jリーグ初代GKはこの選手

浦上壮史《うらかみたけし》

1999年3月14日（等々力陸上競技場）
J2リーグ第1節　川崎F 0-1 新潟

国学院久我山高校出身。1997年に川崎に加入。1999年はJ2初年度。川崎フロンターレは、新潟、大分、山形と開幕3連敗スタートだったが、最終的には見事J2優勝を果たし、J1昇格を掴み取った。現在、川崎のU-18GKコーチを務める。

横浜F・マリノス

©1992 Y.MARINOS

日産スタジアム

日本最大規模の観客収容能力を誇る、決勝の舞台にふさわしいスタジアム。2002年のFIFAワールドカップ決勝。ラグビーワールドカップ2019決勝。そして、東京オリンピック男子サッカー決勝の舞台でもある。

チャンピオンが横浜の港からアジア、そして世界へ

15年ぶりに優勝した横浜F・マリノス。終盤7連勝と快進撃で優勝を飾っただけでなく、攻撃的なサッカーで観客を魅了した。リスクを恐れず、スピーディーに相手ゴールに迫り、得点を奪う。2020年はアジアの人たちも魅了する。

HIRACHAN CHOICE

63,854人

2019年12月7日。優勝を決めた試合で、J1リーグ戦最多観客動員数を更新。冷たい雨が降る日だったが、多くの人がスタジアムに詰めかけ、最高の雰囲気が作られた。

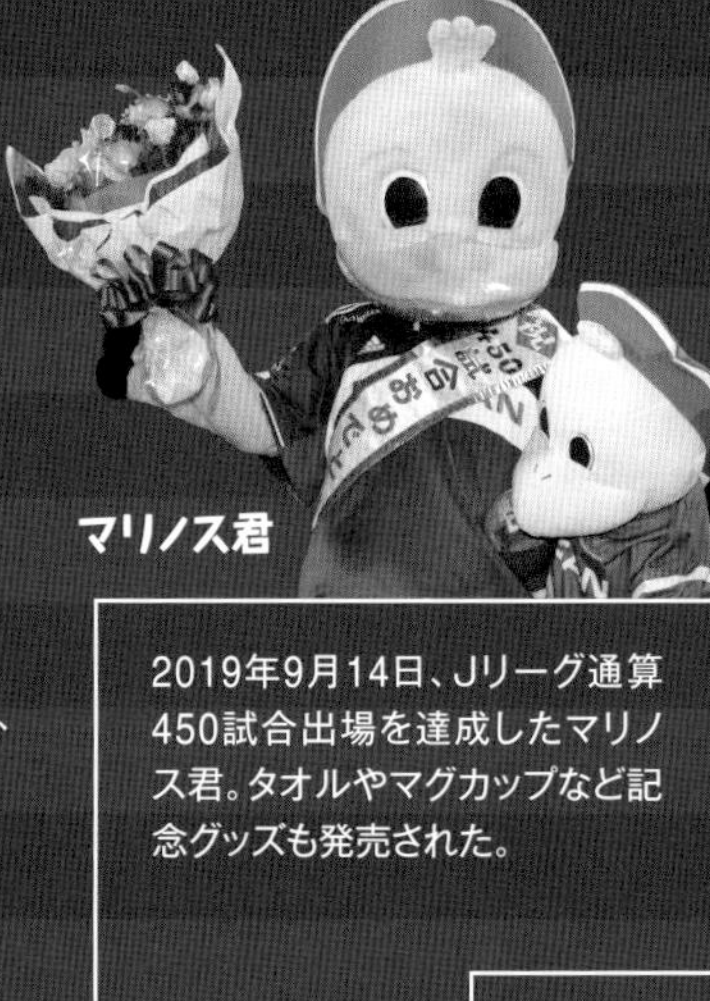

マリノス君

2019年9月14日、Jリーグ通算450試合出場を達成したマリノス君。タオルやマグカップなど記念グッズも発売された。

すべてはマリノスのために

大きな街で、多くの人が関わるクラブではあるが、このメッセージのもと、選手、スタッフ、サポーターが団結し、15年ぶりのJ1優勝への空気が醸成されていった。

ザンビア・ZESCOユナイテッドFC：中町《なかまち》公祐《こうすけ》選手

２０１３年から繫がるもの

（取材：２０１９年7月3日）

２０１９年、横浜Ｆ・マリノスは、２００４年以来15年ぶりのＪ１リーグチャンピオンに輝いた。

優勝しただけでも素晴らしいことだが、２０１９年に披露した攻撃的なサッカーは見る者を魅了した。スピードに乗った攻撃は、ノッキングすることなく、相手ゴールまで迫り、ボールを奪われても素早い切り替えでボールを奪い返した。息をもつかせぬ攻撃は、非常にスリリングで、90分が短く感じられた。

アンジェ・ポステコグルー監督の志向するサッカーは、より洗練され、サイドバックの絶妙なポジショニングやサイドバックとボランチとの関係性もさらにブラッシュアップされた。スピードあるセンターバックコンビと、スペースを管理するゴールキーパーの能力がより組織をアグレッシブな方向へ向かわせた。

最終節、日産スタジアムは6万３８５４人の観客で埋まり、Ｊリーグのリーグ戦最多入場者数を更新（Ｊリーグ公式戦の最多入場者数の記録は２００４年、チャンピオンシップ第1戦、横浜Ｆ・マリノス対浦和レッズの6万４８９９人）。最高の形でフィナーレを迎え、優勝でシーズンを締めくくった。

２０１９年6月、Ｊ１の上位争いがまだ混沌としている頃のある日、私はＪリーグも入っている日本サッカー協会のビル、通称ＪＦＡハウスで用事を済ませて家路に着こうとしていた。ビルの1階の受付でパスを返却し、外に出ようとした瞬間、さわやかな男が「こんにちは」と声を掛けてきた。

なんと、２０１８年いっぱいで横浜Ｆ・マリノスを退団し、２０１９年からアフリカのザンビアでプレーする中町公祐だった。中町はオフを利用して帰国し、このビルを訪れたところだった。

少しの間会話を交わした後、私は最寄り駅に向かって歩き出したが、せっかく日本に帰ってきているのなら、その間にゆっくり中町公祐の話が聞きたいと思った。そこで、ＪＳＰＯＲＴＳのつっちーこと土屋雅史プロデューサーに協力を要請した。

つっちーは育成年代から海外サッカーまで、あらゆるサッカーを網羅し、サッカー関係者との幅広いコネクションを日本全国津々浦々に広げ、誰よりもサッカーを愛し、唐揚げとビールを愛する男である。そして、この本の制作にあたっても、大々的に尽力していただき、つっちーなしではこの本は成立しないほど、本当に助けられているのである。

そして、なんとつっちーも中町も群馬県出身。さらに、二人とも群馬県立高崎高校サッカー部出身。そして、二人の仲もすこぶる良好。

そんなことで、日を改め３人で会うことになった。

群馬県民なら誰もが知る上毛かるたの話で数分盛り上がった後、話題の中心はもちろん横浜Ｆ・マリノスに移ってはいくが、なぜだかわからないが、そして私もまったく意図していなかったが、２００４年以来、最もJリーグチャンピオンに近づいた２０１３年の話になった。

当時と比べて、現在の横浜Ｆ・マリノスはかなり変わってはいるが、あの経験が少なからず生かされて、２０１９年の優勝に繋がっているはず。中町の証言とともに当時を振り返り、２０１９年の優勝をもう一度噛みしめてもらいたい。

２０１３年、32節を終えて首位横浜Ｆ・マリノスは勝ち点62。2位浦和は58。その差は4。自力で優勝を決められる状況で残り2試合を迎えられるほど、充実したシーズンを送っていた。

「２０１３年は抜群に良かったですね。試合前に円陣を組んだときに、メンバーの顔を見て、今日も負けないと思えました。自分の結果に自分で責任を取れる人ばかりで、安心して背中を任せられるような人が揃っていました」。

中澤佑二と栗原勇蔵のセンターバックコンビ。前線にマルキーニョス。中町公祐と富澤清太郎のダブルボランチは鉄板のコンビで、その2人の前、トップ下には中村俊輔が君臨。手応え十分だった。

「相手は忘れましたけど、試合始まって5分くらいで、ゆうぞう君（栗原勇蔵）と、このチームに負けたらまずいでしょ！と言っていて、本当に大勝。名前で勝てる。格では負けないような状態になっていました」。

実力も経験も十分な選手たちが繰り広げるサッカーの中で、中町も自分の役割を全うした。

「カンペーさん（富澤清太郎）と俺は中間管理職なんで、中村さん！どうぞ行ってください！って感じでした」。

ボランチというポジション柄、パスで選手を繋げる役割を果たしながら、それぞれの選手の意図を組み、言葉でもうまく調整することで、歯車がかみ合い、サッカーはスムーズに進んだ。

第33節、他会場の結果に関係なく勝てば優勝が決まる新潟戦。日産スタジアムの入場者数は６万２６３２人。２０１９年の最終節まで、これがリーグ戦の最多入場者数の記録だった。

スタジアムの期待感は最高潮に達したが、新潟が意地を見せ、川又堅碁と鈴木武蔵がゴールし、Ｆ・マリノスは0対2で敗れた。

「冷静を装ってはいましたが、いつもとは違ったんだなと後から思いました」。

3位だった広島が勝利し2位浮上。首位Ｆ・マリノスとの勝ち点差2で迎えた最終節、アウェイで広島は鹿島に勝利し、Ｆ・マリノスはアウェイで川崎に敗れ、広島が優勝。優勝目前で足踏みし、チャンピオンに手が届かなかった中村俊輔は等々力のピッチで膝から崩れ落ちた。

試合後、クラブハウスに戻り、重い空気のトレーニングルームでミーティングが行われ解散となった。何人かは部屋から出ていったが、中町には立ち上がる気力さえ残されていなかった。中町同様、立ち上がれない選手が何人もいた。

「俊さん、俺、ゆうぞう君、兵藤（慎剛）、（齋藤）学、あと何人かが、2時間ぐらいずっとトレーニングルームにいました。誰もあまり喋らなかったですけど、最終的にこれをクラブの財産にするしかないでしょ。これを無駄にしないように繋げていこうって話になりました」。

子供の頃、マリノスが大好きで、ビスコンティやメディナベージョに憧れ、マリノスのキャップをかぶっていた中町の夢は叶わなかった。もう、みなとみらいにクラブハウスも、トレーニングルームもない。でも、あの経験と重い空気の中の言葉や想いは、きっと現在にも受け継がれ、横浜F・マリノスの財産になり、2019年の優勝に繋がっていったように思う。

2013年当時の中町公祐

2013年最終節のスターティングイレブン

日産スタジアム　アクセス

最寄駅 東海道新幹線／JR横浜線・**新横浜駅**。同駅から徒歩約14分。
横浜市営地下鉄・**新横浜駅**。同駅から徒歩約12分。
JR横浜線・**小机駅**から徒歩約7分。

バス **新横浜駅**から横浜市営バス300系統・東急バス72系統／東急バス直行で約5分の**日産スタジアム前**下車。片道220円。

タクシー **新横浜駅**から約5分。

リーグ戦通算入場者数も1000万人を達成

Jリーグ
初代GK
は
この選手

松《まつ》永《なが》成《しげ》立《たつ》

1993年5月15日（国立霞ヶ丘競技場）
Jリーグ 1st 第1節　横浜マリノス 2-1 ヴェルディ川崎

日本サッカーを代表するゴールキーパーの一人。日産自動車サッカー部、横浜マリノスを支え、日本代表ではあのドーハの悲劇の時にピッチに立っていた。プロ化やドーハの悲劇など激動の日本サッカーの中心にいた人物で、日本サッカーへの貢献度は計り知れない。

横浜FC

ニッパツ三ツ沢球技場

1964年の東京オリンピックで、サッカー競技の会場として使用された歴史あるスタジアム。そんな昔からあるスタジアムなのに、今でもサッカー観戦するには最高のスタジアム。古くても新しくても、いいものはいい。

HIRACHAN CHOICE

アカデミー

斉藤光毅や、齋藤功佑（写真右）、専修大学から昨年加入した中山克広（左）は横浜FCのアカデミー出身。ガンバ大阪の小野瀬康介やヴィッセル神戸の大﨑玲央など多くのJリーガーを輩出している。

三ツ沢公園

スポーツだけでなく、桜やあじさいなど自然も堪能できる公園。小さな子供たちが楽しめる複合遊具やわんぱく広場にはかなり長めのすべり台もあり、親子で楽しめる。

2007年以来、13年ぶりのJ1復帰を果たす

2019年、J2で堂々の2位。下平隆宏監督の理詰めのサッカーのもと、経験のある選手と若い選手が融合。組織的にも安定したサッカーを展開しJ1昇格の切符をつかみ取った。2007年以来のJ1を戦う横浜FCは要注目。

出身地は宇宙。宇宙のどこかでバンドを組んでいたのか、スクールに通っていたかはわからないが、優れたドラムテクニックを持つ。

広報：内田《うちだ》智也《ともや》さん

元選手だからこそ難しい

（取材：２０２０年2月28日）

２０１９年のＪ２リーグ、横浜ＦＣは開幕ダッシュに失敗し、シーズン序盤は低空飛行が続いたが、5月中旬、ヘッドコーチだった下平隆宏が監督に就任するとチームは息を吹き返した。

6月22日に行われた第19節の水戸ホーリーホック戦から18戦負けなし。シーズン終盤を5連勝で締めくくり、最終順位は2位。見事Ｊ１自動昇格を果たした。

２００７年以来13年ぶりのＪ１ということもあって、クラブには多くの取材依頼が殺到した。それに加えて、横浜ＦＣには三浦知良、夏に加入した中村俊輔、そして松井大輔など日本のサッカー界を代表する選手が多く在籍することで、普段から取材の依頼は多い。２０１９年のシーズン終盤から年末にかけて、広報担当の人が多忙を極めたであろうことは容易に想像がつく。

２０１９年、横浜ＦＣに舞い込む多くの取材を巧みに切り盛りし、調整していたのは、かつてこのクラブでプレーし、ウッチーの愛称で親しまれていた内田智也。１９８３年7月10日生まれ、三重県出身の内田智也が四日市中央工業高校から横浜ＦＣに加入したのは２００２年のこと。２００８年から、大宮アルディージャやヴァンフォーレ甲府でプレーし、２０１２年、再び横浜ＦＣに戻り２０１６年まで在籍。２０１７年、香港のリーグでプレーしたのを最後に現役を引退し、２０１７年9月からスタッフとして横浜ＦＣを支えている。

現在の内田の肩書は運営マネジメントグループ 広報 マネージャー。体型や顔つきは現役当時とまったく変わりないが、スーツ姿が様になっていて、広報の仕事が板についているように見えた。スーツが似合いますね？ と私が言うと、「本当ですか！ 良いのか？ 悪いのか？（笑）」と言って、内田は雰囲気を和ませてくれた。

横浜ＦＣで最初はホームタウン担当としてアンバサダー的な業務にも携わっていた内田。２０１９年、前任の広報の方がシーズン途中で急遽退職することになり、内田が広報業務を担当することになった。選手経験があるので選手の気持ちがわかる。だから、やりやすさとともに難しさがある。

「選手によって置かれている状況も違うし、日によって顔色も違う。そのあたりは一番気をつけています。空気を読んで、今日は聞かない方がいいかなというときは、別の日にすることもあります」。

チーム状況によって選手の心理が左右されることもある。練習で手応えのあるプレーができて機嫌が良い選手もいれば、プライベートなことで気分が晴れない選手もいる。そんな選手の心の機微に注意を払いながら、タイミングを計って、取材の意味や重要性を選手に伝え、選手が気持ちよく取材を受けられるような状況を整えていくのである。

話を聞いていると広報業務は大変そうなので、私も今後取材を円滑に進めるために、選手が機嫌よく受けてくれる取材はどういうものなのかを尋ねてみた。

「やっぱり、女性のアナウンサーが来ると選手は嬉しそうですね（笑）。選手も男なので……顔がほころんでいます」。

平静を装いながらも、少しにやけている選手の様子を想像すると微笑ましい。そして、常日頃から選手の様子を観察している内田には、そんな選手の変化も手に取るようにわかってしまうのだろう。

広報として、選手と向き合う内田だが、キングカズこと三浦知良とは現役時代、このクラブでともにプレーしている。現役時代から三浦知良の偉大さを感じていたが、広報という立場になって改めて、その存在の大きさを感じている。

「現役時代はわかりませんでしたが、カズさんには毎日、多くの取材の依頼が来ているということが広報になって初めてわかりました。一クラブの選手というよりは、その枠を越えている選手ということを実感しています」。

そして、２０１９年のシーズン途中に中村俊輔が加入した。若い選手も多い横浜ＦＣにとって最高の手本となる選手が身近にいる。

「カズさんとか俊さんは他の選手と比べて、練習や試合に対する準備とか懸ける思いが全然違います。それを1回の練習とか1試合だけではなく、ずっと継続しているところが本当にすごい」。

海外経験も豊富な選手と大卒やアカデミーから昇格してきた若い選手が融合し、新たなフェーズに入っていこうとしている横浜ＦＣ。そんな今だからこそ、そして昔の横浜ＦＣを知る内田だからこそ若い選手に伝えていることがある。

「昔は決まった練習場がなくて転々としていたことや練習後のご飯も当然なかったこと。１００円で5分使えるコインシャワーを2人で分け合ったこと。カズさんは２００円使って1人で10分浴びていましたけど（笑）。今の環境が当たり前ではないことを、若い選手に伝えています」。

今後、更なる高みを目指すクラブにとって、語り継いでいかなければならないことがたくさんある。選手も入れ替わり、スタッフも入れ替わる中で、内田がかつて経験したことは、クラブにとっても若い選手にとっても貴重だ。ただ、そんな若い選手もずっとエリートで、何の苦労もなく横浜ＦＣの選手になったわけではない。

「アカデミーから上がってくる選手もどこかで苦労しています。ユース、トップに昇格できず、高校、大学を経て横浜ＦＣに戻ってくる選手もいます。フロンターレやＦ・マリノスのアカデミーに入れず、横浜ＦＣのアカデミーに入ってきた選手もいます。彼らは反骨心を持っていて、それはクラブの考えと一致しているところがあります。横浜ＦＣは一度消滅したチームから、そして苦しい環境から這い上がってきたクラブですから」。

内田智也と話をしていて、現役時代の姿を思い出した。内田は中盤で気の利いたプレーをすることで周りの選手を生かし、そうすることで組織が機能していた。チームが勝つために、献身的にプレーしていた。そして今、広報という立場で、気遣いや配慮や心配りで、横浜FCという組織をより機能させようとしている。

「このクラブが良くなってほしいし、強くなってほしい。サポーターも増えてほしい。そして、サポーターの方に喜んでもらいたい。それができるのであれば、肩書は何でもいい。広報じゃなくてもいい」

内田智也のプレースタイルは、まさに内田智也そのもの。現役時代同様、献身的な働きでクラブや選手をサポートしていく。

スーツ姿で仕事中の内田

カズとはチームメイトとして長いつきあいがある（2006年J2東京ヴェルディ戦で）

ニッパツ三ツ沢球技場　アクセス

最寄駅　横浜市営地下鉄ブルーライン・**三ツ沢上町駅**。出口1から徒歩約15分。

タクシー　JR・**横浜駅**西口から約10分。

バス　JR・**横浜駅**の西口6～11番乗り場から市営または相鉄バスで約10分の**三ツ沢総合グランド入口**下車。徒歩約2分。片道220円。

馬術練習場もある三ツ沢公園

Jリーグ初代GKはこの選手

水原《みずはら》大樹《ひろき》

2001年3月10日（平塚競技場）
J2リーグ第1節　湘南 1-0 横浜FC

奈良県出身。四日市中央工業高校から1993年、名古屋に加入。1998年まで在籍したが、リーグ戦の出場は1試合に終わった。2001年、横浜FCのJリーグ初戦の相手は湘南。その湘南のゴールキーパーは、水原が名古屋在籍時の正ゴールキーパー伊藤裕二だった。

©1990 Y.S.C.C.

Y.S.C.C.横浜

ニッパツ三ツ沢球技場

横浜駅から徒歩でこのスタジアムに向かうことは可能だが、問題は急な勾配の上り坂。特に夏場は厳しい。ただ、この坂を上って、ひと汗かいてスタジアムで飲むビールの味は格別なはず。そんな楽しみ方もいいなぁ〜。

HIRACHAN VOICE

地域の人たちと、スポーツの喜びを分かち合うクラブ

地域の人たちを大切にし、スポーツの楽しさを分かち合うアットホームなクラブ。スピードは速くなくとも、着実に地域に根ざしていく。地域の人たちは、このクラブのサッカーを見て楽しみ、このクラブで汗を流しスポーツを楽しむ。

HIRACHAN CHOICE

F1昇格!

Y.S.C.C.横浜のフットサルチームが、2019−2020シーズン、Fリーグディヴィジョン2で優勝し、F1昇格を見事果たした。今シーズンはこちらも注目。

Younger

ユニフォームサプライヤー。懐かしい!　子供の頃、サッカーパンツはいつもヤンガーだった。現在でも、サッカーのユニフォームはもちろん、パーカーやジャージなどもある。

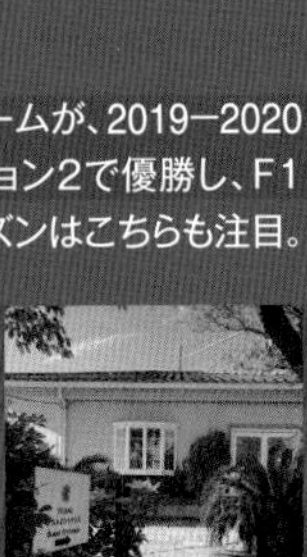

練習場として使用しているYC&ACのエントランス

ハマー君

Y.S.C.C.横浜、フットサルチームに期限付き移籍で加入した、横浜開港祭マスコットキャラクター。正式契約はあるか? ※ハマー君はY.S.C.C.横浜のクラブマスコットではありません。

レンタルJリーガー出現

浅川隼人《あさかわはやと》選手（現・ロアッソ熊本）

（取材：２０１９年10月9日）

「レンタルJリーガー」という聞きなれない言葉を目にした。レンタル移籍という言葉を聞いたことはあるが、レンタルJリーガー？　よくわからないので、レンタルJリーガーを始めた張本人の浅川隼人に話を聞くため練習場を訪ねた。

J3、Y.S.C.C.横浜に所属する（取材時）フォワード浅川隼人は、1995年5月10日生まれ、千葉県出身。小学生の時から、サッカー選手になるのが夢だった。

2002年のキリンカップ、日本代表対ホンジュラス代表。中村俊輔のコーナーキックがキーパーを越えて、直接ファーサイドのゴールネットを揺らしたシーンをテレビで見て、同じ舞台でサッカーがやりたいと強く思うようになった。

中学生になって、ジェフユナイテッド千葉のジュニアユースチームに入った。ジェフのアカデミー出身のフォワードには佐藤寿人がいる。浅川を指導していたコーチは佐藤寿人を指導していた人で、そのコーチにプレースタイルが似ていると言われてから、佐藤寿人は憧れの選手になった。

「寿人さんがヒュンメルのスパイクを履いているので、自分も憧れて、高校の時からヒュンメルを履くようになりました」。

2019年、Y.S.C.C.横浜とジェフとの練習試合が行われた。公式戦ではないが、ついに憧れの佐藤寿人と同じピッチに立つ機会がやってきたのだ。すると、佐藤寿人は初対面の浅川にこんな言葉を掛けた。「2桁いった？」。浅川は驚きを越えて、「本当に痺れましたね」と振り返る。

浅川隼人は2018年、Y.S.C.C.横浜に加入したものの、1試合も試合に出場していない。2019年、レギュラーポジションを掴み、この練習試合の時点では9得点だった。

浅川隼人がジェフのジュニアユース出身で、佐藤寿人に憧れているということを佐藤本人は知っていたのかもしれない。しかし、カテゴリーも違う初対面の選手のゴール数を気にかけているなんて、佐藤寿人は本当に凄い人である。

浅川はジェフのジュニアユース時代にフクダ電子アリーナで見た試合をいまだに鮮明に覚えている。2008年12月6日。FC東京に4対2で勝利したジェフユナイテッド千葉が奇跡のJ1残留を果たした試合だ。

「コーナー付近で見ていて、フクアリの雰囲気も最高で本当に興奮しました。それまでもジェフのことが好きだったんですけど、もう虜になりました」。

浅川はいつの日か、彼にとって特別なクラブであるジェフユナイテッド千葉でプレーしてみたいと思っている。そして、子供の頃に憧れた中村俊輔や佐藤寿人のように、自分が子供たちに夢や元気を与えられる人間になりたいと思っている。

ジェフのジュニアユースから八千代高校を経て、桐蔭横浜大学へと進んだ浅川隼人。大学ではサッカーの現実を目の当たりにすることになる。自分よりもサッカーがうまい選手たちが、夢を掴めるチャンスが目の前にあるのに、不安定なプロサッカー選手という職業を選択せず、サッカーをあきらめ、安定した職業に就いていった。そして、そんな現実が浅川は悔しかった。

大学卒業後、Y.S.C.C.横浜に加入した浅川だったが、年俸は「0」である。浅川はそのことを一切隠そうとしない。いや、年俸が「0」であることを自ら発信した。

そして、年俸が「0」であっても、思う存分サッカーに打ち込めて、ご飯を食べられて生活ができることを自分が証明すれば、サッカー選手を夢見る子供たちにも、大学を卒業する時に夢をあきらめた人たちにも、希望を与えられると考えた。

そうやって導き出された答えが「レンタルJリーガー」である。浅川は練習や試合以外の空いている時間に自分を貸し出し、そのレンタル料で生計を立てることにした。

一番多かったのはサッカースクール。ただ、教える相手がいつもチームだとは限らない。子供一人と1対1や女性とボールを蹴るなど個人レッスンも引き受けた。依頼した側にとっては、現役のサッカー選手に直接指導を受けるなんて、本当に貴重な機会になっただろう。

サッカー以外の依頼もある。悩みを聞いてほしいと言われれば悩みを聞きに行き、一緒にカフェに行ってくださいと頼まれれば、一緒にカフェに行った。企業からのオファーもあり、PRに使ってもらうようにもなった。

たくさんの人と関わり、浅川を中心に人の輪が生まれ、気づけば、その人たちがスタジアムに来てくれるようになっていた。

「何千人とか、何万人の応援も力になると思うんですけど、一人ひとりの顔がわかる応援って本当に力になります」。

スタジアムに足を運んだ人たちは、Jリーガー浅川隼人を応援すると同時に、きっと人間浅川隼人を応援していたに違いない。

「サッカーは知らなくても、浅川隼人は知っているという人が増えて、浅川隼人が出場するなら試合を見に行こうってなっていたなら嬉しい」。

サッカーの世界以外の人と交わり、サッカーの外にあるたくさんの夢を聞いた。夢と夢が交わり、浅川の夢はさらに膨らんだ。

「自分のサッカースクールを開きたいし、アスリート食堂を作りたいと思っています。サッカー選手を夢見る子供たちに、必要な栄養を取れるような食事を提供しながら、父兄は栄養のことを勉強できて、親子3代で楽しめるようなアスリート食堂をサッカースクールの横に作りたいですね」。

彼の言葉は常に未来志向だ。過去を振り返り悔やんだり、誰かを恨んだりするようなことなどない。生き生きと夢や未来の話を語り続ける。そして、その言葉が人の輪を作っていく。

２０１９年12月末で、３か月ほどの「レンタルＪリーガー」の活動を終了した。この活動でレンタル料として得た金銭的なものより、浅川隼人は多くのものを得た。そして、自分の存在意義や存在価値を再認識した。

２０１８年、１試合も出場することがなかった浅川隼人は２０１９年、32試合に出場し13得点。「レンタルＪリーガー」のような企画をするなら、夢を追いかけるなら、まずはピッチで結果を出さなければならないことを、浅川自身が一番認識している。

そして、その活躍が認められ、２０２０年からの戦いの舞台をロアッソ熊本へ移した。熊本でも浅川隼人は積極的に色々なことに取り組み、夢を語り、人の輪を作っていくだろう。

浅川隼人が動けば何かが起こる。ピッチ内でも、ピッチ外でも。

クラブハウスで話を聞かせてもらいました

2019年の沼津戦ではハットトリック

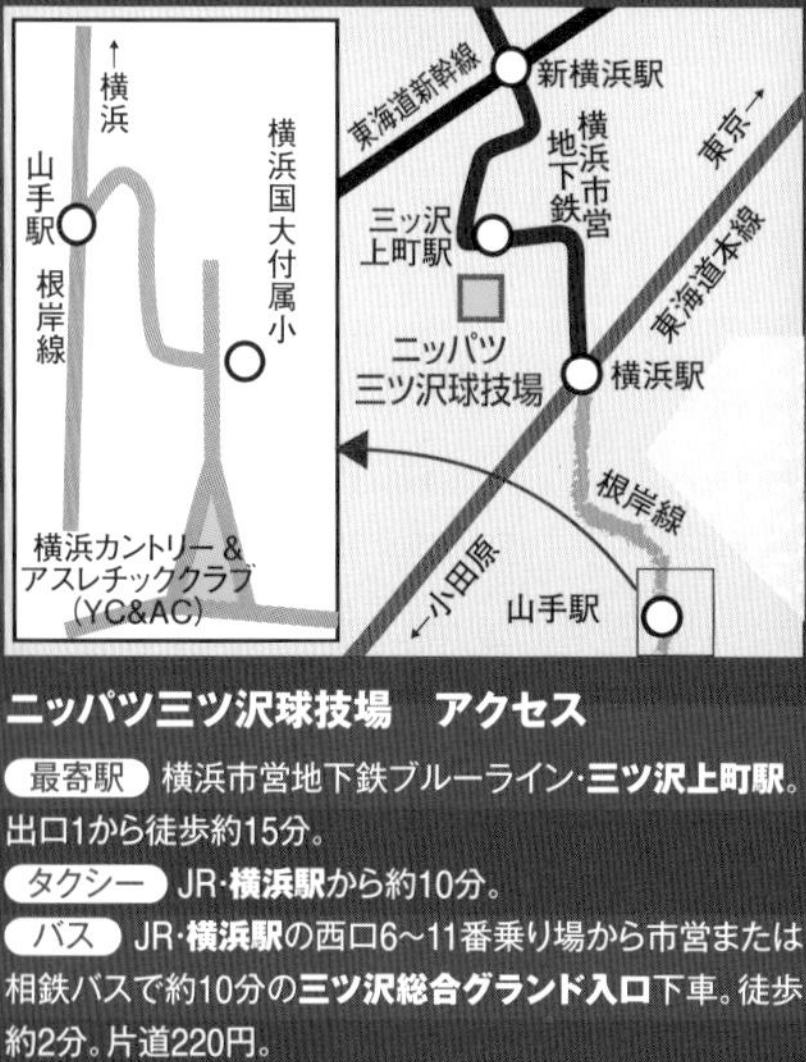

ニッパツ三ツ沢球技場　アクセス

最寄駅 横浜市営地下鉄ブルーライン・**三ツ沢上町駅**。出口1から徒歩約15分。

タクシー JR・**横浜駅**から約10分。

バス JR・**横浜駅**の西口6～11番乗り場から市営または相鉄バスで約10分の**三ツ沢総合グランド入口**下車。徒歩約2分。片道220円。

Youngerのロゴが右胸に！

Jリーグ初代GKはこの選手

高橋拓也《たかはしたくや》

2014年3月9日（ニッパツ三ツ沢球技場）
J3ーグ第1節　Y.S.C.C.横浜 1-1 秋田

神奈川大学から2012年に加入し、2015年までこのクラブでプレー。現在、ギラヴァンツ北九州所属。北九州のホーム、ミクニワールドスタジアム北九州のバックスタンド後方にある海にボールを蹴りこんだ、いわゆる「海ポチャ」第1号の選手でもある。

SC相模原

©2008 S.C.SAGAMIHARA

相模原ギオンスタジアム

スタジアムグルメも多く、にぎやかな相模原ギオンスタジアム。なんと、毎年元日にはスタンドを無料開放し、メインスタンドから初日の出を見るというイベントが行われている。入退場自由。申し込み不要。

HIRACHAN VOICE

地域の人たちと、密接な関係を築く身近なクラブ

レジャーシートを敷き、簡易のテントを立て、サッカーのある日常を楽しむ……。そんな光景が相模原ギオンスタジアム、ゴール裏の芝生席に広がる。遠い存在に思える選手たちも、地域の人たちと積極的に交流することで、より身近な存在になっている。

HIRACHAN CHOICE

多機能複合型スタジアム

相模原はラグビー、アメフト、男女サッカーの4チームのホームタウン。そこで、商業、医療、公共施設など複数の機能を持ったスタジアム誕生に向けての署名活動が始まった。

リニア中央新幹線

リニア中央新幹線の駅が相模原市内のJR橋本駅付近に「神奈川県駅（仮）」として誕生する予定になっている。これが実現すれば、夢のようなはしご観戦が可能になる。

ガミティ

広報部ホームタウン担当。社員扱い。新入社員当時は名刺を配っていたみたいだけど、今でも名刺交換していただけるのだろうか?

株式会社ゴルジャパン代表取締役：芦澤貴之《あしざわたかゆき》さん

広がってゆく。蹴る喜びの輪

（取材：2020年1月7日）

「ボールを蹴る人たちが、かっこよく着られるようなものをぼくらは作っていません。11人とか5人とか1人とかは関係ありません」。

株式会社ゴルジャパンの芦澤貴之代表取締役は「ｇｏｌ．」のこだわりを教えてくれた。

私の勝手なイメージでは、「ｇｏｌ．」というとフットサルのイメージが強かったが、実際はサッカー、フットサル、ビーチサッカー、フリースタイルフットボールなど様々なフットボールを楽しめるアイテムを揃えている。

その証拠に、ＳＣ相模原のユニフォームサプライヤーだけにとどまらず藤枝ＭＹＦＣ、なでしこチャレンジリーグのスペランツァＦＣ大阪高槻やＦリーグのポルセイド浜田、そしてフットボールエンターテインメント集団、フリースタイルフットボールの「球舞」のサプライヤーでもある。

「自分たちからフットサルブランドですなんて言ったことはないんですよ。当時はフットサルをプレーしたこともなかったですし。もしかしたら、時代的にｇｏｌ．の取扱店さんはそういう位置づけにした方が売りやすいというのがあったかもしれないですけど」。

スタッフもみんな今でもボールを蹴ることが大好きで、楽しんでいる。ｇｏｌ．のモノづくりの基本はボールを蹴ることの楽しさにある。

「自分たちはフットボールを楽しむためのアイテムを作っています。フットボールをしていると、試合に出られなかったり、技術的に追いつかなかったり、歳をとって動けなくなったりといろんな理由でボールを蹴るところから離れてしまう人もいます。そんな人たちも自分たちの作ったモノを通じて、もう一度フットボールを楽しんでみたくなるような、ボールを蹴ってみたくなるような、そんなアイテムを提供したいと思っています」。

そう言われると、なんだか子供の頃を思い出す。試合に勝てば嬉しかったし、シュートを決めれば気持ちよかったけど、楽しさはそれだけではなかった。その場にいる人数を半分に分けてのミニゲームもおもしろかったし、2人で向かい合ってボールを蹴るのも楽しかった。いや、1人でリフティングしているだけでも、ドリブルから無人のゴールにシュートするだけでも、全く飽きることはなかった。

サッカーボールひとつあれば、フットボールは自由で無限の喜びがあった。芦澤氏の言葉は忘れかけていたフットボール本来の楽しさを思い出させてくれる。

芦澤氏は静岡県藤枝市育ち。小・中学校の2つ上の先輩には名波浩や渡辺毅がいる。当時からユニフォームやジャージに興味があった。

「名波さんや渡辺毅さんなどの先輩たちが選抜とかに行って、中学の練習に戻ってきた時にそのシャツとかを着ているのを見て、かっこいいなーと思いましたね」。

先輩が選抜チームのジャージを着ていると確かにかっこよく見えたし、みんな憧れた。上手いから選抜に選ばれるわけだけれど、そういうジャージを着るとさらに上手く見えた。学生の頃の芦澤氏は先輩からユニフォームやジャージを譲り受け、それを今でも大事に保管している。

「当時強かった東海第一とか清商のユニフォームもありますし、県の選抜のジャージも本当にかっこよかった。いろいろ回りまわって（笑）、三浦文丈さんのジャージがありますよ。ジャージに『三浦文』って刺繍されてます（笑）」。

当時、静岡には強豪校がひしめき合っていた。そして、その高校のレギュラーとなればスターである。スターのジャージがもらえたなんて、かなりテンションが上がったに違いない。

そして、ジャージの持ち主であった三浦文丈は現在、ｇｏｌ．がユニフォームサプライヤーをしているＳＣ相模原の監督を務めているというのも、なんだかおもしろい縁だ。そんなｇｏｌ．とＳＣ相模原の付き合いはチームの立ち上げ、神奈川県3部の時にさかのぼる。

「その頃は練習といっても、11人揃わないし、公園の土のグランドでした。今も地域リーグの3部はそんな感じだと思いますけど」。

そのカテゴリーで優勝すれば、カテゴリーが一つ上がり、階段を一つずつ上っていけば、その先にＪリーグがあることを頭の中では理解していたが、現実味を感じることはできなかった。

ｇｏｌ．でユニフォームを作り、社会人のアマチュアリーグに参戦するチームもいくつかあったので、ＳＣ相模原もそのうちの一つくらいに考えていた。ただ、ＳＣ相模原は他のチームとは違った。毎年優勝し、毎年カテゴリーを上げていった。

「関東リーグに行ったあたりから、これはすごいことになったと。だんだん現実味が出てきて、もしかしたらＪリーグに本当に行けるかもと思うようになりました」。

２０１３年にＪＦＬで3位になると、日本プロサッカーリーグの理事会で、Ｊリーグへの入会と、２０１４年からスタートするＪ３リーグへの参加が承認され、こうしてＳＣ相模原はＪリーグ入りを果たした。少し前まで公園で練習していたＳＣ相模原に、かつて日の丸を胸に戦った高原直泰や川口能活がやってきた。現在では稲本潤一がプレーする。現実味がないような選手が相模原にやってきた。

ただ、ＳＣ相模原がＪリーグに入って、芦澤氏が感じたことはＪリーグのリアリティだ。

「ＳＣ相模原がＪリーグに入る前は、プロのサッカーの世界って、セリエＡとかプレミアリーグと同じように、夢のような遠い世界と思っていました。でも、ＳＣ相模原のおかげで、Ｊリーグが急に盆踊りみたいに近い存在になって、地域の人に応援されて成り立っていることがよくわかるようになりました」。

相模原ギオンスタジアムのホームゲームの時には、ｇｏｌ．の商品を販売することもある。そんな時に会話し、仲良くなったサポーターの人たちと一緒に、ｇｏｌ．スタッフはフットサルを楽しむこともある。

ＳＣ相模原にユニフォームを提供するだけでなく、ＳＣ相模原を中心に人との輪が広がり、地域の人たちと交流することになった。ボールを蹴ることと同じように人との縁が生まれていくフットボールのおもしろさも知った。

そして、たくさんの人にフットボールを楽しんでもらいたいと思っている芦澤氏だからこその喜びがある。

「ただの洋服ではなくて、着て使うモノを作っているので、フットサル場とかサッカー場とか公園で、ｇｏｌ．のユニフォームを着てプレーしてくれているのを見ると、本当に嬉しいですね」。

ｇｏｌ．はレアル・マドリードやリバプールのサプライヤーになろうとは思ってはいないようだ。だが、ＳＣ相模原のサプライヤーはできるだけ長く続けたいと芦澤氏は考えている。

gol.のTシャツで会場入りする富澤清太郎

サッカーの楽しさを改めて思いださせてくれるお話でした

相模原ギオンスタジアム　アクセス

最寄駅　JR相模原線・**原当麻駅**。同駅から徒歩約15分。

タクシー　**相模大野駅**から約25分。

バス　小田急線・**相模大野駅**の北口3番乗り場から大60系統女子美術大学行きで約20分の**女子美術大学**下車。徒歩約5分。片道260円。

JR横浜線・**相模原駅**南口から相27系統北里経由相武台駅前行きで約30分の**総合体育館前**下車。徒歩約10分。片道310円。

2019年に加入した稲本潤一

Jリーグ初代GKはこの選手

佐藤《さとう》健《つよし》

2014年3月9日(相模原ギオンスタジアム)
J3リーグ第1節　相模原 0-4 金沢

関東学院大学から2010年、SC相模原に加入。このクラブで神奈川県1部、関東2部、関東1部、JFL、J3と5つのカテゴリーを経験し、2016年までプレーした。J3通算69試合出場。2017年からVONDS市原でプレーしている。

湘南ベルマーレ

Shonan BMW スタジアム平塚

JR平塚駅からバスやタクシーで向かうと、距離的にはそれほどでもないが、スタジアム周辺が混雑し、渋滞していることもあるので、意外と時間がかかることもある。できれば、余裕をもってスタジアムに向かいたい。

2020年も戦う舞台がJ1であることが苦しい1年を乗り越えた証

2019年はいろいろあり過ぎた。最終的にはJ1、16位。J1参入プレーオフ決定戦も戦い、苦しいシーズンになった。しかし、選手はプロとして最後まで戦い、サポーターは声を枯らして応援し続けた。全員で死守したJ1で今年も戦う。

HIRACHAN CHOICE

コタ（背番号49）

長期療養児の復学を支援するプロジェクト「TEAM MATES」を通じて、悪性リンパ腫で長期治療・療養していたコタ、こと高田琥太郎くん（8歳）が湘南に入団。勝利のダンスも踊った。

平塚市総合公園

スポーツ施設だけでなく、子供が遊べる施設も充実。流れの広場では、思いっきり水遊びが楽しめ、ふれあい動物園ではポニーに乗れる。家族で一日楽しく過ごせる。

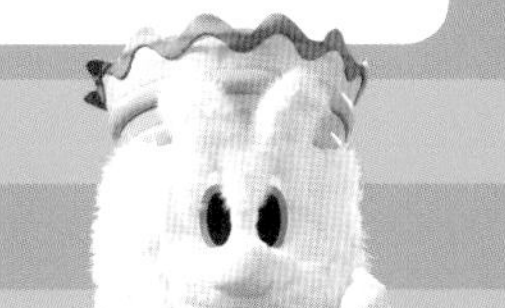

キングベル
I世

海を司る神、ポセイドンがモチーフ。しかし、おじいちゃん扱いされる。とくにふろん太くんから。立派ないじられキャラである。

湘南造園株式会社：安嶋《あじま》大輔《だいすけ》さん

美しいピッチを作り上げるこだわり

（取材：2019年5月21日）

「最高の緑のピッチでサッカーできることがプロサッカー選手の一つのステイタス」。

日本が誇るレフティーの一人、名波浩は私にそう言った。美しいピッチは、選手がストレスなくプレーすることを可能にし、見る者も心地良さを感じる。

ベストピッチ賞を受賞し、Jリーグ屈指のピッチの美しさを誇る湘南ベルマーレのホームスタジアム、Shonan BMW スタジアム平塚。そのピッチを整備し、美しい舞台をいつも保っているのが大正12年（1923年）創業の湘南造園株式会社だ。

造園事業、園芸事業、石材、霊園開発など、総合的に展開している会社の中で、グリーンターフプロジェクト（芝生整備事業）の人たちが、このスタジアムと、湘南ベルマーレが練習を行う馬入ふれあい公園サッカー場の芝生を管理している。

グリーンターフプロジェクトの安嶋大輔氏もかつては最高の緑のピッチでプレーし、ステイタスを感じることを夢見た一人だった。大学に入学し、体育会のサッカー部に入ったものの、周囲には実力のある選手が多く、自分の実力を思い知らされた。「箸にも棒にも掛からない状況で、このまま卒業して将来的にどうなのかな？ まずいなと思いました」と安嶋氏はその頃を振り返った。

そこで大学を辞めて、他の大学に行くことを決断する。その頃、Jリーグのピッチが水不足の影響もあって、からからに干からびているニュースを目にした安嶋氏は芝生に興味を持ち始め、芝生を管理する仕事があることを知り、夏から勉強を始め、農学部のある大学に入学した。そんな安嶋氏なので、湘南造園の採用面接の時も「湘南造園でスポーツターフがやりたいです」と訴えた。ただ単に湘南造園に就職したわけではなく、芝生を管理するために湘南造園に就職した。

湘南造園に入った後も彼は貪欲に芝生に情熱を注いでいく。チームが練習試合をすると聞くと、ゲリラ的にチームに帯同し、色々な試合会場のグラウンドキーパーと話し、たくさんの刺激を受け、新しい情報を仕入れた。「休みなんかなくても、楽しくて仕方がなかった」。

こうして、芝生を管理する技術が向上するとともに、その姿勢を見ている社内からはもとより、クラブからの信頼度も上がり、アウェイの試合などでは、チームから助言を求められるようになった。そんな時は時期、天候、使用している芝などのコンディションと自分の持っている情報を加味して答えた。「たとえば後半、芝が乾いてきて足が重くなる可能性もあるといったことです。助言を求められるということは、このチームに必要とされていると思えるので喜びです」と言う安嶋氏はチームスタッフのようにも見えた。

「それはもちろん、チームの一員という意識ですよ！」。ベルマーレにとって、本当に心強いスタッフの一人に違いない。

そんな安嶋氏にShonan BMWスタジアム平塚の美しさの秘密を聞いてみると、第一声は意外なものだった。

「きれいなラインですかね。白線には非常にこだわっています」。芝生ではなく白線なんですか？「ペイントの濃度、技術、そこに至るまでの芝の刈込の方向、ラインを引いているときにはすごいマニアックなところまでこだわっています」。

白線へのこだわりはレフェリーをも納得させる。試合前にレフェリーが行うインスペクションと呼ばれるピッチのラインやゴールネットなどのチェックで、「逆サイドのペナルティボックスのラインがはっきり見えるのは素晴らしいし、我々もやりやすい」と称賛されることもある。見ていても気持ち良い白線なのだから、引いた本人もさぞかし気持ち良いに違いない。

「どんなに芝生のコンディションが悪い日であっても、ラインはピシッと引こうと思っています。引いた後にスタンドの上から、ゴールポストの延長線上に立って、横からゴールラインを見て、ポストとラインがぴたっと一体化したときは最高ですね！　今日も決まってるな～って」。

嬉しそうに話す安嶋氏の表情を見ると、ピッチに対する情熱は湘南造園に入社した時から何一つ変わっていないような気がした。

もちろん芝生へのこだわりも半端ではない。植物としての芝生に愛も敬意も持って、動物園の飼育員と同じような責任感を持って接している。ただし、その目的はあくまでもチームが勝つためである。

「密度、色、剥げている場所がない。芝生自体が良いのは当たり前で、それに加えてチームが求めていることにどれだけ応えられているかが重要です。つまり、勝つための芝生です」。選手、スタッフだけでなく、安嶋氏も目指すところは勝ち点「3」だ。「誰に飯を食わせてもらっているのか？　サッカーじゃないですか！」。彼はグリーンキーパーではなくグラウンドキーパーなのだ。

そして、このスタジアムや練習場を語る上で欠かすことができないのはサポーターとの関係だ。

練習場の馬入ふれあい公園サッカー場は相模川沿いにあるという立地条件から、たびたび河川が氾濫し練習場が水没してしまう。そのたびに、サポーターの方達はボランティアで泥の除去作業を行う。2017年10月、台風21号の影響で相模川は氾濫し、練習場はこれまでにないぐらいひどい状態になった。安嶋氏はそのことを昨日のことのように覚えている。

「週末に練習場が泥をかぶって、月曜から金曜まで泥かき作業をサポーターに手伝ってもらいました。日曜日の岡山戦。土砂降りで、合羽を着て帽子をかぶって、試合前、アウェー側のゴール前のメンテナンス担当で、作業をしていたんですが、ふと顔を上げると自分から一番遠いところにいる湘南サポーターが『これからも馬入をよろしく』と我々に横断幕を出してくれていて、嗚咽が出るくらいボロボロに泣きながら作業をしました。嬉しかったですね」。

翌年、湘南ベルマーレはルヴァンカップに優勝し、初タイトルを獲得。優勝した瞬間、周りの人たちは喜びに立ち上がったが、メインスタンドで一人で見ていた安嶋氏は涙が溢れて、席から立てなかったそうだ。

「いいチームだし、素晴らしいサポーターだし、このチームで作業出来て良かったと思います」。安嶋氏は今日も緑のピッチ、湘南のステイタスを守り続ける。

なお、２０２０年3月現在、安嶋氏は出向し、福島ユナイテッドFCの練習場管理に携わっている。

芝生に情熱を注ぐ安嶋大輔さん

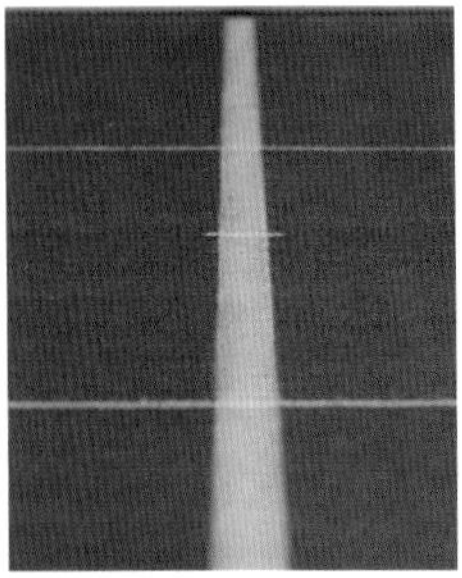

真っ直ぐに引かれた Shonan BMW スタジアム平塚の白線

Shonan BMW スタジアム平塚　アクセス

最寄駅 JR東海道線・**平塚駅**。同駅西口から徒歩約25分。

タクシー **平塚駅**から約10分。

シャトルバス **平塚駅**北口11番乗り場からキックオフ3時間前より随時運行（片道180円、乗車時間約7分）。小田急線・**伊勢原駅**南口からキックオフ2時間前、1時間前にそれぞれ1本ずつ運行（片道320円、乗車時間約20分）。

路線バス **平塚駅**北口4番乗り場から約7分の**総合公園**下車。徒歩約3分。片道180円。（※平67系統以外に乗車）。

子連れで楽しめる平塚市総合公園

Jリーグ初代GKはこの選手

古島清人《ふるしまきよと》

1994年3月12日（国立霞ヶ丘競技場）
Jリーグ 1st 第1節　ヴェルディ川崎 5-1 湘南

熊本県出身。国見高校から1987年フジタに加入。その後、チーム名はベルマーレ平塚に変わり、1995年までプレーした。1994年のベルマーレ平塚は田坂和昭が新人王。ベッチーニョ、名塚善寛がベストイレブン。第74回天皇杯では見事優勝を飾った。

©1998 VFK

ヴァンフォーレ甲府

山梨中銀スタジアム

JRの特急あずさやかいじを使えば新宿から甲府まで約1時間半。思ったほど遠くはない。車窓に流れる景色を楽しむも良し。試合のことを考え、期待に胸を膨らませるのも良し。電車に揺られて眠るのもまた良し。

HIRACHAN VOICE

小瀬に集まる人たちは、このクラブをこよなく愛す

小瀬こと山梨中銀スタジアムに集まる人たちは、老若男女問わず、ヴァンフォーレ甲府を心から楽しみ、熱く後押しする。週末のフットボールが本当に日常になっている。ヴァンフォーレ甲府は、街に、そして甲府の人の心に浸透している。

HIRACHAN CHOICE

バス小瀬新聞

甲府駅南口で配布されるフリーペーパー。試合の見どころやイベント、グルメなど盛りだくさんの内容で、甲府でのサッカー観戦に役立つ情報が詰まっている。

小作

山梨に行ったらおいしいほうとうが食べたい。そんな時は小作。甲府駅前店は甲府駅南口からすぐ。かぼちゃほうとう、豚肉ほうとう、甘いもの好きにはあずきほうとうもある。

かわいいヴァンくんグッズ

フォーレちゃん　ヴァンくん

©2019VFK

山梨中銀スタジアムでの活躍はもちろん、フットワーク軽くアウェイのスタジアムにも登場し、盛り上げる姿をよく見かける。

株式会社はくばく：長澤《ながさわ》重俊《しげとし》代表取締役社長

（取材：2020年1月29日）

チームを支え、支えられる

初めて見た時は何となく違和感を覚えたが、今はもうそこにひらがな4文字が並んでいるのが当たり前だ。

ヴァンフォーレ甲府のユニフォームの胸にはいつも「はくばく」の文字。2007年と2008年は背中に移ったが、それ以外は2001年から現在までヴァンフォーレ甲府の胸スポンサーはずっと「はくばく」である。

創業以来、大麦をはじめとした穀物のおいしさを追求し、健康をサポート。大麦・雑穀をはじめ、麺や粉、麦茶など穀物を加工した商品を幅広く展開。山梨で創業し、山梨に本社を置く「はくばく」はヴァンフォーレ甲府のサポートを続けている。

ただ、はくばくがスポンサーになる頃のヴァンフォーレ甲府は崩壊寸前だった。J2リーグがスタートした1999年からJリーグに戦いの舞台を移したヴァンフォーレ。その頃にはすでに、経営危機に陥っていた。

成績面でも1999年からJ2、2年連続最下位。2000年には6連敗後引き分けを一つはさんで19連敗。債務も膨らみ、まさにジリ貧状態だった。

山梨県民やヴァンフォーレ甲府を応援する人達もそんな状況をなんとなく知ってはいたが、2000年秋、経営危機問題が明るみになり、ヴァンフォーレの実状は誰もが知るものとなった。そして、ついに支援するスポンサーや行政も白旗を上げ、ヴァンフォーレ甲府は解散の危機を迎えた。

そんな状況を見かねた当時の川淵三郎チェアマンが動いた結果、ひとまず2001年シーズンのヴァンフォーレ甲府存続は決まった。ただ、2002年以降存続するためには「平均観客動員数3000人以上。サポーター会員数5000人以上。スポンサー収入5000万円以上」という、その頃のヴァンフォーレにとっては途轍もなく厳しい三条件を課せられた。

株式会社はくばくの当時専務だった長澤重俊代表取締役社長は、ヴァンフォーレ甲府にほとんど興味を持っていなかった。

「私はラグビーをやっていたので、あまりサッカーに興味がなくて、ヴァンフォーレも大変だなと他人事でした」。

そんな時、転機が訪れる。経営危機を立て直すべく、海野一幸がヴァンフォーレ甲府の社長に就任したのである（海野氏は当時を振り返り、立て直しではなく敗戦処理のつもりだったと語ってはいるが……)。長澤氏は以前から面識のあった海野氏がヴァンフォーレの社長になったことで「これはうちも何かしないとまずいな」と自ら協力を申し出た。

しかし、傾きかけたクラブにお金を出して、一年で解散となってしまってはムダになってしまう。そこで、長澤氏はこんな提案をした。

「ただ単にお金を出すのではなく、経営戦略を一緒に考えましょうと提案しました。経営に資することをやるだけやって、ダメだったら仕方がないと」。

つまり最初に考えていたのは、ある程度金銭面でも支援しながら、経営コンサルタントのように、ヴァンフォーレと付き合う形だった。

ところが2001年のシーズン前に、「今日、メインスポンサーの締め切りだから、コンサルタント用に用意したお金で胸スポンサーになってくれ」と海野氏から電話で突然言われ、長澤氏は承諾。はくばくはヴァンフォーレ甲府の胸スポンサーになったのである。

「うちの社員に言われたことを、はっきり覚えています。あんなイメージの悪い、弱いチームのスポンサーになっていいんですか? 逆にはくばくのイメージが悪くなりますよって」。

長澤氏は甲府のスポンサーになったものの、社員が言わんとすることも十分理解していた。なぜなら、長澤氏自身もスタジアムに足を運び、甲府の試合を見ていたからだ。

「ほんとにもう、自陣からボールが出ていかないんですよ(笑)。クリアしても、また相手に攻められての繰り返し。当然負けますよ。子供も試合に飽きていましたね」。

経営状況悪化の影響はもちろんピッチにも反映され、ヴァンフォーレ甲府は2001年になってもなかなか勝てずにいた。しかし、ピッチ外では、海野一幸氏の営業力や、はくばくが胸スポンサーになったことをきっかけに空気が変わりはじめていた。そして、ヴァンフォーレの内情が明らかになったことに危機感を持ったサポーターはもちろん、県民が動き始めた。

サポーター有志が署名活動や募金活動に奔走し、みんなが手弁当でそれぞれの得意分野で支援。クリーニング屋、理髪店、焼肉屋、銭湯など、それぞれの持ち場で協力を始めた。その結果、チームはまたも最下位だったが、当初不可能と思われていた三条件をクリアし、ヴァンフォーレ甲府の存続が決まった。

みんなが胸をなでおろし、希望に満ちて新たなシーズンに向かって行こうという2002年、はくばくの本社工場が火災に見舞われた。ヴァンフォーレ甲府立て直しの立役者が危機を迎えたのである。

そんな時に立ち上がったのが、ここでもヴァンフォーレサポーターだった。はくばくを助けるために、はくばくの商品を買おうと呼びかけたのである。

「びっくりしましたし、感謝の気持ちしかないですね。本当にお世話になって、今度はこっちが恩返しする番です」。

はくばくがスポンサーでなくなってしまうことをサポーターは危惧したが、はくばくはそんな状況の中でもスポンサー継続を決定した。

2002年からのヴァンフォーレは、次第にピッチでも結果を残せ

はくばく東京本社で長澤重俊代表取締役社長と

2019年最終節終了後に、山梨日日新聞に出稿したメッセージ広告

るようになり、２００５年はＪ２で３位。そして、入れ替え戦で柏レイソルを破りＪ１昇格を達成。数年前解散危機に陥っていたチームがＪ１へ昇り詰めたのである。

毎シーズン、最終節終了後の地元の山梨日日新聞には、はくばく、そして長澤重俊社長からヴァンフォーレ甲府に向けたメッセージの広告が掲載される。２０１２年、Ｊ２初優勝の時は「ありがとう俺たちの甲府。」。２０１７年、Ｊ２降格の時は「ここに、甲府がある限り。」。

そして、２０１９年はこんなメッセージだった。「覆せ、未来を。」。長澤社長はそのメッセージにこんな思いを込めた。

「だんだん、自分たちの未来を既定してしまっている感じがしましてね。確かに、Ｊ１に行っても苦しいシーズンが続きました。ただ、過去はそうだったかもしれないけれど、ヴァンフォーレはまだまだすごいチームになれるということを夢見て、もう一回出発しようよと言いたかったのです」。

まだ見ぬ未来へ、はくばく、そしてサポーターとともにヴァンフォーレ甲府は突き進んでいく。

山梨中銀スタジアム　アクセス

最寄駅 JR中央線・**甲府駅**。

タクシー **甲府駅**南口から約20分。

シャトルバス **甲府駅**南口2番乗り場から山梨交通バス小瀬スポーツ公園行きで約30分。片道360円。

路線バス 甲府駅南口3番乗り場から小瀬スポーツ公園行きで約30分の**陸上競技場入り口**下車。片道360円。

こちらも甲府の名物、鳥もつ煮

Jリーグ初代GKはこの選手

坂本武久《さかもとたけひさ》

1999年3月14日(韮崎中央公園陸上競技場)
J2リーグ第1節　甲府 1-2 大宮

韮崎高校出身。明治大学を経て、1994年、甲府サッカークラブに加入。1995年から、クラブ名はヴァンフォーレ甲府に。キーパーの命である手に大けがを負ったが、見事復活を果たした。20年後、2019年の開幕戦の相手も大宮アルディージャだった

AC長野パルセイロ

がんばろう長野

2019年10月の台風19号は各地に甚大な被害をもたらした。千曲川の決壊で練習場は水没し、スタジアム周辺の篠ノ井地区も浸水被害を受けた。そんな状況の中、復興支援を行うAC長野パルセイロは、長野の人たちの希望になっている。

長野Uスタジアム

サッカーが最高に楽しめるスタジアム。ゴール裏観戦は楽しいし、メインスタンドからはスタジアムの向こう側の景色も楽しめる。VIP席もテラスデッキもある。人それぞれに、いろんな楽しみ方を選択できる。

HIRACHAN CHOICE

南長野運動公園

長野オリンピックの開会式・閉会式会場として使われたスタジアムと周辺を整備して作られた公園。遊具のある広場もあり、天気のいい日に家族でのんびり過ごしたい場所である。

新時代

ミスターパルセイロこと宇野沢祐次や、大島嵩弘、有永一生など長年パルセイロを支えた選手がチームを去り、明神智和が現役引退。AC長野パルセイロは新時代を迎える。

長野駅の善光寺口。すごく立派です

ライオー

二次元で描かれた、ライオー含む三兄弟やパルパパ博士の出来栄えが素晴らしく、今にもアニメ番組が始まりそうな雰囲気がある

アカデミー・アシスタントコーチ：宇《う》野《の》沢《ざわ》祐《ゆう》次《じ》さん

プロの厳しさを生きるということ

（取材：２０２０年2月19日）

２０１９年12月５日、ミスターパルセイロこと宇野沢祐次が２０１９シーズン限りで契約満了となり、退団するとＡＣ長野パルセイロから発表された。

北信越フットボールリーグ1部のＪＡＰＡＮサッカーカレッジから、同じく北信越フットボールリーグ1部のＡＣ長野パルセイロに加入したのは２０１０年のこと。それから10年間フォワードとして、時にはキャプテンマークを巻いてＡＣ長野パルセイロを引っ張ってきた。

地域リーグからＪＦＬへ昇格、そしてＪ３への参入。クラブの歴史とともに歩み、ＪＦＬでは99試合出場52得点。Ｊ３では１００試合出場22得点。ゴールという結果だけでなく、多くのゴールシーンに絡むことでチームに貢献してきた。

ＡＣ長野パルセイロ退団後、現役続行も模索していたが、２０２０年1月29日、ＡＣ長野パルセイロのアカデミーのアシスタントコーチに就任することが発表された。

18年間の現役生活に終止符を打った宇野沢祐次にお話を伺うことにした私は、２０２０年2月、ＡＣ長野パルセイロのクラブハウスを訪ねた。

宇野沢祐次は１９８３年5月3日生まれ、千葉県出身。小学4年生の時に始まったＪリーグに憧れ、中学生になるとプロ選手を目指して、柏レイソルのジュニアユースに入り、その後ユースチームに昇格した。

一つ下には現在も柏レイソルで活躍する大谷秀和。そして、現在東京ヴェルディに所属する近藤直也は同期である。「おれがフォワードで、あいつがディフェンス。練習からバチバチにやりあっていました。仲が悪いくらいに（笑）」。

チームメイトとはいえ、お互いプロを目指すライバルでもある。練習からしのぎを削り、意識し合っていた。その頃、トップチームとともにサテライトチームがあり、ユースの将来有望な選手はサテライトチームの練習に参加していた。その中で生き残ることが、将来プロ契約を勝ち取る道となる。

しかし、プロへの道はそう簡単なものではない。サテライトチームでは、トップチームのゲームに出場することを虎視眈々と狙うプロの選手たちが練習に励んでいた。

「サテライトに北嶋（秀朗）さん、玉田（圭司）さんとか錚々たるメンバーが揃っていました。高校1年生の時に、練習参加って言われましたが、本当に厳しかったですね」。

いくら将来有望な選手とはいえ、プロ選手の練習についていくのは相当に厳しかった。体力的にも技術的にも大きな差があった。しかし、食らいつかなければ、ふるいにかけられプロの道は遠ざかることになる。

「ユースの選手は、家から自転車で通って、朝昼晩と練習に参加していましたけど、一つ上の先輩は練習がハード過ぎて、脱走して、一時行方不明になりました」。

肉体的にも精神的にも追い詰められるような日々を繰り返した末に、宇野沢祐次はプロへの切符を勝ち取った。柏レイソルのプロ選手となった宇野沢は2003年FIFAワールドユース選手権に出場する日本代表のメンバーにも選出されている。ワールドユースでの出場はなかったものの、川島永嗣、今野泰幸、坂田大輔など同年代の優れた選手と出会い、多くの刺激を受けた。

「同年代の選手がフル代表に選ばれて、試合に出ているのを見ると、がんばってほしいなぁって気持ちになります。長谷部（誠）とか同い年で、ワールドユースはメンバーに選ばれなかったですけど、その後、日本代表のキャプテンになったり、ドイツで活躍したりしているのを見ると嬉しいですし、すごく応援しています」。

若い世代の日本代表にも選ばれ、順風満帆にも思えたが、その後思うように結果を出せず、柏レイソルで5年間プレーし退団。2007年はアビスパ福岡でプレーし、2008年からは戦う舞台を地域リーグへ移し、2010年AC長野パルセイロに加入。1年1年が勝負の年で、レイソルのユース時代に味わったプロの厳しさとは、また違う意味でのサッカー選手としてのシビアな世界に身を置くことになる。

「今年、上（のカテゴリー）に上がれなければ、サッカー人生が終わりになるかもという気持ちでやっていました。プロとアマチュアのギリギリのステージは、結果によっては明日がないかもしれないというシビアなところです」。

サッカーにかける思い、パルセイロへの思いが応援する人達の胸を打ち、いつしかミスターパルセイロと呼ばれるようになった宇野沢祐次はゴールを重ね、パルセイロも戦うステージを上げていく。

そんな宇野沢だからこそ忘れられないワンシーンがある。2014年、J2・J3入れ替え戦の第1戦。長野運動公園総合運動場陸上競技場で行われた、AC長野パルセイロ対カマタマーレ讃岐の終了間際のシーンだ。

0対0で試合は進み、カマタマーレのコーナーキックからカウンターでチャンスを得たパルセイロ。高橋駿太に決定機が訪れたが、枠をとらえられずゴールキックになった。カマタマーレのゴールキーパー瀬口拓弥は少し時間をかけてゴールキックを蹴った。そのボールをパルセイロはカットし、右サイドにボールは流れ、その右サイドから中央でフリーになっていた宇野沢の足もとにボールが運ばれてきた。

宇野沢は迷わずダイレクトでキーパーの手が届かないところにシュートを打った。しかし、無常にもそのシュートはポストに当たった。

「そのシーンだけは鮮明に頭に残っていますね。あれが入っていればという思いは今でもあります」。

ふとした時に、今でもそのシーンが頭に浮かぶという宇野沢。今でも、頭に浮かぶシーンの中で正解が見つかるのだろうか？

「いや、その場面に関しては、ベストのシュートの選択をしたと思っています。ボールを蹴った感触も、シュートを打つ方向も思い通りだったし、打った瞬間に入ったと思いました。いつもより、ほんの少し力が入ったかなぐらいですね。でも、あの場面では他に正解はないです」。

後悔の念によって記憶に刻まれたわけではない。正解なはずなのに、結果に結びつかなかったからこそ記憶に残ったのだ。これがプロのシビアさであり、宇野沢はこれからももっと良い正解を模索したいという。いろんな意味でサッカー選手の厳しさを知る宇野沢祐次の経験が、これから長野の子供たちに伝えられていく。

アカデミーのアシスタントコーチとして新シーズンを迎えた宇野沢祐次

2014年、J2・J3入れ替え戦の宇野沢

長野Uスタジアム　アクセス

最寄駅 JR篠ノ井線／しなの鉄道・**篠ノ井駅**。同駅から徒歩約40分。

タクシー **篠ノ井駅**から約10分。

シャトルバス **篠ノ井駅**東口から各試合の開場2時間前より約10分間隔で運行。乗車時間約10分。片道200円。

路線バス 北陸新幹線・**長野駅**3番乗り場から松代線アルピコ交通で約20分の**水沢典厩寺**下車。徒歩約25分。片道470円。

ライオーも好きだという「おやき」

Jリーグ初代GKはこの選手

田中謙吾《たなかけんご》

2014年3月9日（味の素フィールド西が丘）
J3リーグ第1節　福島 0-1 長野

2012年に日本体育大学から加入し2018年までプレー。2014年のシーズン前、「長野パルセイロを愛する大空翼」を語る人からクラブに100万円の寄付があった。そのためJリーグ初戦のこの日、西が丘には「翼くん　ありがとう!!」の横断幕が掲出された。

松本山雅FC

サンプロ　アルウィン

絶対的ホーム感を醸し出せるスタジアム。サッカーを知らない人にも、是非一度足を運んでいただきたい。このスタジアムから生まれるパワーは、サッカーの好き嫌いとは関係なく、人の心に響くものがある。

One Soul

これまで8シーズンにわたって松本山雅FCを率いた反町康治監督がチームを去った。2度のJ1昇格だけでなく、松本の人たちにサッカーの喜びや厳しさや楽しさを伝えた反町監督。そんな功労者が去った今だからこそ、One Soulの力を見せつけたい。

HIRACHAN CHOICE

松本城

アルウィンと方向は逆になるが、松本といえば、国宝松本城は外せない。大天守がかっこよく、写真を撮りたくなる佇まい。松本城周辺、情緒たっぷりの城下町も楽しみたい。

蕎麦倶楽部　佐々木

喫茶山雅の前にある、落ち着いた雰囲気の中でおいしいお蕎麦が堪能できるお店。最初は塩で蕎麦をいただく。それができるのも、本当においしい蕎麦の証。最高です。

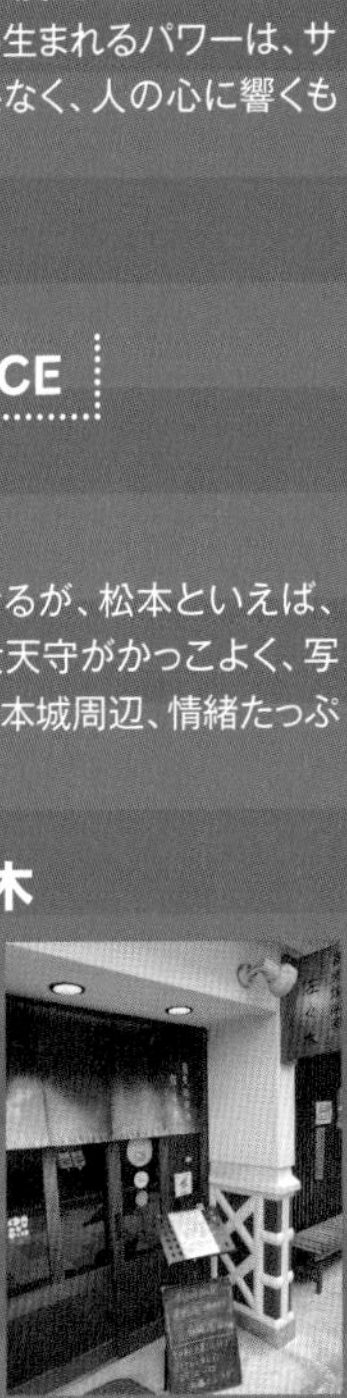

ガンズくん

グッズの中には、東京ドロンパとのコラボキーホルダーやニータンとのコラボステッカーなどのコラボグッズもある。

アンバサダー：鐵戸《てつと》裕史《ひろし》さん

地域とサポーターから教えられる

（取材：2019年12月26日）

年の瀬だというのに鐵戸裕史は多忙を極めていた。

私が松本へ行って取材する約束になっていたが、前日になって急遽、東京で人に会う用事が鐵戸に入ったため、その用事が終わって松本に帰るまでの間に、東京で取材することになった。

東京駅で待ち合わせ。忙しくて疲れているに違いないが、鐵戸はいつもの笑顔を見せてくれた。

あまり駅から離れると、松本へ向かう電車に乗るのも大変なので、近くのスターバックスに入った。私は馬鹿の一つ覚えみたいに、トールサイズ、アイスのスターバックスラテを注文。鐵戸さんもどうぞと促すと、「エスプレッソ！」とのこと。

何を飲んでも構わない。なんたらフラペチーノ的なものでも結構だ。でも、てっちゃん、いや鐵戸さんがエスプレッソを注文するとは意外だった。かわいい顔してコーヒー通なのかなぁ～？　そんな思いを抱きながらも、あまり時間がないので席に座ってさっそく話を聞いた。

２００９年に松本山雅ＦＣに加入した鐵戸裕史は、地域リーグ、ＪＦＬ、Ｊ2、Ｊ1と4つのカテゴリーをこのクラブで経験している。松本山雅ＦＣがトップリーグへ昇り詰める歴史をともに歩んだ選手だった。

２０１6年いっぱいで引退。２０１7年からはチーム統括本部に所属しながらアンバサダーを務め、イベントや講演会など地域貢献活動を行っている。

「山雅に残った理由は、地域とサポーターに恩返しをしたいという思いからです」。

現役時代もサポーターとの触れ合いはあったし、サポーターが熱心に応援してくれているのはわかっていたが、今度は自らがサポーターの方に出向く役割となり、その活動の中でいろんな交流を持った。

親子三代で応援してくれる家族にも会った。松本からだと車で1時間以上かかる飯田市のサポーターの忘年会にも顔を出した。アンバサダーになり、サポーターの生の声を聞いて、サポーターの熱心さやありがたみが今まで以上に身にしみた。

ホームゲームの時は毎回、サンプロアルウィンのスタンドを周る。馴染みのサポーターと会話を交わし、初めて見るサポーターにも声を掛ける。サポーターの言葉に気づかされることも多い。

ある時、アウェイ側のスタンドを歩いていると、車いすのアウェイサポーターに声を掛けられた。

「私は車いすでアウェイのいろんなスタジアムに行きますが、アルウィンのスタッフの方はどのスタジアムよりも親切にしてくれる。本当にありがとう」。

山雅を応援してくれるサポーターだけでなく、アウェイサポーターの人が評価してくれるのが嬉しかった。

「ぼくらは大きなクラブではなくて、サポーターあって、地域の支えがあって成り立っているクラブです。チームバモスというボランティア団体の皆さんに運営の面でも助けていただいて、本当に感謝していますし、そういうところを評価してもらえたのが本当に嬉しかったです」。

スタジアムの中を歩くことで、現役時代にはわからなかったことを知り、多くのことを学んだ。そして、現役時代には絶対に行くはずのない場所にも足を運んだ。松本山雅が松本山雅たるゆえん。ゴール裏である。

「ゴール裏に初めて行ったときは本当に驚きました。みんなで飛び跳ねているので、地響きというかスタンドが揺れるんですよ。こんな風に応援してくれていたんだというのを感じて鳥肌が立ちました。ゴール裏からはじめてピッチを見て、サポーターはこんな景色を見ていたのかって。ここから見たら、選手をカッコいいと思いますよ（笑）」。

サポーターが熱い応援で後押ししてくれていることを選手はわかっている。ピッチから緑の塊が飛び跳ね、スタンドが揺れる様子を何度も見ている。しかし、実際のゴール裏は選手の想像を遥かに超えている。

山雅を思うサポーターの熱量は尋常ではない。

「ムラ（村山智彦）に、もしメンバーに入らないときがあったら、一度足を運んでみた方がいいよと言いました。あそこに行くと、これまで以上にこの人たちのためにと思えるし、考え方が変わるからと。すると、ムラは実際にゴール裏に足を運んで、いろんなことを感じてくれました。本当に嬉しかったです」。

アンバサダーの仕事は、基本的には対外的なものになるが、それだけにとどまらずクラブ内、チーム内にも気づいたことを伝えて、クラブをより良い方向に進めていくのが鐡戸流。アンバサダーの仕事は充実していた。

ところが、２０１９年の夏に強化担当のスタッフが一人減り、鐡戸はチーム統括本部の仕事に専念することに。

「シーズン途中だったのでびっくりしました。ただ、引退してアンバサダーをやることになった時に、アンバサダーってある意味旬というか影響力が大事なので、長くても4、5年ぐらいかなと思っていました。地域貢献活動も大事ですけど、今まで応援してくださった皆さんに応援し続けてもらえるチームであるための仕事も大事と思っていたので、想定よりも早かったですけど、強化の仕事もやってやろう！という感じです」。

取材したのは２０１９年の年末で、強化の仕事も多忙な時期。東京に急遽来ることになったのも、強化の仕事の一環だった。２０２０年はさらに多忙を極めそうだ。

「忙しくなると思います。監督も変わっていろんなことが変わるシーズンになりますが、ある意味ワクワクしています。その中で、変わらず応援してもらえるような山雅独自のものを残していきたいですし、作っていきたいです」。

２０２０年からは、アンバサダーの仕事から離れ、強化の仕事に専念することになった。アンバサダーで学んだことを強化部で生かすためにハードワークはすでに始まっている。

「この間、選手獲得の目的でブラジルに3週間行ってきました。ブラジルは楽しかったですね。ブラジル人は何かあるたびに『カフェ？カフェ？』って言ってくるんですよ。そうするとエスプレッソが出てきて、それが本当においしい。今までエスプレッソなんて飲んだことなかったんですけど、それからはちょっと背伸びして、今はエスプレッソです（笑）」。

そういうことですか！　いきなりエスプレッソを注文した理由。なんだか大人な振る舞いだなと思ったけど、てっちゃん、いや鐵戸さんらしくて安心した。

2014年、J1昇格セレモニーでの鐵戸裕史

2016年に現役を引退。新たな道を歩みはじめた

サンプロ アルウィン（松本平広域公園総合球技場）アクセス

最寄駅からのタクシー　JR篠ノ井線・**村井駅**下車。同駅からタクシーで約12分（徒歩だと約1時間30分かかる）。

シャトルバス　**松本バスターミナル**からキックオフ5時間30分前〜45分前の間、約20分間隔で運行。乗車時間約30分。無料。

路線バス　**松本バスターミナル**から空港朝日線・信州まつもと空港行きで約30分の**上二子口**下車。徒歩約20分。片道460円。

北アルプスを望む、サンプロ アルウィンならではの眺め

Jリーグ初代GKはこの選手

野《の》澤《ざわ》洋《よう》輔《すけ》

2012年3月4日（味の素スタジアム）
J2リーグ第1節　東京V 2-0 松本山雅

清水エスパルスユース出身。明るい性格とコミュニケーション能力で、所属した各クラブのサポーターから愛されたゴールキーパー。アルビレックス新潟を最後に現役を引退。2020年から、アルビレックス新潟のクラブスタッフとなり、営業部への配属が決まった。

©1997 A.N.INC.

アルビレックス新潟

若い選手が積極アピール、アルビ新時代到来の予感

2019シーズン、大卒ルーキーの新井直人や、前橋育英高出身の秋山裕紀、アカデミー出身の本間至恩や岡本將成が存在感を発揮。今季はスペイン人、アルベルト・プッチ・オルトネダ監督を招聘し、アルビレックス新潟、新時代到来の予感。

デンカビッグスワンスタジアム

上越新幹線、新潟駅到着直前、右手に見えるデンカビッグスワンスタジアム。堂々の存在感。このスタジアムがオレンジ色に染まった時に生まれる熱狂は唯一無二。大きなスタジアムではあるが、ホーム感は強い。

HIRACHAN CHOICE

みかづきのイタリアン

新潟県民のソウルフード。自家製もちもち太麺の焼きそばの上にミートソース。これがみかづきのイタリアン。値段もリーズナブルでクセになる味。スタジアムでも食べられる。

アルビレッジ

北蒲原郡聖籠町にある練習場。新潟聖籠スポーツセンター・アルビレッジ。元サッポロビール園の広大な敷地には天然芝3面。人工芝3面。オレンジカフェでは食事もできる。

アルビくんとスワンちゃんの間には2007年三つ子が誕生。Aがアーくん。Lがルーちゃん。Bがビィくん。名前はシンプルで覚えやすい。

通訳兼アシスタントコーチ：渡邉基治《わたなべもとはる》さん

ブラジル人選手を成功に導く秘訣

（取材：2019年11月12日）

アルビレックス新潟にはこれまで、たくさんの優秀なブラジル人が在籍し、たくさんの選手が活躍してきた。

そのブラジル人と日本人の会話の橋渡しをしているのが、現在はアシスタントコーチも務める渡邉基治通訳。ひげがトレードマークだ。アルビレックスの中継を見れば、必ずベンチにその姿を見つけることができるので、記憶している方も多いことだろう。

渡邉通訳は新潟県出身。ブラジルのサッカーに憧れ、「単純にブラジルに行きたかった」という理由で、新潟工業高校卒業後、地球の反対側へ向かった。ブラジルへの2年間のサッカー留学。それは、テクニックが散りばめられた陽気なブラジルのサッカーに憧れ、ブラジルでプロになることを夢見ての留学だったが、実際にブラジルのピッチで感じたのは正反対のことだった。

「激しくて、厳しくて、簡単にターンをさせてくれない。ボールを受けた時に、背後から選手がボールを奪いに来る。周りの選手は『ラドローン！（ポルトガル語で泥棒）』って言うんです。泥棒が来たぞって。ボールを盗むだけならまだしも、時には選手生命も盗まれそうなくらい激しいタックル。もうサッカーが怖くなりました」。

華麗なテクニック満載のブラジルサッカーを夢見ていたが、実際のピッチでは美しさとは無縁の泥臭く激しいサッカーが展開された。ボールを奪わなければプロになれない。ボールを奪われたら飯が食えない。容赦していてはプロになれないのである。

「プロのチームと練習をさせてもらったときに感じたのは、上に行けば行くほど、選手はさらにハングリーということでした。プロは結果がすべてだと痛感しました」。

2年間のブラジル留学を終えて、新潟に戻り、今度はアルビレックス新潟のテストを受けた。

「合格だと言われて、喜んで事務所に行ったら、選手というよりもポルトガル語ができることを見込まれて、通訳での採用でした」。

通訳をやりながら練習にも参加し、もっとサッカーがやりたい、プロの選手になりたいと思っていたが、そんな時に出会ったのが反町康治監督だった。朝から晩まで寝食をともにし、分析の方法なども含めてたくさんのことを学んだ。

スタッフは4、5人で、やらなければならないことは多く大変だったが、すべてのことが新鮮だった。そして、選手ではなくスタッフとしてサッカーに関わることに興味を持つ中で、プロの選手になることをあきらめ、2001年からは完全に通訳としてアルビレックス新潟に関わり続けることになった。

2年間のブラジル生活で、グラウンドの中の言葉や日常会話は問題ないレベルになっていた。ただ、通訳として仕事をするにはもっと細かいことを知る必要があった。

「いちばん最初に困ったのが国民健康保険です。選手は怪我もするし、奥さんが妊娠することもある。子供が風邪をひくこともある。でも、日本とブラジルでは病院や保険のシステムが違うと伝えることが難しい。日本の制度に対応するポルトガル語がわからない」。

そんな細かいことを教えてくれたのは、ジェルソンGKコーチ(2019年、シーズン途中、家庭の事情で退任)。ジェルソンのおかげで、ピッチ外の日本語をポルトガル語に変換する術を知り、ブラジル人と上手くコミュニケーションがとれるようになった。

渡邉通訳は話していても楽しいし、物腰も柔らかい。そんな感じでブラジル人に接して、優しく手厚くサポートすることがアルビレックスのブラジル人の活躍の理由になっていると思っていたが、渡邉通訳もクラブも、ブラジル人選手との向き合い方で大事にしていることがあるという。

「新潟のブラジル人選手が成功している理由は、ブラジル人の自立を促す働きかけをすることをクラブが大事にしているからです。もちろん、言葉や生活の面で無理なところはサポートしますが、できるだけ自立することを促す。長い期間、スタッフが面倒を見なければならないような選手は伸びてこないし、エジミウソン(2004〜2007年)、マルシオ・リシャルデス(2007〜2010年)、レオ・シルバ(2013〜2016年)は自立していました」。

かつては、手厚くサポートしていた時もあったが、次第に甘えるようになり、なんでもクラブやスタッフのせいにするようになり、責任感が生まれてこなかった。活躍した選手は自立し、責任感を持っていた。

そんな自立した優秀なブラジル人選手の中でも、群を抜いていたのがアンデルソン・リマ(2005年)。

「とにかくサッカー選手として、人間として素晴らしい。チームから要求された守備ができないときに、キレのある若手に1対1をやってくれとお願いしていた。ブラジル代表で、あれだけ有名な選手なのに」。サッカーに対する姿勢、立居振る舞い、すべてが尊敬に値した。そして、リマがいつも言っていたことがある。

「試合に出る11人は監督が決めることだから、俺が出られなくてもしょうがない。だけど、アンデルソン・リマっていう選手が日本に来て最後まで一生懸命やっていたという記憶は新潟の人に残したい」。

レオ・シルバは新潟からのオファーが届いたときに、相談した相手がアンデルソン・リマ。「間違いない。行ってこい」。これが、アンデルソン・リマの答えだった。もちろんレオ・シルバもしっかりと自立していた。

レオ・シルバはハッピーターンをこよなく愛し、ファビーニョ(2003〜2006年)は家に納豆のストックがあった。レオナルドとチョ・ヨンチョルが一緒にご飯に行く。早く日本に、そして日本食に慣れた選手が自立し活躍する。

ブラジル人選手が活躍するために、ただ言葉を訳すだけでなく、日本で自立できるように、適度な距離感を保つ。ブラジル人にとってもアルビレックス新潟にとっても頼りになる通訳である。

渡邉通訳は現在アシスタントコーチとしても、チームを支えている。ブラジルでプロ選手になる夢は叶えられなかったが、将来は新潟の監督になることも夢見ている。

でも、その前に実現したいことがある。それは、デンカビッグスワンスタジアムが4万人の大観衆でいっぱいになること。新潟出身の渡邉通訳だからこそ願う光景だ。

大観衆の中、生き生きと走り回るブラジル人選手に、ポルトガル語で声を掛ける渡邉通訳の姿が目に浮かぶ。

サッカー留学がこの道に進むきっかけとなった渡邉基治通訳

ブラジル人選手の中で、群を抜いて自立していたアンデルソン・リマ

デンカビッグスワンスタジアム　アクセス

最寄駅　上越新幹線・**新潟駅**。

タクシー　**新潟駅**南口から約15分。

シャトルバス　**新潟駅**南口6番線（プラーカ2前の臨時バス乗り場）から試合開始4時間半前より試合開始まで運行。乗車時間約15分。片道270円。

路線バス　**新潟駅**南口1番乗り場からスポーツ公園前経由新潟市民病院行きで約14分の**スポーツ公園前**下車。または約15分の**ビッグスワン前**下車。いずれも徒歩約1分。

朱鷺メッセから見た佐渡方面の景色

Jリーグ初代GKはこの選手

吉原慎也《よしはらしんや》

1999年3月14日（等々力陸上競技場）
J2リーグ第1節　川崎F 0-1 新潟

茨城県立日立工業高校出身。1997年、横浜マリノスに加入するも、川口能活の存在もあり出番を得られず、1999年、期限付き移籍で新潟に加入。開幕7連勝に貢献。その後、2001年から川崎でプレー。2004年のJ2優勝、J1復帰にも貢献した。通算J1、20試合、J2、144試合出場。

カターレ富山

©2008 KATALLER

安達監督の元、J2復帰を狙える準備は整った

シーズンが進むにつれ調子を上げた2019年。中断明け10勝2分2敗。昇格圏まで勝ち点の差「5」。4位フィニッシュ。結果、内容ともに十分な戦いぶりを見せてシーズンを終えた。久々のJ2復帰へ、大いに期待は高まる。

富山県総合運動公園陸上競技場

JR富山駅南口バスロータリーから運行している臨時直行バスは260円。富山駅から、富山地鉄タクシーなら定額3920円。スタジアムが近づいて来た頃に見える、ますのすしミュージアムが気になってしょうがない。

HIRACHAN CHOICE

路面電車

Jリーグのクラブがある街、岡山や熊本と同じく富山にも路面電車が走っている。昔ながらの車両から最新型の車両まで、富山の街に溶け込んでいて、風情がある。

スターバックス

JR富山駅から徒歩15分ほど。スターバックスコーヒー富山環水公園店は世界一美しいスタバと言われることもある。富山みやげ話の一つに、足を運んでみても損はない。

ライカくん

ベビーカステラ（長崎）、かんぴょう巻（栃木）など対戦相手にちなんだグルメを販売する「ライカくんおもてなし」も好評。

ライカくん
フワフワも
子供たちに人気!

1級審判員：御厨貴文《みくりやたかふみ》さん

前人未到の道を歩むレフェリー

（取材：２０１９年11月11日）

「今でも、ご飯を食べるためだけに、富山に行くこともありますよ。寿司とかお好み焼きとか」。

と語るのはヴァンフォーレ甲府で3年間、ザスパ草津で3年間、そして、カターレ富山で２０１３年から2年間プレーした御厨貴文。富山でお好み焼きとは意外だが、かなりお気に入りのお好み焼き屋が富山にあるのだと言う。

立山などの景色の美しさも含め、御厨にとって富山はお気に入りの街だが、毎回富山が近づいてくると、胸が苦しくなるという。現役最後の年、カターレ富山はJ3に降格した。富山の景色を見ると、その時の苦しさやもがいていたことを思い出し胸が苦しくなる。昔聞いていた音楽を聞くと、その時代の風景や匂いを思い出すように。

「もちろん降格した事は良い思い出ではないですけど、大切な時間でしたね」。

御厨は２０１４年シーズンを最後に現役引退を決意した。肉体的に衰えた訳ではない。J3に落としてしまった責任も感じていた。ただ、J2が自分の中でボーダーラインだった。カテゴリーを落としていけばいくらでも現役は続けられる。ただ、自分の中ではそれが嫌だった。

しかし、引退は決めたものの、何をするかは決めていなかった。「サッカー選手という肩書がなくなったら、自分は何ができるのか？」。サッカー関係者はもちろん、サッカー関係以外の人にも話を聞いた。その中で、プロの審判員の名木利幸（元・国際副審）と出会う。名木はプロの審判員とはどういうものなのか？　そして、Jリーグを引退してプロの審判員になった人はまだ誰もいないと教えてくれた。

そんな時、思い出したのが、高校や大学進学時に大事にしていた、「自分にしかできないことは何か？」という思い。そして、現役は引退したものの、自分の心の中でくすぶる思いに気づいた。

「まだまだ自分が活躍したい」。

こうして、まさに今の自分にしかできないものと出会うことができた御厨貴文は、元Jリーガーで初のプロフェッショナルレフェリーになることを決断する。

ところが、プロの審判員になると決めてから、J1、J2それぞれ1チームずつからオファーが来た。少し、後ろ髪引かれるような思いもなくはなかったが、「あと数年現役を続けた自分と、レフェリーを目指す自分をなるべく冷静に比べました。どっちの自分が5年先、10

年先に活躍しているだろうと考えた結果、今レフェリーに挑戦しようと。もちろん現役を続けたいし未練がなかったと言えば嘘になるけど、オファーを断ったことで踏ん切りがつきました」。

こんな葛藤を経て、元Jリーガー、御厨貴文のプロフェッショナルレフェリーへの道がスタート。アスリートの引退後の支援や教育を行っている株式会社山愛に勤めながらのレフェリー生活が始まった。

レフェリーを目指すにあたっては、何よりも「続けられるだけの環境を作り出すのが一番大変」という御厨。平日は出勤前にトレーニング、昼間は勤務。土日は会社の休みを利用して、笛を吹くために全国を飛び回る。そんな御厨を会社も理解してくれた。そして、理解してくれたからこそ集中してプロの審判員を目指す環境を作り出せた。

２０１５年、1月末にカターレ富山から現役引退が発表された。そして、5月には4級審判のライセンスを取得し、中学生の試合で笛を吹くことになった。ただ、プロの選手経験があるからといって、いきなりうまくレフェリングができるわけではない。

「下手くそですよ。ポジショニングも悪い。笛を吹いたら中学生に『おーい！なんでだよ！』とか言われる。ユニフォームを着ていたら、尊敬のまなざしで恐る恐る話しかけてくるのに、黒い服を着た途端に態度が変わる。最初は受け入れられませんでした」。

家に帰ってからも、もやもやした気持ちが続くこともあったが、自分がもっとうまくレフェリングをして、コントロールすれば、もう少し良い方向に向かうに違いないと、自分に目を向けるように心掛けた。

そんな日々の鍛錬と、家族サービスもできないような目まぐるしい日々を続けた結果、順調にステップアップし、２０１８年には1級審判員のライセンスを取得。そして、２０１９年11月10日、Ｊ３の福島ユナイテッドＦＣ対カマタマーレ讃岐戦でJリーグ主審デビューを果たした。

元Jリーガーの審判だけに、他の審判よりも選手の考えや気持ちがわかると私は思ったが、御厨の考えは少し違った。

「自分が現役の時、ＣＢからクリアではなく繋ごうとして、相手にカットされてシュートを決められたことがあります。その後は、ミスが怖くて繋がずに大きく蹴ってばかりになりました。試合中、先輩の選手に『自分のプレーを信じろ！』と怒られましたが、それでも怖くて繋げませんでした」。

プロの選手の心理はピッチの中で揺れ動いている。大きなミスだけでなく、ほんの些細なことでも何か影響を受け、本人にしかわからないプレー選択をしている。

「基本的に、その選手にしかプレーの意図はわからないし、その選手にしか見えていないものがあります。できることができないような心理状態の選手もいる。審判として、選手のプレーの予想は立てますが、決めつけはしません」。

御厨はプロの選手だったからこそ、選手たちの心理状態を知っている。知っているからこそ、決めつけることはできない。ピッチの中では、選手だけでなく審判の意図や考えも蠢いているのだ。

レフェリーになった今、現役の時にもっとルールを知っておけばよかったと御厨は思った。実際、選手は意外とルールを知らない。

審判員の高みを目指して道を歩む御厨貴文

現役時代の御厨貴文（右）とJリーグ主審デビュー戦（左）

「知っておいて損にはならない。得することばかりです。ルールを知らないがゆえに、余計なカードをもらってしまうこともある。出場停止になって、代わりに出場した選手が活躍したらレギュラーを奪われることだってある。ルールを知ることで活躍することや勝つこと、そして長く現役を続けられる確率は高まります」。

ルールに縛られるのではなく、ルールを知って賢くプレーする。元Jリーガーの審判員だからこそ気づける視点。

「ライバルに負けないためにシュート練習も筋トレもやる。それと同じです。読むだけです。読んでルールを理解すれば、ライバルと差をつけることができます」。非常に有益なアドバイスだ。

Jリーグデビューは果たしたものの、プロフェッショナルレフェリーになる夢はまだ果たしていない。平日は働き、土日に笛を吹く忙しい生活は続いている。そんな夢の真っ最中の毎日を「楽しさ〝2〟で苦しさ〝8〟くらいだと思います。でも、毎日が充実しています」と語る御厨貴文。

選手時代と立場は変わったが、これからはジャッジを通して、サッカーの魅力を表現していく。

富山県総合運動公園陸上競技場　アクセス

最寄駅 北陸新幹線・**富山駅**。

タクシー **富山駅**南口から約20分。

シャトルバス **富山駅**南口バスロータリー①（高速バス乗り場前）からホームゲーム開催日のみ運行。乗車時間約30分。片道260円。

路線バス **富山駅**（駅前バスターミナル）から総合運動公園行きで約30分の**総合運動公園**下車すぐ。片道500円。

スタグルでイワナを見かけたことも!

Jリーグ初代GKはこの選手

中川雄二《なかがわゆうじ》

2009年3月7日（レベルファイブスタジアム）
J2リーグ第1節　福岡 0-0 富山

2010年までカターレ富山でプレー。J2通算74試合出場。その頃、カターレで戦っていた選手が現在は指導者として活躍している。金明輝はサガン鳥栖監督。長山一也は法政大学監督。そして、中川雄二は2016年から松本山雅FCのGKコーチを務める。

Estd 2006
Zweigen Kanazawa
©2006 ZWEIGEN

ツエーゲン金沢

石川県西部緑地公園陸上競技場

最新鋭のスタジアムではない。陸上トラックもある。ただ、試合前からの楽しさはどのスタジアムにも負けていない。グルメは賑やかで、ステージでは様々なイベントが繰り広げられる。早めに行って楽しもう。

HIRACHAN VOICE

金沢の金箔のように、輝きを放てツエーゲン!

目標の1桁順位は達成できなかったが、柳下監督のサッカーが浸透し、着実に勝ち点を重ねるチームになった。シーズン途中までは上位をうかがえる位置で戦うこともできた。地力をつけてきたツエーゲンが、金箔のように輝きを放つ日も近い。

HIRACHAN CHOICE

安原スポーツ広場

金沢駅から車で約20分。ツエーゲン金沢の練習場。選手を間近で見ることができる。隣の野球場では、BCリーグの石川ミリオンスターズが練習で使用していることも。

ゲンゾー

金沢フォーラス

時間帯によっては、金沢駅の飲食店は混雑する。そんなとき、兼六園口を出て徒歩1分。金沢フォーラスの6階に行けば、選択の幅が広がる。おいしいお店が出迎えてくれる。

昨年、マスコット総選挙で17位以上でなければ、契約を更新しないと伝えられたゲンゾー。結果は、ジャスト17位だった。

青春ドラマなサッカー人生

広報：簑原優香《みのはらゆうか》さん

（取材：2019年11月13日）

BS1で放送中の「Jリーグタイム」のロケで、ツエーゲン金沢の練習場、安原スポーツ広場を訪れた時のこと。練習中、選手の蹴ったボールが逸れて、ゴールの後ろに転がって来た。

その時、ボールのところに走って行ったのは女性の広報の方だった。慣れない手つきでボールを拾い、ボールを下手投げもしくは飛距離の出ない砲丸投げのような形で投げて、女子感を見せつけられると思いきや、見事な右足インサイドキックでボールをピッチ方向に蹴り返した。

「やばい、本物だ！」。サッカー経験者であることが即座にわかるキック。どこでサッカーをやっていたのか？という私の問いに「大阪体育大学」と答える広報さん。

大学の体育会でサッカーをやるくらいだから、なでしこジャパンを夢見るような少女、サッカーエリートだったに違いない。勝手にそんな想像を膨らませながら、日を改めて広報さんを取材することにした。

そうです。広報さんの話を聞くためだけに、金沢まで足を運んだのです。ただ、そのサッカー人生のおもしろさは半端なく、私の想像など及びもしないものでした。

美しいフォームから見事なインサイドキックを披露してくれたのは、ツエーゲン金沢 事業企画部 チーム広報担当兼運営担当（副）の簑原優香さん。

最初は「サッカーは何歳から始めたのか？」というベタな質問から始めたつもりだったけれど、いきなり答えは意外なものだった。「始めたのは高校からです」。

彼女のサッカー人生はなかなかおもしろい。兵庫県三田市生まれの簑原さん。よくあるサッカーのきっかけとして、兄がやっていたとか女子なら、なでしこジャパンに憧れてとなりそうなところだが、「なでしこジャパン……いや、ちょっとそれが……あまり見てないです」とのこと。

サッカーをプレーすることになった理由。それは「一番身近にあったのがサッカーだった」こと。1学年2クラスほどの小学校で、遊びといえば男女問わずサッカーに興じることだった。来る日も来る日もサッカーボールを追いかけた。そしてサッカーの虜になった。ただ、少年団やクラブチームに入ることもなく、競技としてのサッカーというよりも遊びのサッカーだった。

市内に女子サッカー部がある中学校はなかった。しかし、市内の高校にはどの学校にも女子サッカー部がある。サッカーがやりたい。なんとか男子サッカー部に入れてもらおうとも思ったが、そこで親にアドバイスされた。

「初心者が入っても、そんなに簡単にはいかない。中学校のうちは高校でサッカーをするための準備期間にしなさい」。

彼女は親のアドバイスを受け、陸上部を選択。高校でサッカーをするために日々体力強化に努めた。

その中学校には、同級生に現在柏レイソルでプレーする江坂任がいた。江坂も含め、サッカー好きの友達とヴィッセル神戸を観戦したのがJリーグ初体験。それから、もっと関西のチームを見てみたいという気持ちが高まり、ガンバ大阪にハマった。「ガンバを見に行って、大好きな遠藤選手や二川選手の中盤に魅了されました。始発に乗って、1時間半くらいかけて万博に行っていました」。

そんな中学時代を過ごし、ようやく女子サッカー部がある高校に入学することになった。後に大阪体育大学に入学するくらいだから、そこそこ強い高校なのかと思いきや「公立高校で、くそ弱小でした」。

弱小とはいえ、晴れて女子サッカー部に入部し、思いっきりサッカーに打ち込むことができると思いきや、3年生に数人素行の悪い部員がいて、サッカー部は廃部の方向に話が進んでいた。

せっかくサッカーができると思って入学したのに、これはまずいと思った簑原さん含め新入生10人は団結し、「サッカー部を続けてほしい。自分たちでやります」と先生に直談判。その願いは叶い、3年生は強制退部のような形で一件落着。高校女子サッカー生活がスタートした。

とはいえ、新入生はサッカー初心者ばかり。顧問の先生はラグビーしか経験がない。初心者だらけ、不安だらけの女子サッカー部が再出発した。

練習方法などわからない。とにかく、ボールが蹴れないと始まらないと、壁に向かってボールを蹴り続けた。「みんな必死にがむしゃらにやっていました。一生懸命さではどこにも負けてなかったです」。

しかし、練習試合でも公式戦でも負け続けた。「最初の試合は0対23で負けたことを覚えています」。

負け続けただけではない。初得点を奪うことが出来たときには、簑原さんは3年生になっていた。

「初めて点が入った時、嬉しすぎて、試合中なのにみんなで泣きました。日本一になったくらいの喜び方でした」。

試合中なのにゴールが決まって大号泣。「お前らまだ試合中やぞ！泣くな！試合続けろ」とタッチライン沿いでラグビー経験しかない顧問の先生が怒鳴る。

一体なんなんだ、この青春ドラマ！

ドラマとしては最高だ。でも、話を聞いている限り、その高校から関西でも強豪でインカレも3度の優勝を誇る大阪体育大学で女子サッカーを続けるのはかなりの冒険のような気もするんだけど。

「後から考えたらそうなんですけど、そのときはサッカーがうまくなりたい、もっとサッカーがやりたいしか考えてなかったです」。

サッカーがうまくなりたいという純粋な願いと、一度決めたら突き進んでいく簑原さんの性格が相まって、大阪体育大学へ進学することに迷いは全くなかった。だが、強豪校に集まる選手たちは高校の時に全国経験のある選手ばかり。

「やっちまったなーとすぐに思いました。強靭なメンタルを持っていると思っていましたけど、心が折れまくりました」。

レギュラー組に入れない日々が続くばかりか、2年生の時に前十字靭帯を切り、半月板を損傷。結局、大学で公式戦出場はゼロ。それでも、「大阪体育大学に行って良かったなという気持ちしかないです。4年間で得られたものが大きくて。ただ、もう1回高校の時に戻ったら、(大体大は)選ばないですけど(笑)」。

大学3年の時にインターンで来たツエーゲン金沢で働き始めて5年目になる。「今の仕事はやりたくても、誰しもがやれる仕事ではないですし、今が本当に楽しいです」。

安原スポーツ広場で彼女がボールを蹴る姿を見たら、このドラマと彼女が心の底からサッカーが大好きなことを思い出してほしい。

実は女子サッカー経験のある簑原優香さん

同級生に柏レイソルの江坂任というのも、なんだかすごい

石川県西部緑地公園陸上競技場　アクセス

最寄駅　北陸新幹線・**金沢駅**。

タクシー　**金沢駅**から約20分。

シャトルバス　**金沢駅**西口(金沢港口)1番乗り場から試合開始3時間前より運行。乗車時間約20分。片道400円。

路線バス　**金沢駅**西口7番乗り場から北陸鉄道バスの52番下安原、52番済生会病院行きで**袋畠西部緑地公園前**下車。徒歩5分。**金沢駅**東口11番乗り場から北陸鉄道バスの56番済生会病院行きで**西部緑地公園前**下車。徒歩2分。

金沢駅東口(兼六園口)。写真の右方向に金沢フォーラスがあります

Jリーグ
初代GK
は
この選手

原《はら》田《だ》欽庸《よしのぶ》

2014年3月9日(相模原ギオンスタジアム)
J3リーグ第1節　相模原 0-4 金沢

成立学園から2005年水戸ホーリーホックに加入。その後、栃木ウーヴァFC(現・栃木シティFC)、V・ファーレン長崎を経て2014年、金沢に加入。2014年はJ3リーグが始まった年。JFLから昇格したばかりの金沢は、J3で優勝。1年でJ3を駆け抜け、J2昇格を決めた。

清水エスパルス

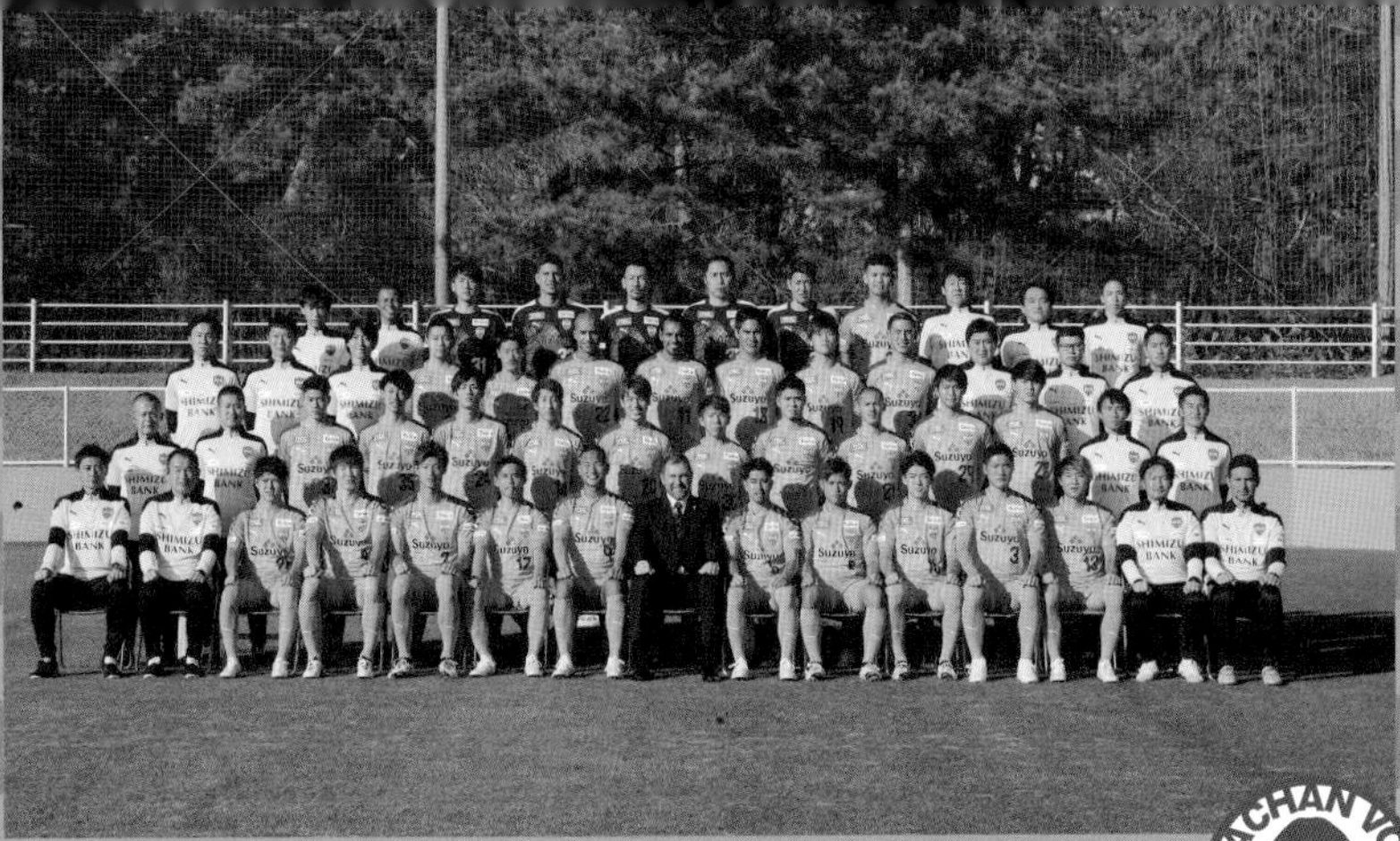

© S-PULSE

IAIスタジアム日本平

スタンドとピッチが近い。ピッチも素晴らしい。ただ、それだけではない。このスタジアムが唯一無二な理由。それは富士山が見えるスタジアムだということ。富士山が美しく見えた日は、本当に得した気分になる。

ピーター・クラモフスキー新監督が新しい風を吹き込む

2019年シーズンは最後まで厳しい戦いが続いた清水エスパルス。そこに、J1チャンピオン横浜F・マリノスのヘッドコーチを務めていたオーストラリア人、ピーター・クラモフスキー監督が就任。2020年、巻き返しを図る。

HIRACHAN CHOICE

三保グラウンド

エスパルスの練習場。クラブハウスもあり、公開日は間近で練習を見ることができる。近くには海があり、天気のいい日はまったりとした時間を過ごすこともできる。

清水魚市場　河岸の市

清水ではおいしい海の幸を楽しむことができるが、JR清水駅から徒歩5分ほどのこちらの施設もおすすめ。「いちば館」では買い物を、「まぐろ館」では食事を楽しめる。

パルちゃん　ピカルちゃん

試合前のスポンサー紹介で、コメントに合わせて恋人のピカルちゃんとスポンサーをジェスチャーで表現。プーマがかわいい。

オレンジウェーブキャプテン：亜衣《あい》さん

日本平のピッチの重み

（取材：2019年12月15日）

IAIスタジアム日本平には独特の空気感がある。エスパルスをいつも応援している人たちだけでなく、サッカーが大好きで観戦している人も、サッカーのルールがわからない人も、そしてアウェイサポーターも、きっとそんな空気を感じているだろう。

決して最新鋭のスタジアムではない。設備も最高に整っているわけではない。なのに、このスタジアムに入ると少し血流が速くなるような、平熱が微熱になるような高揚感がある。

仮に、別の土地にこのスタジアムと同じスタジアムを作ったとしても、この高揚感を得ることはできないだろう。サッカー、そしてスタジアムを作り上げるのは〝人〟だから。

観客の期待感、サポーターの声援、ゴール裏から聞こえるサンバのリズム、スタジアムDJ鈴木克馬さんのシャウト。どれ一つ欠かすことができない。

そして、このピッチに華やかな彩りを加える清水エスパルスオフィシャルチアリーダー、オレンジウェーブもこのスタジアムには決して欠かせない。

試合前やハーフタイムにパフォーマンスでスタジアムを盛り上げるだけでなく、試合中はスタンドの壁のところに立ち、応援をさらに盛り上げる。勝利の後は、エスパルスの勝利の儀式である「勝ちロコ」でともに勝利を分かち合い、選手がピッチから去った後は、マスコットのパルちゃんたちとスタジアムを周り、残った観客とコミュニケーションをとる。

このスタジアムに集まった人たちの平熱を微熱に上げる一端を担い、試合中にさらに上昇した体温を、最後は静かに平熱に戻す役割も果たすオレンジウェーブ。

「日本平のピッチは私たちにとっても特別な場所です」と語るのは、2020年でオレンジウェーブ歴7年になるキャプテンの亜衣さん。選手にとってもサポーターにとっても特別な場所は、オレンジウェーブの人たちにとっても特別だ。

「他のクラブにもチアリーダーはいますが、芝生の上で踊らせてもらえるところはそれほど多いわけではないので、大変貴重なことで、光栄に思いますし、ピッチの上でパフォーマンスをさせてもらえることの重みを感じています」。

日本平のピッチはいつもきれいに整備され美しい。最高の舞台に違いない。ただ、それだけではない。このピッチにはこれまで戦ってきた選手の思い、選手の血や汗や涙、サポーターの喜びや悔しさが染み込んでいる。だから、選手もチアの人たちもこのピッチに重みを感じる。

「最初は本当に緊張しました。オーディションに受かって、2か月練習して、ようやくつかんだ晴れの舞台。でも、人前で何かを見せるという責任もありますし、いい加減なことはできないですから」。

彼女たちはプロではない。もちろん無償。つまりボランティアである。ただ、人前に立つ、人にパフォーマンスを見せるという意識は相当高い。

お金をもらってはいないが、ある意味それをプロ意識と呼んでもいいだろう。スタンドからオレンジウェーブのパフォーマンスを見ていても、それを感じることができる。

キレのあるダンス。メンバーの同調性。観客に向けてのアピール力。メンバー同士の立ち位置も計ったように等距離が保たれている。

しかし、舞台ならバミる（舞台に立ち位置の目印をつけること）ことはできるが、ピッチの上にガムテープで目印をつけることはできないはずだ。

「日本平は広いし、バミることもできないので、リハーサルで自分の立ち位置をスタンドの椅子何個目みたいな感じで目印を決めて本番に臨みます」。

日本平のピッチでパフォーマンスするのは特別なことで、そこには喜びも詰まっているが、同時に難しさも含んでいる。

そんな難しさを克服し、最高のパフォーマンスを見せるために、彼女たちはキックオフ5時間前にスタジアムに集合し、リハーサルを行い、ダンスや立ち位置のチェックをする。準備に余念はない。

２０１９年の清水エスパルスでは、エスパルスのジュニアユース、ユース育ちで筑波大卒の西澤健太が活躍した。選手たちはピラミッド型になった下部組織の中でふるいにかけられ、トップに昇り詰めてようやくプロのピッチに立つことができる。

オレンジウェーブも同様で、２０１９年のメンバーは18人。この18人はピラミッドの頂点。ピラミッドの一番底の部分に4、5歳児からのオレンジウェーブダンススクールがあり、その上に小学生以下選抜のジュニアユース。その上に高校生以下選抜のユースがあり、トップに残れるのはひと握り。それ以外に、オーディションを受けて合格した亜衣さんのようなメンバーがオレンジウェーブを構成する。

清水でサッカーをプレーする少年たちがエスパルスの選手に憧れるように、オレンジウェーブを目指す子供たちにとって、日本平で踊っているメンバーは夢の存在である。

「私たちも子供たちに憧れてもらえるような存在でありたい。メンバーの誰々さんみたいになりたいと思ってもらえるようにがんばっています」。

オレンジウェーブのメンバーは大学生や社会人。平日、学校や会社に行き、ホームゲームの日はスタジアムでパフォーマンス。試合がなくても、地域のイベントに呼ばれ、様々な活動を行い、その間も良いパフォーマンスを見せるためのレッスンを怠らない。

きっと忙しい。自分の時間もあまりないはずだ。それでも、オレンジウェーブの活動には普段の生活では得られない喜びがある。

「みんな共通しているのが、踊るのが好きということです。好きなダンスでエスパルスを応援できるのが本当に楽しいです。踊れば仕事のストレスも発散できますし（笑）。少し疲れていても、衣装を着るとオレンジウェーブのスイッチが入る。元気になって姿勢も変わります」。

実は、この取材を行った前日、亜衣さんはオーディションを受けている。オレンジウェーブを続けるための継続オーディション。トップに昇り詰めても、毎年このオーディションを受け、合格しなければ来シーズン日本平のピッチに立つことを許されない。

サッカー同様、オレンジウェーブの人たちも選ばれし者しかあの熱狂のピッチには立てないのだ。

だから、あのピッチに立った者はサッカーができることの、ダンスができることの喜びを表現する使命を負っている。IAIスタジアム日本平が特別な場所である理由がここにある。

オレンジウェーブのキャプテンを務める亜衣さん

入念な準備とトレーニングを経て、笑顔でピッチに立つ

IAIスタジアム日本平　アクセス

最寄駅 JR東海道線・**清水駅**。

タクシー **清水駅**から約15分。

シャトルバス ①**清水駅**東口から約20分。片道320円。②**波止場フェルケール博物館**から約20分。片道260円。③東海道新幹線・**静岡駅**北口17番乗り場から約40分。片道610円。①、②は試合開始3時間前より開始まで随時運行。③は試合開始2時間半前より30分前まで随時運行。

路線バス **清水駅**西口2番乗り場から約17分の**日本平運動公園入口**下車。徒歩約10分。片道320円。

富士山が見えると得をした気分です

Jリーグ初代GKはこの選手

真田雅則《さなだまさのり》

1993年5月16日（横浜市三ツ沢総合公園競技場）
Jリーグ 1st 第1節　横浜フリューゲルス 3-2 清水

気迫の飛び出し、魂のセーブ。現役引退後はGKコーチとしても清水に貢献していたが、2011年9月6日、急性心不全で43歳という若さで急逝。しかし、サポーターの記憶から消えることはない。真田さんはエスパルスの永遠の守護神なんだ。

JÚBILO IWATA SINCE 1992

©2015 JUBILO

ジュビロ磐田

ヤマハスタジアム

2020年春、東海道本線袋井駅と磐田駅の間に御厨駅が開業。距離的に、磐田駅よりも御厨駅の方がヤマハスタジアムには近い。スタジアムに向かう出発地点によって駅を使い分けると、アクセスはより便利になる。

2020年、ジュビロ磐田が生まれ変わる年に

2019年は二度の監督交代もあり、厳しいシーズンとなった。J2で迎える2020年シーズン。新たなジュビロのスタイルを構築し、再びサックスブルーが日本のサッカーを牽引し、トップのステージで輝くための大切なシーズンになる。

HIRACHAN CHOICE

しっぺい

磐田市のイメージキャラクター。磐田市の霊犬伝説「悉平太郎」がモチーフ。紅白の綱と赤のふんどしがかわいらしい。ジュビロ磐田の試合会場にもよく出没する。

みどりや支店

スタジアムへ行く前に少し寄り道。磐田駅北口から徒歩3分。あづま焼き（大判焼的なもの）がおいしいお店。あんことクリームの2種類。ほっとする和の甘さを感じられる。

ジュビィちゃん

ジュビロくん

ジュビロくんは、県鳥、サンコウチョウがモチーフ。富士登山に挑戦し、約3776メートルの頂上に到達した経験もあるがんばりやさん。

子供達とクラブを結ぶチャレンジ

事業本部ホームタウン部（兼）アカデミーアドバイザー：大石隆夫《おおいしたかお》さん

（取材：2019年11月17日）

年に一度、ヤマハスタジアムのバックスタンドが子供たちで埋め尽くされて、いつものJリーグの試合とは少し違った雰囲気になる日がある。子供たちは大きな声で選手の名前を呼び、ゴール裏から聞こえてくるチャントに合わせて思いっきり歌う。

ジュビロ磐田が磐田市及び教育委員会と協力して磐田市内にある22の小学校の5、6年生全員をヤマハスタジアムに招待し、観戦する「磐田市小学生一斉観戦事業」。

中継映像、そして実際にスタジアムでこの様子を見たことがあるが、声のトーンが大人より高くて、明るくて、本当に楽しそうで微笑ましい。一体これはどういう取り組みなのかを知りたくて、試合も行われていない静かなヤマハスタジアムを訪れた。

お話を聞かせてくれたのは、あれ？ なんだか見覚えのある顔のような？ ご挨拶の時に頂いたお名刺拝見。「ジュビロ磐田　事業本部ホームタウン部（兼）アカデミーアドバイザー　大石隆夫」。やっぱりそうだ！　2018年に出版した『平畠啓史　Jリーグ54クラブ巡礼』のジュビロ磐田のページでご登場いただいた大石隆夫さんだ！

なぜ、この方が前回の私の本に登場していただいたのか？ 理由は簡単。ジュビロ磐田の記念すべきJリーグ初ゴールを決めたのがこの大石隆夫さんだから。ならば、一斉観戦事業の話を聞く前に、初ゴールの話を。

「たまたまです。初戦でアントラーズに負けて、迎えたホーム初戦。このまま勝てないと嫌だなというのがあったので、初ゴール云々よりも勝てて良かったなという気持ちの方が強かった。今でも、そのことを周囲に言われることもありますが、なんか恥ずかしいような、むず痒いような。いや、他に何もないんで。大した選手でもないんで……」。

次第に語尾がフェイドアウトしていくような感じが、この方の謙虚さを物語っている。初ゴールが嬉しくないわけではないけれど、そっとしておいてください。そんな雰囲気が言葉の中に溢れていた。ちなみに、ツエーゲン金沢に所属する大石竜平は大石隆夫さんのご子息である。

現役を引退した大石さんは、子供にサッカーを教える仕事に興味を持っていた。そんなとき、山本昌邦氏の実弟で大学の先輩でもある山本浩義氏（アスルクラロ沼津の創設者）に声を掛けられ、ヤマハから出向という形でアスルクラロの前身になるチームで中学生のチームの立ち上げに関わった。

「（静岡県）東部からサッカーを発信させたいという夢に共感したのもありました。2年目か3年目の時に、入ってきたのが吉田謙ちゃん（2019年までアスルクラロ沼津の監督）。謙ちゃんは昔から誠実で熱い男。小川大貴（ジュビロ磐田）とかも謙ちゃんが見ていますね」。

静岡のサッカーの中で、東部地域は少し遅れを取っているように見えるが、小野伸二、高原直泰、川口能活、澤登正朗など元々の出身は東部地域である選手は少なくない。東部地域にもサッカーを根づかせたい。そんな思いが現在のアスルクラロ沼津に繋がっている。その最初の段階に大石さんは携わっていたのだ。

3年間、沼津で仕事をした後、磐田に戻った大石さんはアカデミーやトップチームにも関わり、現在は小学生にサッカーを教えながら、一斉観戦事業のようなホームタウン活動にも関わっている。

2011年、磐田市長の発案で始まった一斉観戦事業。ただ試合に子供たちを招待するだけでなく、春と秋に選手が分かれて学校訪問も行っている。

それぞれの小学校で選手が何をするかは、学校の要望に応じて決まる。昼休みに一緒に遊ぶこともあれば、体育の授業を一緒に受けたり、給食を一緒に食べたり。時間がある時は、授業の一コマを任され、選手が児童に授業をすることもある。

そうやって、試合前（日程的に厳しい時は試合後）に選手と児童はコミュニケーションをとる。最近では、学校側からの要望があれば、サポーターに協力をお願いして、応援練習をすることもある。こういう試合前の準備もあって、子供たちは試合の日、ジュビロ磐田に声援を送るのはもちろん、自分たちの学校に来てくれた選手に大きな声援を送る。

試合当日、大石さんはとにかく忙しい。徒歩でスタジアムに来る学校もあれば、バスで来る学校もある。それらの児童をスムーズに座席まで誘導。スタジアムにやって来る時間も学校ごとでバラバラ。事故があってはいけない。とにかく目まぐるしい一日になるが、「はじめて一斉観戦事業をやった時、感動しました」という大石さん。

「この中からジュビロのサポーターになってくれれば嬉しいですけど、そうではなくても、オペラ鑑賞や修学旅行と同じで学校生活の中の思い出の1ページになればいいと思っています」。

しかし、一つだけ子供たちに悪いことをしたなという思いがある。

「2017年と2018年は連敗してしまいました。今の中学1年生は勝利を見ていない。かわいそうなことをしたなと思います」。

それでも、これまでの一斉観戦事業の成績は6勝3敗。好成績を残している。

2011年に始まった一斉観戦事業。最初に参加した子供は、2020年に成人式を迎える。「成人式で久しぶりに会った友達と、一斉観戦事業の話が少しでも出たとしたら嬉しいですね」。変わった先生やおもしろい児童の話は学校単位でしかできないが、この一斉事業は学校の垣根を越えて話ができる。

「あと10年続ければ、磐田市民の中で、一度はジュビロを生で見たことがあるという人の割合が今よりも、もっと高くなります。これって夢があるし、素敵だなと思います」。ジュビロは今よりもさらに磐田市民のアイデンティティーになっていく。

これから、この事業をどうしていきたいですか？　という私の問いに、謙虚な大石さんらしくこう答えてくれた。「お金もかかるし、人も必要。市の予算を出してもらっている事業なので、こうしたいというよりも、ずっと続けられればいいなというのが一番の想いです」。

磐田市小学生一斉観戦事業はジュビロ磐田のサポーターを増やすといった単純なことではなく、磐田市の人たちが自分たちの街に誇りを持ち、ジュビロが磐田市のアイデンティティーとなることを目指す事業だったのだ。

「いろいろなお話を聞かせていただいてありがとうございました」と言うと、大石さんは最後にこう言った。「大した話できなくて……」。最後まで謙虚な大石さんだった。

現役時代の大石隆夫さん

選手たちの活躍を楽しむ小学生

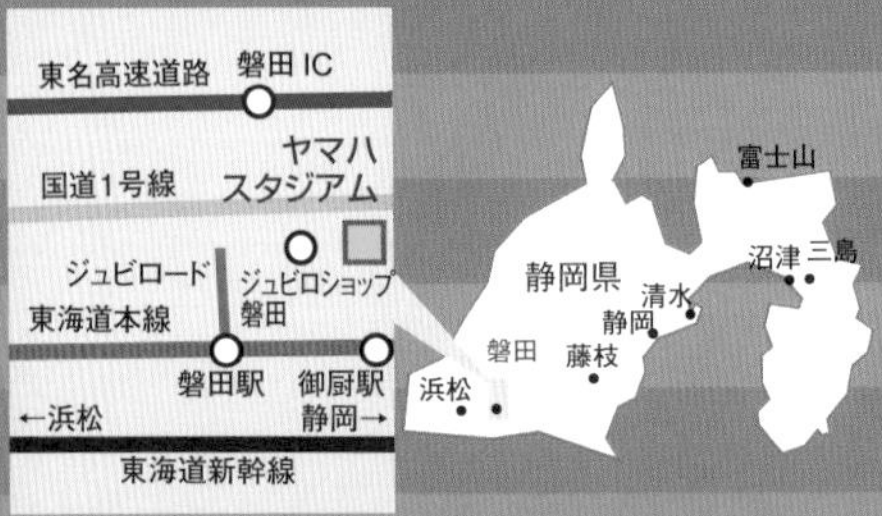

ヤマハスタジアム　アクセス

最寄駅　JR東海道線**御厨駅**、**磐田駅**。

タクシー　**御厨駅**北口から約5〜10分。**磐田駅**北口から約15分。

シャトルバス　**御厨駅**北口北側通路から約5〜10分。片道180円。試合開始3時間30分前から試合開始まで20〜30分間隔で随時運行（※磐田駅、浜松駅のシャトルバスの運行はなし）。

路線バス　**磐田駅**北口1番乗り場から25番ヤマハ磐田営業所行きで約10分の**ヤマハ発動機**下車徒歩約5分。片道230円。ほかに、乗車時間約8分の**西貝塚北**、**見付**、**富士見町**から行くこともできる。下車徒歩約8〜15分。

高原選手の足型を、磐田駅からの道・ジュビロードで発見！

Jリーグ
初代GK
は
この選手

森下申一《もりしたしんいち》

1994年3月12日（県立カシマサッカースタジアム）
Jリーグ1st 第1節　鹿島 1-0 磐田

静岡学園高校、東京農業大学を経て1983年ヤマハ発動機サッカー部（ジュビロ磐田の前身）に入部。ジュビロ磐田のJリーグ入りに大きく貢献。ヤマハ発動機、ジュビロ磐田、そして日本代表でもキャプテンを務めた。現在、FC東京のGKコーチを務める。

FUJIEDA MYFC SINCE 2009

藤枝MYFC

藤枝総合運動公園サッカー場

公園内には、縦横1.4メートルの巨大サッカーボールモニュメントがあり、記念撮影ポイント。公園近くの瀬戸川沿いの桜並木は美しいだけでなく圧倒される。季節がうまく合えば、こちらも是非見てもらいたい。

J2ライセンス取得に向け、機運は高まりつつある

2019年シーズン、新たに選手を加え、終盤まで優勝争いを演じ、最終的には3位フィニッシュ。石﨑信弘監督のサッカーが浸透し、着実に勝ち点を重ねた。しっかりと結果を残したことで、J2ライセンス取得へ向け、機運は高まっている。

HIRACHAN CHOICE

サッカーエース最中

サッカーどころ藤枝感満載のサッカーエース最中。おみやげに最適のお菓子。有名な藤枝のお茶と一緒に楽しむことで、より一層藤枝の情緒を満喫することができる。

藤枝順心高校

1月12日、ノエビアスタジアム神戸で「第28回全日本高校女子サッカー選手権大会」の決勝が行われ、神村学園に1対0で勝利し、2大会ぶり4度目の優勝を決めた。

蹴っとばし小僧

人気アップのために、待ち受けにするとお金が貯まる、恋愛が成就するなどのウソ都市伝説を作ろうと私は勝手に考えている。

サポーター：カレンさん

大声で歌い、旗を振り、太鼓を叩く

（取材：2019年9月7日）

「高原を見に来たんでしょ？」。こんなことを何人かの人に言われた気がする。

2014年、高原直泰はSC相模原に在籍していた。アルゼンチンやドイツでも活躍したストライカーを見たくないはずはないが、この日相模原ギオンスタジアムを訪れたことに特別な理由など何もない。ただ休日にサッカーが見たくて、何となく選んだゲームがSC相模原対藤枝MYFCだっただけだ。

メインスタンドの後ろの方でぼんやりと試合を見ていた。ぼんやりと見ていたから試合の内容など全く覚えていない。唯一覚えているのは、バックスタンドに陣取る藤枝サポーターのことだ。

陣取るとはいったものの、藤枝サポーターは2人だけだった。もし20人とか50人だったら忘れていたかもしれない。しかし、どこからどう見積もっても2人しかいない。1人が太鼓を叩き、もう1人がひたすら歌っていた。

目立とうともしていないし、恥ずかしがってもいない。彼らは、仲間が500人だろうと、5000人だろうと同じように応援しただろう。それが、その日は2人だっただけだ。

チャントの歌詞なんて聞き取れないけど、声はメインスタンドまでしっかりと届いていた。バックスタンドは遠くて、彼らがどんな顔をしているかなんてわからなかったけど、応援する姿が記憶から消えることはなかった。

何年か経って、静岡の番組で藤枝MYFCのサポーターの1人と共演した。その後、彼とはホームスタジアムの藤枝総合運動公園サッカー場の喫煙所でも会って、話をするようになった。

なんだか応援歴が長そうなので、私の記憶を話してみた。すると、その男は平然とこんなことを言った。

「あの時いましたよ相模原に」。

なんだよ、この衝撃。記憶の中の人と再会するなんて。まるで一人探偵ナイトスクープじゃないか！　これは話が聞きたい！　待ち合わせは2019年9月7日、藤枝駅と決まった。

藤枝駅南口のロータリーまで車で迎えに来てくれたのはカレンさん（ニックネーム）。助手席に案内され、車に乗りこんだ。なんだか若い頃、待ち合わせをして友達の車に乗って、遊びに行った記憶が少しよみがえってテンションが上がった。

そして、連れていかれたのはサポーター仲間と試合後語り合うファミレス。ゆっくりと話すのは初めてだったが、この男がなかなかファンキーで、クセ強め。そして、そういう男が私は嫌いではない。ドリンクバーのアイスコーヒーを飲みながら、彼の話に耳を傾けてみた。

カレンさんは愛知県の小牧市出身。ならばグランパスに興味を持つかと思いきや、中学、高校の6年間、ジュビロ磐田にハマった。しかし、ジュビロ磐田を見ることができるのは、テレビの中継かグランパスのホーム、瑞穂しかない。もっとジュビロが見たい。ヤマハスタジアムでジュビロを応援したい。頭の中はジュビロでパンパンに膨張していた。

そして、大学を決める時には心は決まっていた。

「静岡の大学を受けて、大学進学を口実に静岡に引っ越しました。もちろんジュビロ磐田を応援するためです。ヤマハスタジアムでジュビロを応援することが人生を懸けるに値すると判断しました」。

ちなみに、カレンさんの父親は元バンドマン。その影響あってか、同級生は小室ファミリーやモーニング娘。に夢中だったが、中学生の頃のカレンさんが聞いていた音楽はサンタナ、オールマンブラザーズバンド、そして憂歌団。

ジュビロの好きな選手がファネンブルグに川口信男。なかなかファンキーだ。

大学に進学し、ヤマハスタジアムに通うようになり、サポーターのグループに入って太鼓を叩くようになった。カレンさんは座ってサッカーを観戦するような男ではない。スタジアムに行って、好きなチームを応援するなら、大声で歌って、旗を振って、太鼓を叩く。ジュビロに全精力を捧げた。

ところが、人生を懸けるに値すると判断したつもりで静岡にやって来たのに、大学を中退し、仕事に専念し始めると、水曜や土曜日が忙しくなり、ジュビロの試合に行けなくなってしまったのである。いつしか、カレンさんの心はジュビロから離れていった。

しかし、カレンさんはこれで名古屋に帰ったりはしない。日曜日が空いている。藤枝MYFCに好きな選手もいる。

こうしてカレンさんが、日曜日に試合が多い藤枝を見に行くことを決めたのは2013年の夏のことだった。チームはまだJFLを戦っていた。

初参戦の日からカレンさんはクセ強めの行動に出る。なんと、見ず知らずのチームの応援に、いきなり自分の太鼓持参で行ったのだ。なぜなら、黙ってサッカーを見ることができないから。

これでわかった。相模原で2人だけで応援していた訳を。

人数なんて関係ない。好きになったチームに対して大声を出して応援するのがカレンさんのスタイルなんだ。

「やりたいからやっている。完全な趣味ですからね」。

ちなみに2人の場合、役割分担は？「コールリーダー兼太鼓ともう1人って感じです」。役割を分ければいいのになんて野暮なことを言ってはいけない。これが彼らの流儀なんだ。

もちろん、人数が多い方が盛り上がるし、応援に迫力も出る。ただ人数が少ないのも悪いことばかりではない。5万人の観衆なら、一人ひとりの顔を覚えるのは無理だけど、2人だからこそ選手も監督も顔を覚えてくれる。

「遠方に行ったとき、サービスエリアでトイレに行くと、右に監督、左にエースストライカーという状態になって、監督が小便しながら『こんな遠くまですいませんね。勝ち試合を見せられなくて』って言ってくれたこともあります」。

思いっきり楽しんでいる人だけが味わえる至福の時間だったに違いない。

最近はスタジアムに足を運ぶ人も徐々に増え、応援する仲間も増えた。試合後、その仲間とこのファミレスで過ごす時間も楽しくなっている。

「勝った試合の時は、試合の話より他の結果とか次の遠征の役割分担の話が多いですが、負けた時の方が試合の話をします。みんなセルジオ越後です（笑）」。仲間と文句を言うのもサッカーは楽しい。

そんな愛知発磐田経由藤枝な今をカレンさんはこう思っている。

「なんか、そういうレールが敷かれていたような気がします」。この先も少しクセのある楽しい景色が広がっていきそうだ。

コーヒー1杯でサッカーの話は尽きない

2014年のSC相模原対藤枝MYFC戦

藤枝総合運動公園サッカー場　アクセス

最寄駅　JR東海道本線・**藤枝駅**。

タクシー　**藤枝駅**から約15分。

無料シャトルバス　**藤枝駅**北口から約20分。試合開始3時間半前より試合開始まで随時運行。

路線バス　**藤枝駅**から藤枝市自主運行バス藤枝ゆらく線で約30分の**総合運動公園入口**下車。徒歩約10分。片道400円。

藤枝MYFCのサポーターも徐々に増えてきた

Jリーグ
初代GK
は
この選手

朴《パク》一圭《イルギュ》

2014年3月9日（町田市立陸上競技場）
J3リーグ第1節　町田 3-0 藤枝

愛称「パギ」。2012年、JFL時代の藤枝に加入。2016年、FC琉球へ移籍し、2018年J3優勝。翌年、横浜F・マリノスに移籍。レギュラーを掴み、高いディフェンスラインの裏のスペースもカバーし、J1優勝に貢献。まだまだ進化を続けている。

アスルクラロ沼津

azul claro
1990

©2013 A.C.

愛鷹広域公園多目的競技場

愛鷹広域公園にはテニスコートや野球場もあり、高校野球の静岡県予選が行われる日には、多くの人でにぎわう。アスルクラロの試合の時は、多くのグルメのお店が出店されて、イベントも多く、楽しい雰囲気に。サポーターも早くからスタジアムを訪れ、サッカーのある一日を楽しんでいる。

HIRACHAN VOICE

静岡県東部のスポーツにアスルクラロは欠かせない

当初、静岡県東部の子供たちにサッカーの場を提供していたアスルクラロ沼津だが、トップチームの認知度も上がってきた。そして今、総合型地域スポーツクラブとして、東部地域の人たちにスポーツする場を提供し、楽しさを伝えている。

HIRACHAN CHOICE

千楽　北口店

JR沼津駅北口から徒歩3分の老舗洋食店。お店の雰囲気も良く、おいしい洋食が楽しめる。カツカレーならぬ「カツハヤシ」は絶品。満足度激高！ 量が多いので、気を付けて。

アスルキッチン

アスルクラロ沼津のスタジアムグルメ。バラエティに富んでいて、おいしいものが多い。さすが静岡。静岡のおいしいお茶も販売。楽しい空気が充満している

久保ひとみさん

静岡のテレビ、ラジオ、CMなどで活躍する久保ひとみさんはアスルクラロ沼津の応援PR大使としても活躍。いつも元気だ。

陸上クラブ・アスルクラロAC代表：山本《やまもと》愛純《あずみ》さん

サッカークラブと出会ったアスリート

（取材：2019年10月11日）

アスルクラロ沼津は1990年4月、沼津セントラルスポーツクラブとして産声を上げた。静岡県のサッカーは中部、西部が中心だったが、東部地区にもサッカーを根づかせたいと、解説者としても知られる山本昌邦氏の実弟、山本浩義氏が設立。静岡県東部地域の育成年代の子供たちがサッカーを楽しめる土壌を作り上げていった。

2003年にはアスルクラロ沼津へと名称を変更し、トップチームも設立され、現在J3で戦うアスルクラロ沼津へと繋がっていく。

ただし、山本浩義氏がこのクラブを立ち上げた目的は、サッカーだけではなかった。地域の人たちが健康のために体を動かしスポーツを楽しむための、総合型地域スポーツクラブを目指していた。

そして実際に、現在の一般社団法人アスルクラロスポーツクラブには、サッカーはもちろん新体操、テニス、チア、陸上のスクールがあり、東部地域の子供たちは自分に合ったスポーツで汗を流している。

その陸上スクールを担当しているのが山本愛純さん。彼女は女子走り高跳びの選手で、順天堂大学4年生の時には、日本選手権、インカレ、関東インカレで優勝するなど輝かしい実績を持つトップアスリート。2018年に行われた第66回全日本実業団選手権でも優勝し、2019年、中部実業団陸上of The Yearにも輝いている。そんなキャリアが認められ、アスルクラロスポーツクラブに陸上クラブ、アスルクラロACが誕生した。

今回、話を聞かせてもらって、書籍に載るので肩書を聞いてみたところ、「アスルクラロACの代表？　担当コーチ？　顧問？　責任者？　そんな感じです」とのことだったので、陸上クラブ・アスルクラロAC代表ということにしておこう。

山本愛純さんは兵庫県神戸市出身。順天堂大学卒業後は出身地の神戸に戻り、母校の中学校で教員をしていたが、結婚を機に沼津へ移住。ちなみに、ご主人はアスルクラロ沼津、トップチームの山本浩佑コーチ。

先生になるのが夢で、神戸での生活も充実していたが、「このタイミングを逃して別れられたら生きていけないな」と思い、教員を辞めて沼津にやってきた。

御主人はサッカーコーチなので、家でもメモを取り、分析しながらサッカーを見ている。しかし、彼女はあまりサッカーのことがわからない。だから、その横でスマホで走り高跳びの動画を見ている。「同じ空間で、二人は別世界です」と言って笑った。

彼女は愛鷹広域公園多目的競技場で行われる、アスルクラロ沼津のホームゲームの時は運営を手伝っている。サポーターとも交流し、売店の手伝いもする。

「阪神タイガースが好きで、ビールの売り子のアルバイトに憧れていたので楽しいです」。

陸上の大会では感じられないようなスタジアムの雰囲気がとても新鮮なようだ。

「勝ち負けも大切ですけど、それ以上にスタジアムが楽しさを共感できるような空間になっていて、これが地域で盛り上がるってことなんだなと思いました」。

スタジアムグルメやイベントで試合前から盛り上がるスタジアム。サポーターの文化はある意味サッカー独特で、陸上にはない文化だ。

「陸上も観戦が楽しくなる仕組みが欲しいです」と少しサッカーを羨ましく感じているようだった。

試合の前半は、売店の手伝いなどで忙しい山本さんだが、後半は試合を観戦する時間がある。サッカーをあまり知らないと聞いていたので、少し心配だったが、

「タイガース育ちなので、大声を出して見ています。『いったれ〜！』とか『今のファウルやろ！』とか言ってしまいますね（笑）。ぜんぜんルールを知らなくても楽しいです」。

どうやら関西人丸出しで楽しんでいるようなので安心した。

私は、サッカーを楽しむ女性に何を見ているかを聞く習性がある。競技としてのサッカーを楽しんでいる人もいる。選手の走る姿がかっこいいという人もいる。もちろん選手の顔が好きな人もいる。背中、太もも。楽しみ方は千差万別だ。同じような質問を山本さんにぶつけてみた。すると、アスリートらしい驚きの答えが返ってきた。

「アキレス腱とか見ちゃいます」

え？　アキレス腱？　試合中は見えませんが……。

「試合後、ソックスをずらした時にめっちゃ見ます。酷使したふくらはぎから浮き出るアキレス腱を見て、陸上で例えると跳躍向きだなとか長距離選手っぽいなとか見て楽しんでいます」。

そんなことを今まで考えたこともなかったし、アキレス腱に興味を持ったこともなかった。恐るべしアスリート目線。

さらに、「ボールを持っていない状態でボールを追いかけて走る時、腰を落として体より後ろに接地して足が後ろに流れる選手が多い。海外やＪ１の足の速い選手を見てみると、姿勢が良く体の真下に接地しており、無駄な動きや力みがない走りが一番良いのではないかと思う」とサッカー選手の走り方が気になるようだ。

他競技の人の意見はおもしろいし参考になる。陸上競技の選手は、より速く走り、より高く跳ぶために、筋肉や骨格の動きがどのように作用して、どのように肉体が動くかを、研究し突き詰めている。さすが、コンマ1秒や1ミリで勝敗が分かれる世界に生きている人たちの視点だ。勝手な想像だけど、山本さんのように肉体の動きにも詳しいトップアスリートが、なでしこの選手になったとしたら、すごい選手になれたような気もするけれど。

「私、団体競技はできないです。めっちゃ自己中なんで。人の失敗とか絶対許せないです。めっちゃ良いパス出して、シュート外したら、ふざけるな！　ってなります（笑）」。

いや、サッカーでもきっと活躍できる。ポジションはフォワードしか無理だけど……。

陸上選手とサッカークラブの出会い。山本さんはサッカーやアスルクラロに大きな刺激を受けている。

「サッカークラブとの出会いは貴重で、自分の財産ですし、これを生かさないといけないと思っています。アスルクラロという名前のおかげで、注目していただいたり、新聞に載せていただいたり、子供たちの送迎のバスを出していただいたりしているので、アスルクラロでできることをもっと考えて、このクラブに貢献していきたいと思っています」。

東部の陸上のレベルをもっと上げていきたいと考えている山本さん。陸上で培ったものをアスルクラロに還元し、アスルクラロで得たものを陸上界に還元していく。

山本愛純さん。アスリートならではの視点が斬新でした

試合の日はスタッフとしても活躍中

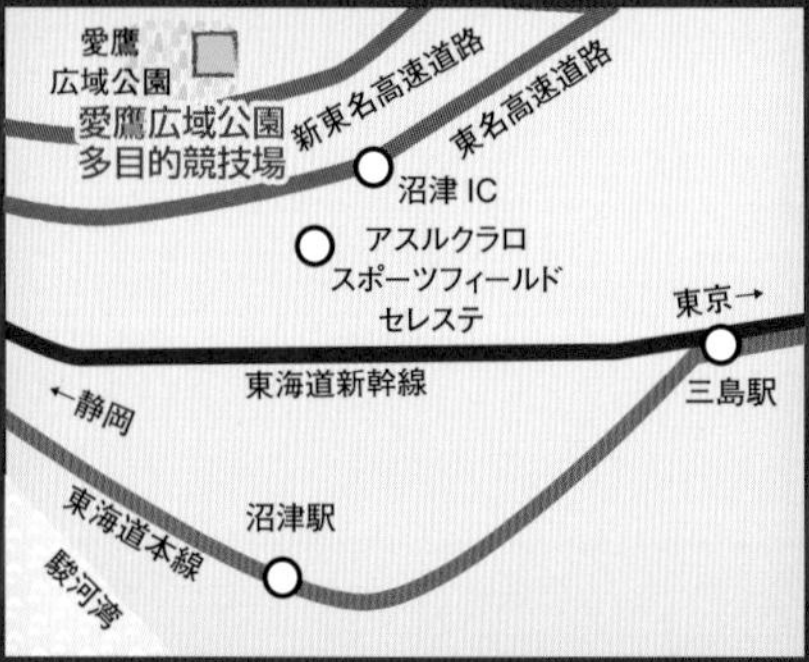

愛鷹広域公園多目的競技場　アクセス

最寄駅　JR東海道線・**沼津駅**。

タクシー　**沼津駅**北口から約15分。

車　**沼津IC**より5分。

スタジアムではお茶の販売も

Jリーグ初代GKはこの選手

石《いし》井《い》綾《りょう》

2017年3月18日（愛鷹広域公園多目的競技場）
J3リーグ第2節　沼津 1-2 福島

名古屋グランパスのアカデミー出身。中京大学を経て水戸ホーリーホックに加入。水戸からの期限付き移籍で2017年は沼津でプレーしていた。初戦なのに第2節なのは、この年のJ3は全17チームで、第1節、アスルクラロ沼津は試合がなかったため。

名古屋グランパス

©1995 N.G.E.

©N.G.E.

HIRACHAN VOICE

上位争いはもちろん、優勝争いのポテンシャルは十分

名古屋の街はいつも元気だ。国内外の優れたタレントも揃う。クラブを後押しするサポーターも熱い。もっと上位でタイトル争いを演じ、テッペンの見える場所で戦うべきクラブ。大都市、名古屋のクラブに残留争いは似合わない。

豊田スタジアム

建築家、黒川紀章氏設計のスタジアムはまさに威風堂々。建造物自体に威厳がある。40,000人収容の大きなスタジアムではあるが、ピッチの迫力がスタンドにも存分に伝わる、国内トップレベルのスタジアムだ。

HIRACHAN CHOICE

味仙

台湾ラーメンで有名な味仙だが、私のおすすめは青菜炒め。速い! うまい! 飽きない! グループで一皿を注文し、分け合うことが多いが、できれば私は一人で一皿食べたい。

スタジアムギャラリー

豊田スタジアムにはスタジアムギャラリーがあり、名古屋グランパスの歴史や資料、ユニフォーム、そしておばちゃんこと渡邉光子さんが撮った写真も展示されている。

グランパスくんファミリー

この写真を撮ってくれた、グランパスのスタッフの方には本当に感謝。ファミリー勢揃いで写真が撮れるなんてなかなかない。何はともあれ、どえりゃあ嬉しかった。

通称おばちゃん：渡邉光子《わたなべみつこ》さん

選手に寄り添い、撮りつづける

（取材：2019年12月10日）

名古屋市営地下鉄鶴舞線の伏見駅から、あまり聞き覚えのない駅をいくつも越えて降り立ったのは、豊田スタジアムの最寄り駅、豊田市駅の一つ手前の梅坪駅。もちろん初めて降り立った。

時間は午前10時半で人もまばら。ロータリーに止まっているタクシーの運転手も時間を持てあまして談笑をしていた。

この本の取材でいろんな人に会って話を聞いてきたが、今回の取材場所は相手のご自宅という初めてのケース。梅坪駅からタクシーに乗って、教えていただいた住所に向かう。

到着してみると玄関は網戸の状態だったので、家の中に向かって声を掛けてみた。すると、どうやら私のことをわかってくれているリアクションがあった。

私を快く迎えてくれたのは、グランパスを応援されている方の間では有名な女性カメラマンの渡邉光子さん。通称おばちゃん。Jリーグ開幕前から、ずっとグランパスの写真を撮り続けている御年76歳の現役カメラマンである。

おばちゃんがサッカーに興味を持つようになったのは、子供さんが中学生の頃。中学校の役員をしていて、学校の広報用に写真を撮ることになった。最初は、いろんな部活動の写真を撮っていたが、その中でもサッカーをプレーする子供たちに興味を持つようになった。

「豪雨でも雷でも泥だらけになって真剣にプレーする姿に感動したし、かわいくてしょうがなかった」。

おばちゃんの子供は剣道部。だけど、おばちゃんは夢中になってサッカー部の写真を撮った。試合だけではない。普段の練習も。夜の自主練も。春日井への遠征も。

ある日、家の外で「わたなべさーん！」と呼ぶ声が聞こえる。いつの間にか、サッカー部員がおばちゃんの家に遊びに来るようになった。そして、卒業する時には、アルバムにしてサッカー部の子供たちにプレゼントした。

おばちゃんはJリーグ開幕前の1992年からグランパスの選手の写真を撮っている。写真がほしいと言ってくる選手には写真をプレゼントした。実家の家族に写真を送ってほしいと言われれば、住所を聞いて選手の実家に写真を送った。そして、数年前まで中学生が遊びに来ていたおばちゃんの家に、今度はグランパスの選手が遊びに来るようになった。

「ふくちゃん（福田健二）・だいちゃん（平山大）が来たり、きなくん（喜名哲裕）が来て、みんなでたこ焼きやったり、8人ぐらい来たこともあったし、1週間に3回も来る選手もいた」。

泥だらけになってサッカーボールを追いかける選手は中学生でもプロでも尊敬できるし愛おしい。そして、ただ写真を撮るだけでなく、親身になって付き合う。

「森くん（森直樹。在籍1992〜1995年）が結婚する時に、お母さんが長崎で一人なので、代わりにブライダルセンターに一緒に相談に行ったら、母親と間違えられて（笑）。その後、結婚式も行ったし、引っ越しも手伝った。本田くん（本田圭佑）は材料を持って行くから遊びに行っていい？って言ってくる。選手と一緒にお昼ごはんを食べに行ったり、魚釣りに行ったり本当に楽しかった。みんな子供みたいでかわいい」。

プロのサッカー選手はある種孤独で、生まれた土地を離れ、悩みを一人で抱えることも多い。おばちゃんだけが名古屋の地で心を開ける相手だったのかもしれない。おばちゃんの家だけが、癒される空間だったのかもしれない。だから、一度でもグランパスに在籍し、おばちゃんと触れ合った選手は、名古屋の地を離れてもおばちゃんのことを忘れない。

「この前、試合後に下の通路から『おばちゃん！　おばちゃん！』って声がするから、誰だろうと思ったら剛くん（大岩剛）で、母親が会いたがっているから一緒に写真を撮ろうって言ってくれたり、鳥栖戦の時はサポーターに挨拶した後に、むうくん（金崎夢生）と豊田くん（豊田陽平）が『おばちゃん久しぶり。元気！』って言いながら抱きついてくれた。豊田くんは汗でビタビタだったけど（笑）、覚えてくれてたんだと思って、すごい嬉しかったですよ」。

おばちゃんはグランパスに在籍した全員の写真を撮っている。どの選手も一人ひとり忘れられないが、その中でもピクシーことストイコビッチは特別な存在だ。

「ピクシーは絵になります。ちょっと違いますね。カメラを向けると、ちゃんとポーズをとってくれるのが嬉しかった。家族思いな人で、よく練習場に子供を連れてきていて、その時私は子守り役。マルコとかアンドレアとかと一緒にリフティングしているうちに、私もできるようになりました（笑）」。

おばちゃんとストイコビッチは、もちろん言葉は通じない。しかし、周りの人が不思議がるほど2人は通じ合っていた。おばちゃんは写真を撮るたびにプレゼントし、ピクシーはどこかへ行くたびにおばちゃんにお土産を買ってきた。

「これは通訳の人が訳してくれたことだけど、ピクシーはおばちゃんが死んだときは葬式に来るからねって言ってくれた。だけど、パリは遠いから、自分が日本にいる時にしてねって」。

そんなことが言える関係性をおばちゃんはピクシーと築き上げていた。おばちゃんのサッカー選手に対する愛情が、言葉は通じなくてもピクシーにも伝わっていたのだろう。

おばちゃんの家の玄関にはたくさんのグランパスの選手の写真が飾られている。そして、かつてサッカー部の中学生が遊び、グランパスの選手が語らい、私が話を聞いている居間にも、何枚かの写真が飾られている。その一枚はおばちゃんの孫と写る楢﨑正剛だ。おばちゃんは楢﨑正剛への思いも強い。

「5年前くらいかな～。私がカメラをやめるって言った時に、やめるなら一緒にやめようって楢﨑くんが言ってくれたんですよ。だから、私はカメラを続けることにしました。でも去年の正月に電話がかかってきて、俺はやめるけど、おばちゃんはボケるといけないからカメラを続けてって」。

おばちゃんは練習場、そしてスタジアムに足を運ぶ。そして、写真を撮る。その時に考えていることは、中学生を撮りはじめた時と何も変わっていない。

「私、人を撮ってるんですよ。サッカーを撮ってるんじゃなくて」。

だから、サッカー選手が心を開く。サッカー選手であると同時に、一人の人間として写真を撮り、付き合ってくれるから。サッカー選手のことをかわいいというおばちゃんだけど、一番かわいいのはおばちゃんだった。

元気な76歳、渡邉光子さん

スタジアムギャラリーにも渡邉さんのコーナーが

豊田スタジアム　アクセス

最寄駅 名鉄豊田線・**豊田市駅**。同駅から徒歩約17分。愛知環状鉄道・**新豊田駅**。同駅から徒歩約21分。

タクシー **豊田市駅**から約10分。

バス **豊田市駅**から、とよたおいでんバス25豊田・渋谷線市木・双美団地行きで約7分の**豊田スタジアム東**下車。片道100円。

瑞穂の雰囲気も大好きです

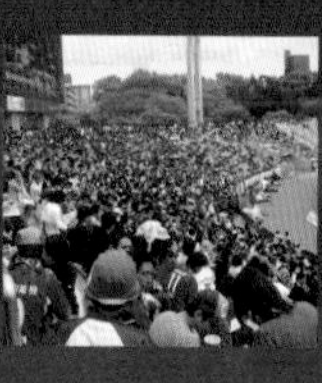

Jリーグ初代GKはこの選手

伊《い》藤《とう》裕《ゆう》二《じ》

1993年5月16日（県立カシマサッカースタジアム）
Jリーグ1st 第1節　鹿島 5-0 名古屋

神様ジーコのハットトリックが印象的なゲームで、名古屋のゴールマウスに立っていたのが伊藤裕二。182センチとキーパーとしては決して大きくはなかったが、PK戦には絶対的な強さを見せた。フェイスも良く男前で、ゴールマウスに立つ姿が格好良かった。

FC GIFU

FC岐阜

岐阜に関わる人が積み上げたものは無駄にはならない

岐阜メモリアルセンター長良川競技場に集まる人たちは、サッカーのある日を本当に楽しんでいる。これまでに積み上げたそのスタイルは、たとえ戦う舞台をJ3に移しても変わらないはずだ。そして、それを続けることでJ2への道が開ける。

岐阜メモリアルセンター長良川競技場

岐阜メモリアルセンター内には、たくさんのスポーツ施設があるのはもちろん、モニュメントも多い。なかには岡本太郎氏の作品も。試合前においしいグルメを食べて、のんびり散策するのも楽しい。

HIRACHAN CHOICE

屋台村

長良川競技場のグルメの充実度、そして満足度はJリーグ屈指。バラエティ豊富で、スイーツなども楽しむことができる。できるだけ空腹状態で行きたいスタジアムの一つ。

蹴球夢

FC岐阜公式VTuber「蹴球夢（しゅうきゅうゆめ）」。キャスターっぽく試合告知するのもいいが、自由奔放でゆるゆるな時も楽しい。夜中に見るとハマります。

ギッフィー

岐阜県の県花レンゲがモチーフのギッフィー。登場したのは2017年と日はまだ浅いが、日に日に存在感を増している。

事業グループサブリーダー：花房《はなふさ》信輔《しんすけ》さん、企画広報チームサブリーダー：渡邊《わたなべ》亮《りょう》さん

（取材：２０１９年10月18日）

「繋がり」こそがクラブを支える力

２０１９年のＪ２リーグ、ＦＣ岐阜は勝ち点30で最下位。２０２０年の戦う舞台をＪ３に移すこととなった。成績面でいえば、非常に厳しいシーズンになったと言わざるを得ない。

ただ、それだけを見て、ＦＣ岐阜のすべてを語ることはできない。成績面でいえば最下位だが、平均観客動員数は６６４４人で、Ｊ２の中では12位。成績が振るわなかったにもかかわらず、ホームの長良川競技場には多くの人が足を運んだことになる。

「岐阜がすごい！」。そんな言葉を、全国のクラブ関係者から聞くことが少なくない。これまでも、Ｊ２リーグの中でＦＣ岐阜は上位というよりも、厳しい残留争いの渦中にいることが多かったが、年間平均観客動員はＪ２の中で、毎年中位あたりで、２０１７年は６９７７人。２０１８年は６８５８人と７０００人台に迫る勢いだ。

なぜ、ＦＣ岐阜がそんなに観客を集めることができるのか？　成績にそれほど左右されることなく、観客動員数を維持することができるのか？

実は、地方のクラブや規模が大きくないクラブの関係者は、集客に頭を悩ませている。負けて観客数が減るならまだしも、勝っても伸びないことが多々ある。

サボっているわけではない。どちらかと言えば激務だ。労働力、労働時間、頭下げ回数は増えているのに集客数がなかなか比例しない。そんな人たちだからこそ、ＦＣ岐阜のすごさがわかる。

そこで、ＦＣ岐阜の集客への取り組みについて、ＦＣ岐阜・事業グループサブリーダーの花房信輔さんにお話を伺った。

「宮田社長はホームゲームおよび、お客様へのおもてなしの思いが強いというのもあってＦＣ岐阜を通して、いろんな人が繋がっていけばいいと考えています。ＦＣ岐阜はそういう存在であるべきだと思っています」。

２０１４年、ＦＣ岐阜はラモス瑠偉監督を招聘し、川口能活や三都主アレサンドロなど人気選手も加入。平均観客動員数は７５８４人まで伸びた。その時に、できるだけサッカー以外でも、観客に喜んでもらおうという機運がクラブ内で高まった。喜んでもらうためには、どうするべきか？と考え始めた。

「ぼくら、地域の人たちに支えてもらっている意識が強いので、できるだけ市町村等のＰＲになり、かつ、お客さんにも喜んでいただけ

るようなことを考えました。なぜなら、岐阜県の全42市町村がＦＣ岐阜のホームタウンなのですが、全42市町村がＦＣ岐阜の株主でもあるからです」。

それからは、これまで以上にＦＣ岐阜を支えてくれる市町村と密接な関係を築く取り組みを始めた。

「最初の3年間、ホームタウン担当だったので42市町村全部回って、祭りにも食べ物にも詳しくなりました。実家は滋賀ですが、滋賀より岐阜の方が詳しくなりました」と、同席した企画広報チームサブリーダーの渡邊亮さんが語れば、花房さんは、「自負していますけど、市町村のマスコットに一番詳しいのは僕だと思います」と言って笑った。

街の体操教室やサッカー教室、地域のイベントやお祭りなど、現在ではホームタウン活動は1年で６００回を超える。そんな活動を続けることで、スタジアムのイベントにも協力してくれる人や団体が増えていった。

その一方で、新たな試みにも取り組んだ。マスコットのギッフィーも誕生し、大人のチアチームＧＧＧ（トリプルＧ）も結成。最近では、ＶＴｕｂｅｒの蹴球夢も誕生。

これまでも、ハイライト映像をホームページにアップすることはあったが、アニメが好きな人、アイドルが好きな人にもＦＣ岐阜を知ってもらう機会を少しでも作りたいという思いから、ＶＴｕｂｅｒ、蹴球夢の試合告知をホームページにアップしている（けっこうおもしろい！）。

さらに、他のクラブとも連携して盛り上げたいとコラボイベントも増やした。かつては、松本山雅ＦＣとカターレ富山とタッグを組んだトップ・オブ・北アルプスくらいだったが、何かの繋がりを見つけてイベントを実施。

新潟なら地酒。京都なら祭り。徳島なら盆踊り。愛媛なら温泉。姉妹県の鹿児島とは「姉妹県マッチ」。甲府とは「戦国ダービー」。ＦＣ琉球とは「17マスコット同期会」。ちょっと待ってください！　マスコット同期会って何ですか？

「２０１７年に誕生したマスコットの同期会です。ギッフィー、ジンベーニョ（琉球）、ゆないくー（鹿児島）、さぬぴー（讃岐）、キヅール（いわて）が同期です」。

とにかく貪欲に（多少強引なところもあるが）繋げていく。

「ＦＣ岐阜を通じて、いろんな人が繋がっていけばいい。ＦＣ岐阜はそういう存在であるべきだと思っています」。

それは花房さんの願い。子供も大人も、サッカーが好きな人もアニメが好きな人も、そして他のクラブの人も、みんなＦＣ岐阜を通して繋がっていく。そして、みんなに繋がってもらうための研究に余念がない。

「アウェイレポートというものがあります。アウェイゲームの時に、担当者1人がその地に赴き、話を聞いて、写真を撮って、1週間以内にレポートを上げて、良いものはすぐに取り入れます。営業商品のアイデアなどもありますが、極端な話、ポスターの大きさやポスターを貼っている場所などもレポートします」。

レポートするのはスタジアムだけではない。

左が花房さん。右が広報の渡邊さん

試合ごとに、多彩なイベントも用意されている

「ジェフだと蘇我駅からジェフカラーになっているというレポートがあったので、すぐに岐阜駅にお願いして、試合の前日にのぼりを立てさせてもらいました。J2だと、毎年21回の勉強の場がある。次の年に行ったら、また新しい発見があります」。

すべてはスタジアムに来てくれた人に喜んでもらうため。時間をかけ、手間をかけ、そして良いものがあれば、すぐに実行に移す。

「やれていないことがまだまだ多いので、まだ成長すると思います。それもこれも、岐阜の皆さん、地域の皆さんにとってFC岐阜が愛される存在になるためです」。

観客動員という目に見える数字だけが増えているのではなく、年々増えているのは繋がりだ。だから、2020年、J3でもまた新たな繋がりが増えていくことになる。そんな繋がりが将来、さらに上のカテゴリーに行くための礎となる。

「支えられているからこそ強くなって、みんなで喜びたい。J1に上がったら、みんな大泣きですね」。

愛されるクラブに人が集まり、愛されるクラブはきっと強くなる。

岐阜メモリアルセンター長良川競技場　アクセス

最寄駅 JR東海道線・**岐阜駅**。
タクシー **岐阜駅**から約15分。
バス **岐阜駅**10番乗り場から岐阜バス三田洞線長良八代公園前／栗野西5丁目行きで**岐阜メモリアルセンター前**下車。または11番乗り場から岐阜バス市内ループ線（左回り・右回り）で約20分の**岐阜メモリアルセンター北**下車。片道210円。

J2昇格年の10番・片桐淳至

Jリーグ 初代GK は この選手

日《ひ》野《の》優《すぐる》

2008年3月9日（山梨県小瀬スポーツ公園陸上競技場）
J2リーグ第1節　甲府 1-1 岐阜

ガンバ大阪ジュニアユース、ユース出身。2001年、ガンバ大阪のトップチームに昇格。2006年10月に当時JFLのFC岐阜に期限付き移籍。翌年から完全移籍。通算J1で4試合、J2で53試合に出場。当時の岐阜の10番は片桐淳至。好きだったなー。

京都サンガF.C.

© KYOTO.P.S.

© 2006 KYOTO.P.S.

HIRACHAN VOICE

新スタジアムを背景に、観客を魅了するサッカーを

2019年、最終節の柏戦のスコアはショッキングなものだったが、シーズンを通して、京都サンガF.C.が展開したサッカーは、昇格するに十分な実力と観客を魅了するサッカーができるクラブであることを証明。スタジアム含め、2020年が楽しみだ。

サンガスタジアム by KYOCERA

2020年、京都府亀岡市に誕生した球技専用のスタジアム。2月9日、プレシーズンマッチ、京都対C大阪がこけら落としに。ロケで建設中のスタジアムを見学させていただいたが、JR亀岡駅のまさに目の前。立地条件最高である。そして、スタンドとピッチもかなり近く、臨場感抜群。

HIRACHAN CHOICE

やまびこ

練習場サンガタウン城陽から、車で約10分。近鉄寺田駅近くのうどん屋。関西風のうどんがとにかくうまい! 地元の人たちに愛される庶民的なうどん屋。最高です。

ありがとう! 西京極総合運動公園

ホームとして使用していた、たけびしスタジアム京都がある総合運動公園。子供の頃、阪急電車の車内から見る、この公園の景色が大好きだった。阪急京都線西京極駅からすぐ。

京都サンガF.C.のエンブレムにも描かれている鳳凰と不死鳥がモチーフ。パーサくんとコトノちゃんの関係はお友達らしい。

戦うスタッフの凄み

ホペイロ：松浦紀典《まつうらのりよし》さん

「三浦カズさんが日本に来て、読売クラブに加入したときに、クラブにはホペイロがいませんでした。そこでラモスさんたちも一緒になって、ブラジルではクラブにホペイロがいるのは当たり前だ、プロ化するなら、選手だけでなくプロのスタッフが必要だと要求してくれました。この時に読売クラブは、ブラジル代表のホペイロの経験もある方を招聘するのですが、その方の一番弟子が自分で、自分がホペイロの日本人プロ第1号として契約しました。もし、カズさんが日本に戻ってなかったら、自分はここにいないと思います」。

ヴェルディ、名古屋グランパスを経て、現在京都サンガF.C.でホペイロ、つまり用具係を務める松浦紀典氏。プロホペイロの日本人第1号であり、第一人者の松浦氏は、これまでに一緒に仕事をした選手から聞いた言葉を今でも大切に心の中で温め続けている。

そして、自身の経験から生まれた言葉にもホペイロという職業への矜持が詰まっている。ここでは、松浦氏から聞いた言葉をできるだけ多く紹介したい。

日本人プロ第1号のホペイロとなるきっかけにもなった三浦知良にはこんなことを言われた。「自分たちは100%の力でボールを蹴るから、マツは100%でスパイクを磨け！」

Jリーグが始まった頃、クラブハウスで毎日言われたという。「魂込めて磨けよ！ 俺は魂込めて決めるから！」。

そして、当時キャプテンを務めていた柱谷哲二の言葉も興味深い。「選手は数字で記録が残る。何試合出場。代表何キャップ。ゴール数。アシスト数。出場時間。でも、まっちゃんたちスタッフは数字じゃない。記録じゃなくてみんなの記憶に残るスタッフになれ」。

こう言われたが、その時はピンとこなかったと言う。記憶に残るスタッフってなんだ？ 一発芸でもやった方がいいのかな？ でも、仕事を続けていくうちにわかってきた。「良い仕事をして、皆さんに認められて、あいつに任せれば大丈夫だと信頼されるスタッフになることが記憶に残るスタッフになることだと気づきましたね」。

当時のヴェルディは強烈な個性の集合体だった。その根底に流れる「緑の血」。松浦氏も自分にそういう血が流れていると感じている。だからこそヴェルディ戦は少し特別なものとなる。

「師匠に教えられたんです。サッカーは移籍がつきものだから、数年後数十年後には違うクラブにいるかもしれない。そんな時は行った

（取材：2019年6月21日）

先のクラブをとことん愛しなさい。だけど、今までいたクラブのことは忘れるな。今まで味方で自分が仕事をしていたところが敵になるわけだから、その時は強い気持ちを持って戦えって」。

だからヴェルディ戦の時は、いつも通りと思ってはいても、どこかで意識してしまう。本当のプロの世界では、選手だけでなくスタッフの人たちも戦っているのだ。

ホペイロはサッカーで使用する全ての用具を管理する。ユニフォームはもちろん、練習で使うマーカーまで。その中でもスパイクは特に大事で、松浦氏は〝プロサッカー選手にとって商売道具でもあり、体の一部〟と捉えている。

当然、その手入れに関して深いこだわりがある。

「スパイクの手入れは女性の洗顔と同じです。洗顔して汚れを落としただけなら、顔がつっぱったり、肌の状態が悪くなる。だから、化粧水とか乳液を使ってコンディションを整えるでしょ？　スパイクも同じです。汚れを落としただけなら、放っておくとカサカサになる。スパイクの素材に合わせてクリームを選び、夏場と冬場でクリームの量を変える。夏場はジメジメするのでしっかり乾燥させる。冬場は乾燥するので保湿を多めにします」。

スパイクの種類も多いし、濡れたり泥が多くついたり、一足一足コンディションが違う。

「だから楽しいんですよ。毎日違うので本当に楽しい」。

スパイクを最高な状態にすれば仕事が終わりという訳ではない。

「選手の大事なものを預かるということは試合の時に忘れることは絶対に許されないのでプレッシャーは凄いですね。あって当たり前。なかったら大問題。でも、25年ホペイロを続けていて、唯一自分が自信を持って言えるのが、選手から預かったもので忘れ物は今まで一度もないことです」。

選手やチームからの信頼を得るために、プレッシャーの中で日々仕事を積み重ねていく。そして、選手の状況を見極めるために、練習、試合を問わず選手を観察する。

自分でも観察力はある方だと思うという松浦氏。そこから得る情報を自分の中でうまくコントロールして、選手に声を掛けることもあるそうだ。

「（２０１９年）８番の重廣選手（２０２０年福岡へ移籍）は、２０１８年にデビューして、試合でも使われて期待されることで、監督やコーチの方にいろいろ言われるんですね。全部聞き入れていたらパニックになってしまいます。ある日、いろいろ要求されていて大変そうだなと思って、彼のロッカーのところにスポンジを置いておきました。マツさんこれなんですか？って聞いてきたのでこう答えたんです。スポンジって、よく見ると穴が開いているでしょ。水を上から入れると下から出るし、空気も抜けていく。今はいろいろ言われているけど、自分をスポンジに置き換えれば気が楽になるよって」。

重廣はその試合でゴールを決めた。

「それからは、マツさんずっとスポンジ置いておいてくださいと言うので、いつも重廣選手のユニフォームのところにスポンジを置いています」。

プロのホペイロとしてスパイクのコンディションを整えるだけでなく、選手の心のコンディションも整えていることがよくわかる。最後に松浦氏の夢を聞いてみた。「目標はサッカー先進国のホペイロさんみたいになることです。自分の命が尽きる時が、そのホペイロが終わる時。海外ってそういうことが多いじゃないですか？ スペインのあるチームのホペイロはこの人で、80何才で亡くなって、街を上げてお葬式をする。そういうのが夢ですね。よぼよぼになるまでスパイクを磨いていたいです」。

仕事に対する情熱、そして選手への思いやり。プロのホペイロをJリーグ発足当初から続けている松浦氏が発する言葉には、珠玉過ぎる言葉が存分に詰まっていた。

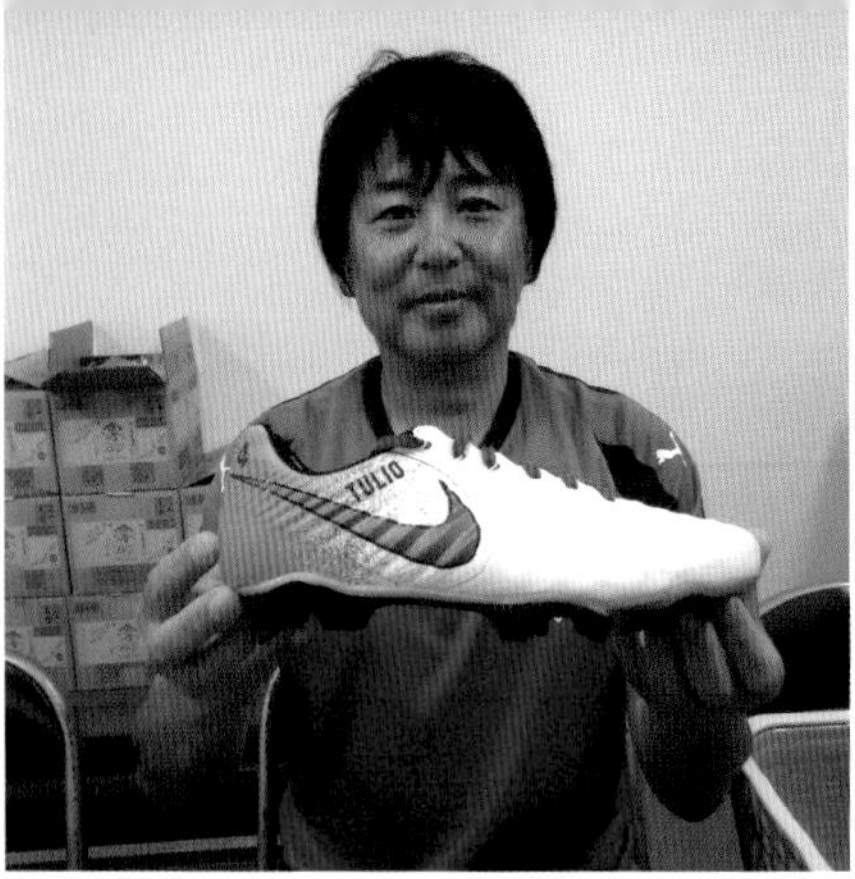

闘莉王のスパイクを手に、語ってくれた松浦紀典さん

このユニホームもスパイクも松浦さんが日々管理している

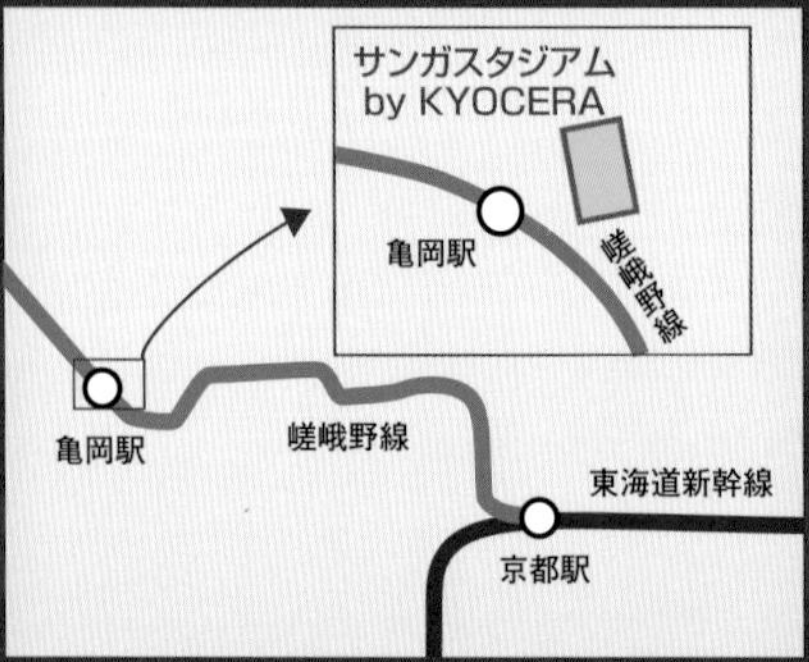

サンガスタジアム by KYOCERA　アクセス

最寄駅　JR嵯峨野線**亀岡駅**。同駅から徒歩約3分。

タクシー　東海道新幹線・**京都駅**から約50分。

バス　JR**京都駅**中央口から京阪京都交通バス2系統JR**亀岡駅南口**バス停下車、徒歩約5分。

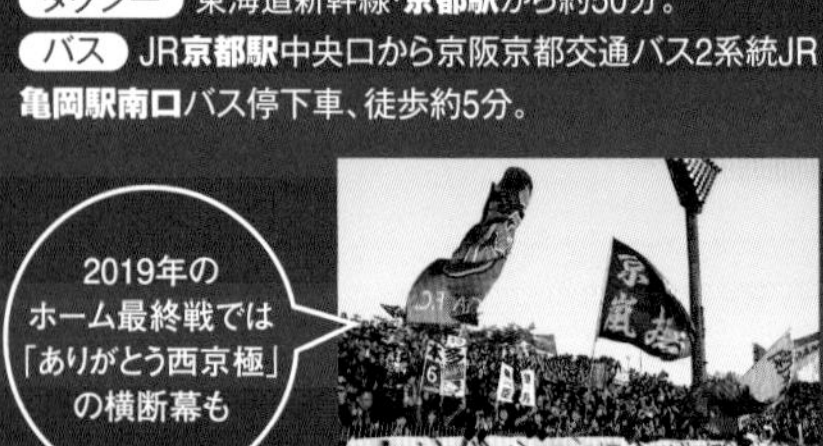
ありがとう西京極

Jリーグ初代GKはこの選手

森下申一《もりしたしんいち》

1996年3月16日（等々力陸上競技場）
Jリーグ1st 第1節　V川崎 1-0 京都

元日本代表。国際Aマッチ28試合出場。静岡学園高校から東京農業大学、ジュビロ磐田（ヤマハ発動機）を経て、京都パープルサンガのJ昇格にも貢献。引退後、様々なクラブでゴールキーパーコーチを務め、2019年からはFC東京のゴールキーパーコーチに。

ガンバ大阪

©1995 GAMBA

宮本監督体制3年目。青黒戦士のさらなる飛躍を

違いを生み出せる宇佐美貴史、井手口陽介が2019年夏に復帰し、チーム力は向上。そして、ガンバの象徴、遠藤保仁も健在。2020年2月にはジュニアユース育ちの昌子源がトゥールーズ（仏）から加入。2015年、天皇杯以来のタイトルを狙う。

パナソニックスタジアム吹田

最新鋭の素晴らしいスタジアムで観戦するために、遠方から飛行機でこのスタジアムに向かう方は、できれば伊丹空港着の飛行機を選択したい。距離的にも、時間的にも余裕が生まれ、パナスタを楽しむ時間が増える。

HIRACHAN CHOICE

3階コンコース

コンコースの柱には多くのモニターが設置され、たくさんのグルメの店舗が軒を連ねる最高に幸せなエリア。キックオフ前から、存分にスタジアムを楽しめる。

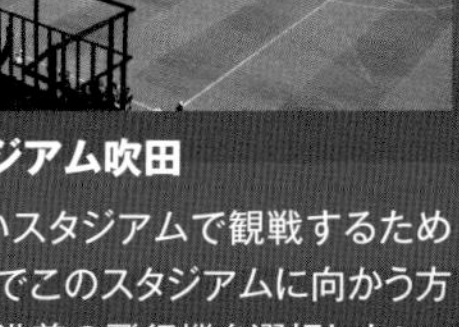

ガンバ大阪U-23

タレントの宝庫。昨シーズンは、ここで活躍していた食野亮太郎、中村敬斗が海外に旅立った。そして、川﨑修平、塚元大、17歳の唐山翔自がトップ昇格。ここも見逃せない。

ガンバボーイ

アジリティの高さは様々な場面で証明済み。2019年は氣志團とのコラボでパナスタを盛り上げた。学ラン姿もばっちり！

ライター：高村《たかむら》美《み》砂《さ》さん

文章で選手を伝える

（取材：2019年6月20日）

新大阪駅近くのスターバックスで1時間近く話を聞いた。最後に写真を一枚お願いしたが断られた。これまで一度も顔を出したことがないという。

私は話を聞いた後だったので、断られても嫌な思いはしなかった。それよりも、彼女の生き方やサッカーへの向き合い方が、その姿勢に表れているような気がした。でも取材した証に写真は撮りたい。だから、彼女の手を撮影させてもらった。サッカー選手の人生を豊かな文章で紡ぎ出す彼女の手を。

多忙の中、お話を聞かせてくれたのはガンバ大阪やヴィッセル神戸を中心に、関西のサッカーを伝え続けているフリーライターの高村美砂さん。サッカーファンならその名前を見たり聞いたりしたことがある人も多いはずだし、仮に名前を知らなくても、知らず知らずのうちに彼女の文章に触れているはずだ。

短大の体育科を卒業後、一度は一般職に就いた高村さんだが、会社勤めに馴染めず退職。その後はスポーツの魅力を伝える仕事、雑誌社で働きたいと考えていた。

その頃、Jリーグが開幕し、世間ではサッカーが注目されるようになっていく。たくさんのサッカー雑誌が生まれ、関西でも関西サッカー応援誌「GAM」が誕生。だいたいの雑誌社は四年制の大学卒業が条件だったが、「GAM」は短大卒でも可能だったので、高村さんは応募し最終面接までたどり着いた。

「めっちゃ自信ありました。手応えもありました。結果、落ちました。えー落ちるの！　と思いましたけど、面接ってそんなもんですよね」。

雑誌社で働きたいという情熱と、若さがゆえの根拠のない自信が重なって、面接への手応えを覚えたものの結果は不採用だった。しかし、そこであきらめるような高村さんではない。「体育会系でずっと育ってきたので、こう見えても情熱とか根性がピカイチあるんですよ、私」。

高村さん！　私には以前から根性あるタイプに見えていましたけど（笑）。

そこで、彼女は社長に手紙を書いた。不採用に対する不平や不満ではない。スポーツを伝える仕事がしたい。雑誌社で働きたい。だから、どうすれば面接で受かることができるのか？　今後のためにも足りなかった部分を教えてほしいと。

すると、数か月後、欠員が出たのでアルバイトからでもよければ採用しますという旨の手紙が来た。念願叶って、サッカーを伝える雑誌社に入ることができたのである。しかし、1年も経たないうちに「GAM」は休刊。

ようやくたどり着いたサッカーの世界。ここで簡単に退くわけにはいかない。再び情熱と根性再燃の時である。なんと、残った仲間で「FAX GAM」なるものを作り、有料で1週間に一度、FAXで関西サッカー情報を流すという手段に出た。

「当時はパソコンもそれほど使いこなせなかったし、POPも手書きで、学級新聞みたいな感じでした」。

見た目は学級新聞のようなものでも、丁寧にサッカーを取材した。足繁く練習場に通い、クラブの人たちとコミュニケーションをとった。神戸にプロサッカークラブを作ろうと発足した「神戸にプロサッカーチームをつくる市民の会」や、その後の運営会社「(株)神戸オレンジサッカークラブ」も取材した。阪神・淡路大震災が起こった時は、阪急電車が途中で止まっていたが、三宮にあった運営会社の事務所が心配になって、三宮まで歩いて行った。

その後、「KAPPOS」というサッカー雑誌が誕生したが、こちらも2年ほどで休刊となり、1998年からフリーライターとして活動することになった。

フリーになるまでにさまざまな経緯があった。

「振り返っても、これで良かったと思います。あの時期がなかったら、ここまでこの仕事を続けられなかった」。

高村さんは数年間のことを振り返る。

「ずっと仕事をしていました。フリーになるまではほとんど給料もなく、とにかく忙しいだけ。ひたすらがんばるっていう時期でした。世の中のことは覚えていない。バブルが弾けたことなんてまったくわからない。大変でしたけど、自分がやりたいことをやっていたから、最高に楽しかった」。

まさに無我夢中である。そして、その情熱はガンバ大阪をはじめ、関西のクラブの人の心にも届き、そのひたむきさは受け入れられた。

「私を取材に入れてくれたチームに感謝しています。だから、クラブに対しても選手に対しても、絶対に裏切るようなことは書きたくない」。

高村さんは文章を書く人間の責任として、余程の事情がない限り、必ず自分の名前を入れることに決めている。それはサッカー選手の人生を書くことに対する彼女なりの覚悟だ。

「私の仕事って、彼らの人生を生きているじゃないですか。私の人生じゃなくて、彼らの人生があったから私の文章がある。それを絶対に忘れたらあかんなと思っている。今の仕事がずっと繋がっているのは、彼らが活躍してくれたから。私の今があるのは、彼らが活躍してくれたから。だから、絶対に裏切れない」。

そんな姿勢を貫き続けることで、選手たちの信頼を得た。選手は安心して高村さんの取材を受ける。だから、他の取材では聞けないような選手の思いや横顔が文章から滲み出る。信頼関係があるからこそ、選手の思いを私たちは目にすることができるのである。

「ある時気づいたことですけど、選手って取材している人のことをよく見ています。会話していても、気づいていないふりをしてよく観察しているなと思うことがあります。だから、自分はどんなにキャリアを積んでも、真摯に仕事をしたいなと思います。きっと、その姿を見て、彼らの答える内容は変わってくるはずなので」。

サッカー選手がピッチで躍動する。ゴールを決めて、スタジアムからの喝采を受けることもあれば、レッドカードで退場になることもある。

目の前で起こっている結果はそれ以上でもそれ以下でもないが、高村さんの文章で選手のサッカーへの思いや横顔を知っていると、ピッチで起こっている結果以上に、選手に対してより深く思いを馳せることができる。高村さんの情熱と根性、そして仕事に真摯に取り組む姿勢によって、よりサッカーを楽しむことができるのである。

そんな思いを聞いた後なので、写真撮影を断られても納得するしかなかった。撮影させてもらったこの手から、今日も選手の人生が紡ぎ出されていく。

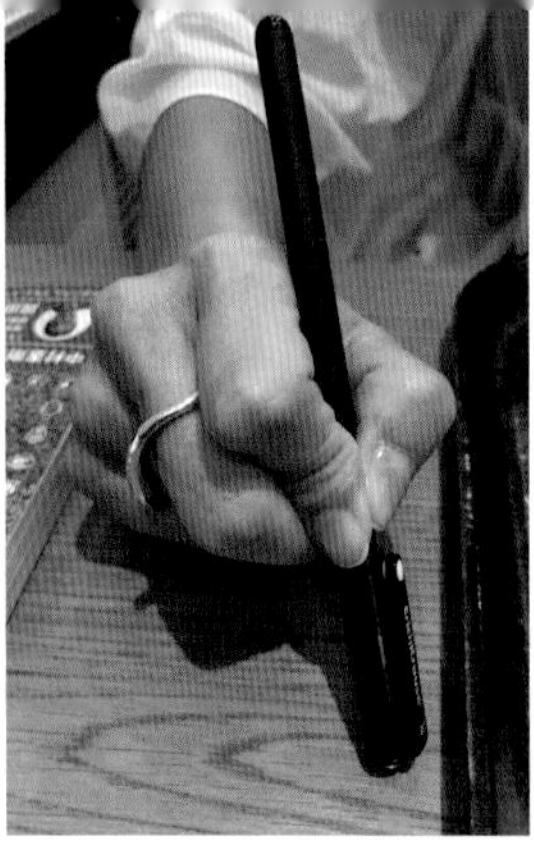
高村さんの「手」。かなりの筆圧が予想される

1998年当時の万博記念競技場

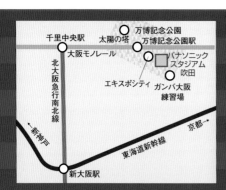

パナソニックスタジアム吹田　アクセス

最寄駅 大阪モノレール・**万博記念公園駅**。同駅から徒歩約15分。
タクシー **新大阪駅**から約20分。
シャトルバス **茨木駅**西口4番乗り場から近鉄バス。乗車時間約10分。片道220円。試合開始1～2時間前より随時運行。
路線バス **茨木駅**西口4番乗り場から阪急バス／近鉄バスで約15分の**記念公園南口**下車。徒歩約3分。片道220円。

トップ昇格を果たした唐山翔自

Jリーグ初代GKはこの選手

本並《ほんなみ》健治《けんじ》

1993年5月16日（万博記念競技場）
Jリーグ 1st 第1節　G大阪 1-0 浦和

「浪速のイタリアーノ」。日本代表国際Aマッチ3試合出場。日本人離れした顔立ちが注目されがちだが、1993年7月には相手選手と接触し、腎臓破裂の重傷を負い、選手生命も危ぶまれたものの、驚異の回復力とリハビリで復活を果たした不死身の男でもある。

セレッソ大阪

ヤンマースタジアム長居

新大阪や梅田から御堂筋線に乗ったからと言って安心してはいけない。「天王寺」行きに乗ってしまうと、長居駅まであと少しなのに降りなければならない悔しさを味わう。必ず「なかもず」行きに乗りましょう。

ロティーナ監督の土台は完成。さらに飛躍の年に。

組織的に戦うミゲル・アンヘル・ロティーナ監督のサッカーの土台は構築された。大崩れすることなく勝ち点を重ね、2019年はJ1で5位。セレッソは常に攻撃の芽を内包している。その芽が開けば、2020年は飛躍の年になる。

HIRACHAN CHOICE

セレッソバル

セレッソのスタグル。ピッツァロトロ、たこ焼きのわなか、秘伝のからあげ鶴心など強力ラインナップ。秘伝のからあげ鶴心は10種類ほどのソースとともに唐揚げを楽しめる。

ハナサカクラブ

セレッソ大阪の育成組織をサポートする目的で設立されたハナサカクラブ。1口3000円。アカデミーから良い選手が育ってきたら、普通では味わえない喜びがある。

マダム・ロビーナ

「息子がやらへんのでおかあちゃんが始めました」とツイッターを始めたが、めったに呟かない。そこがまたおかんらしい。

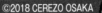

スタジアムDJ：西川大介《にしかわだいすけ》さん

クラブとDJの幸せな関係

（取材：2019年6月20日）

スタジアムの最寄りの駅が近づいてくると、ユニフォームを着た人やタオルマフラーを身につけた人が徐々に増えてくる。車内にいるのはサッカーを見に行く人ばかりではないが、サッカーと無関係そうに見えて、リュックにクラブマスコットのキーホルダーをつけていたり、ときには一平くんのキーホルダーをつけている人を見たりすると、スタジアムに向かっていることを実感する。

駅を出て、スタジアムが見えるとサッカー観戦のリアリティは増す。そして、とどめは聴覚だ。

スタジアムの外に漏れるスタジアムDJの声。心も体も完全にサッカーモードになる。ユニフォームの色と同じぐらいスタジアムDJの声は大切なもので、スタジアムDJの声とクラブはリンクしていく。

そして声を聞くだけでチームのことが頭に浮かぶようなスタジアムDJがJリーグにも存在する。その一人がセレッソ大阪のスタジアムDJを務める西川大介氏。

選手紹介でスタジアムのボルテージを上げ、ゴールの熱狂をさらに高める。セレッソ大阪には欠かせない存在だ。

2001年のシーズン途中からセレッソのスタジアムDJを務める西川氏のキャリアは2020年で20周年になる。

2001年、男性のスタジアムDJを探していたセレッソ大阪。何人かの中から最終的に、候補は2人に絞られた。

「ホームゲームで実際にやってみることになりました。もう1人の方の試合の時はセレッソが負けましたが、自分の時は、真中靖夫さんが3分間でハットトリックした柏レイソル戦でした。試合後もお祭り騒ぎで、その勢いで『お前がスタジアムDJやれ！』って言ってもらえて、それが始まりですね」。

始まりには運があった。だが、運だけで20年務まるような仕事ではない。西川氏はスタジアムDJという仕事とセレッソ大阪に情熱を持ち、サポーターと密な関係を築き、試行錯誤を繰り返しながら現在の、セレッソ大阪のスタジアムDJのスタイルを作り上げていった。

もともとバイエルンなど海外サッカーが好きだった西川氏。スタイル構築のために研究を重ねた。

「海外のサッカー中継のVTRも見たし、音声も聞きました。ある日、知り合いがディナモ・ザグレブの試合を見に行くというので、スタジアムの音を録音してもらいました。今、自分が『セレッソ！』って言うと、サポーターが『大阪！』って言うんですが、これは録音してもらった中の『ディナモ！』、『ザグレブ！』っていうのがめちゃくちゃかっこよくて始めたものなんです」。

選手紹介では、「背番号21、キム」と西川氏が言うと「ジンヒョン！」とサポーターが応える。このコールアンドレスポンスもバイエルンなどを参考にし、サポーターと相談しながら作り上げたものである。スタジアムDJとサポーターのコールアンドレスポンスが見られるJリーグのスタジアムはいくつかあるが、このスタイルをJリーグで最初に取り入れたのはセレッソ大阪と言われている。

そんな応援スタイルをサポーターとともに作り上げてきた西川氏なので、サポーターとのエピソードも豊富だ。そしてその触れ合いには関西風味のエピソードも多い。

「自分が『バルボーザ・デ』と言うとサポーターが『ソウザ！』と応えるんですけど、マイクを通して『バルボーザ・デ』って言うと『丸坊主で』って聞こえるらしく、『西川さん、何言うてんの！』ってツッコミが入ったりします。ヨニッチはマテイ・ヨニッチなので自分が『マテイ！』って言うと、どうしても銭形のとっつぁんの『待て～！』っぽく聞こえるらしく『銭形狙ってるやろ！』ってツッコミが入ることもあります（笑）」。

サポーターからのツッコミに一瞬たりとも気が抜けない西川氏ではあるが、ときに選手からのリクエストもある。

香川真司の場合、「真司！」と西川氏が言い「香川！」とサポーターが応えていたが、香川真司本人から「みんなに真司と呼んでもらいたいので、西川さんが『香川』って言ってください」と要望があり、そのリクエストに即対応したそうだ。

さて、スタジアムDJの見せ場といえば、選手紹介と同時に重要なのがゴールシーン。その話も実に興味深く、奥が深いものだった。

通常、「ゴール！」と叫んだ後に選手の名前を3回コールアンドレスポンスするのがパターンになっているが、

「むずかしいときがあるんですよ！　0対2で負けていて、後半40分に1点返したとします。そうすると、コールアンドレスポンスしている場合ではない。もう1点行こうよ！って空気になっている。だけど、せっかくのゴールだからコールアンドレスポンスで盛り上がりたいという雰囲気もある。葛藤ですね。だから、そんなときは早口バージョンで（笑）」。

実は、この言葉の中に西川氏がスタジアムDJをするにあたって大事にしているものが詰まっている。サポーターの想い、そして、その日その時のスタジアムの温度である。

選手紹介のときに、一言二言コメントする西川氏。そのために、試合前メインスタンドやバックスタンド、ゴール裏に足を運び、サポーターと話し、応援の声に耳を傾け、その日のスタジアムの温度を感じる。それでも、「前もってコメントを考えたりしますが、ほぼ役に立たないですね。ウォーミングアップに選手が入ってきたときの温度に用意していた言葉がふさわしくないと思うと、マイクの前でふさわしい言葉が何かを考えています。最後の最後まで決まらないときもありますね」。

西川氏の声を聞けば、セレッソ大阪を思い浮かべることができる理由は、20年の経験やスタジアムDJとしての技術はもちろん、選手同様1試合、1分1秒を大事にする思いがあってこそだ。

「サッカーがめっちゃ好きで、サッカー選手がめっちゃ好きで、リスペクトしているサッカー選手の名前を叫べるというのは最高に幸せです。それだけで幸せなのに、ゴールが決まって名前を叫んだら、サポーターがレスポンスしてくれる。その空気は病みつきになります。声でサッカーに関われるのは嬉しいですね」。

運にも恵まれてスタジアムDJをすることなった西川氏だが、いや運があったのはセレッソ大阪の方かもしれない。こんなにクラブやサポーターのことを思ってくれる人がスタジアムDJになってくれたのだから。

取材場所は新大阪キャプテン翼スタジアム

2009年J2第23節・愛媛FC戦の香川真司

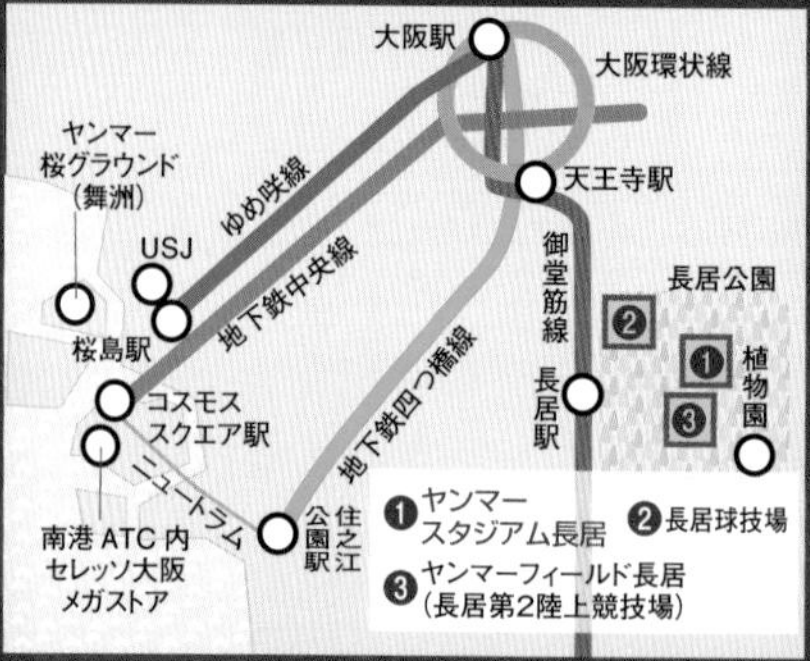

ヤンマースタジアム長居　アクセス

最寄駅 大阪メトロ御堂筋線・**長居駅**から徒歩約5分。
大阪メトロ谷町線・**駒川中野駅**から徒歩約20分。
JR阪和線・**鶴ケ丘駅**または**長居駅**から徒歩約5分。
近鉄南大阪線・**針中野駅**から徒歩約20分。

タクシー 東海道新幹線／山陽新幹線・**新大阪駅**から約30分。

鶴心の秘伝のからあげ

Jリーグ 初代GK はこの選手

武《たけ》田《だ》治《じ》郎《ろう》

1995年3月18日（広島ビッグアーチ）
Jリーグ 1st 第1節　広島 0-1 C大阪

愛媛県立松山商業高校から1991年に加入したヤンマーは当時JSLの2部だった。1994年セレッソ大阪になり、武田は1998年までプレー。その後、1999年から2001年までヴィッセル神戸でプレーした。現在はFC町田ゼルビアのGKコーチを務める。

ヴィッセル神戸

ノエビアスタジアム神戸

ノエビアスタジアム神戸内には神戸ウイングスタジアムスポーツクラブがあり、会費を払うと、プールやフィットネススタジオ、ワークアウトジムなどの施設を使用することができる。

**祝・天皇杯優勝!
アジアの舞台でも
響け神戸讃歌!**

2020年1月1日、天皇杯決勝で鹿島アントラーズを破り見事優勝。クラブ創設25年日で念願の初タイトルを獲得した。幾多の困難を乗り越え掴んだ初タイトル。2020年はさらに大きな夢に向かって、Jリーグ、そしてアジアに挑むシーズンになる。

HIRACHAN CHOICE

ダビド・ビジャ

たった1年だったが、ワールドクラスのプレーは観客を魅了した。卓越したシュートテクニック。抜け目のない動き出し。「サッカーに引退させられたくなかった」。名言です。

神戸讃歌

天皇杯優勝後、国立競技場に響き渡った神戸讃歌は感動的だった。苦しい時も喜びの時もいつもこの歌がある。ビッグクラブになろうとも、ヴィッセル神戸は神戸讃歌とともに。

モーヴィ

Jリーグマスコット総選挙2019にはモーヴィマニフェストを掲げ、牛だけに鼻息荒く1位を狙ったが、20位という結果に終わった。

フリーアナウンサー：寺西裕一《てらにしゆういち》さん

愛と喜びに満ちた実況

「裏を狙っている。イニエスタの足もと。うまくかわしてシュート！　イニエスタのゴール～！　夢の競演。見事なポドルスキからイニエスタ。イニエスタが最後はゴールに沈めました。J初ゴールはポドルスキのアシストでした」。

2018年8月11日、J1リーグ、第21節。ノエビアスタジアム神戸で行われたヴィッセル神戸対ジュビロ磐田戦でイニエスタがJリーグ初ゴールを決めた。

この試合の実況は、競馬、野球、サッカーなど関西のスポーツシーンでは欠かせない声を持つ男。フリーアナウンサーの寺西裕一さん。

この方の素晴らしさは、現場の様子を的確に伝えるアナウンスの技術だけでなく、独りよがりに熱くなりすぎることもなく、クール過ぎて熱が伝わらないということもなく、絶妙の温度感でスタジアムの様子を伝えてくれることだ。

だから、知らず知らずのうちに画面の中のサッカーに引き込まれていく。

そんな寺西さんが、この日の本人しか知らないことをセルフ解説してくれた。

「イニエスタが出場しているゲームを実況するのはこの日が初めてで、普段はあまりフレーズを作ったりはしないのですが、もし、ゴールを決めたら何か言いたいというスケベ心が出てきて、20個ぐらいフレーズを考えました。その通りではなくても、作ったものが頭に入っていれば、何か喋れるかなと思って。でも結局、作った20のフレーズではないことを言っていました。作りこんだものは思い浮かばず、本能のまま喋っていました」。

フリーアナウンサー歴25年。KBS京都時代を加えるとアナウンサー歴30年の寺西さんも少し冷静さを失ってしまうほど、あのイニエスタのゴールは美しすぎた。

トラップしながらのターン。ボールが足に吸い付いていた。キーパーをかわしてのシュート。一連の流れが見事過ぎた。誰しもがあのゴールに魅了された。

ちょっとしたスケベ心が叶うことはなかった寺西さんだが、結果的にはそれで良かったと考えている。

「しっかりとボールも選手も追えて、実況はできているので良かったと思います。スポーツ中継はやはりライブ感が一番。作りこんだこ

（取材：2019年6月21日）

とを言うとライブ感が薄れてしまう。その瞬間、その雰囲気で何が言えるか？　インスピレーションで何が言えるか？　それが実況者の力だと思っているので……なかなか、はまりませんけどね（笑）」。

狙い通り、思惑通りではなくとも、しっかりと仕事をやり遂げるのはまさにプロの実況者である。そんな実況のベースとなるノエスタの実況環境については、「めちゃくちゃ見やすい。実況席からの見やすさはトップクラス。すべてが見えます」。

ノエスタが素晴らしいスタジアムであることは言うまでもないが、実況者にとっても素晴らしいスタジアムであるようだ。その実況席から、試合前に見る神戸讃歌を歌うサポーターの様子は寺西さんの目にはどう映っているのだろうか？

「ぼくは、あれはとても好きですね。中継の進行上、やらなければならないこともありますが、できるだけ視聴者の人に見てもらいたいし、聞いてもらいたい。そのあたりのことは、制作スタッフとも意見を共有しています。勝利後、イニエスタとかポドルスキとかみんなで肩を組んでいるって、いいじゃないですか！」。

実況だからといって、ただサッカーのプレーだけを伝えればいいと考えているわけではない。

ノエスタにしかないもの。ヴィッセル神戸にしかないもの。その日、その時しか感じられないもの。寺西さんはいろいろなことを感じ、伝えようとしている。そこには、実況に対するポリシーがある。

「実況って愛だと思うんですよ。サッカー愛。クラブ愛。競技愛。サポーターの愛。いろいろあると思うんですけど、格好良く言えば、根底には人間愛みたいなところがあって、携わっている人がみんなハッピーになればいいな。そんな気持ちで実況をやっています」。

どういう話し方をすれば、カメラマンがやりやすいか？　ディレクターがスウィッチングしやすいか？　どういう間を作れば、ピッチレポーターがレポートを入れやすいか？　レポーターの話を広げた方がきっとレポーターが浮かばれる。そんなことを意識しながら、実況に臨んでいる。

「どういう風にやっていけば、解説者の色が出るのか？　解説者の良さを引き出すことも意識しています。ぼくは福神漬けでいい。アクセントでいいんです。サッカーの、スポーツの邪魔をしたくないし、押し付けもしたくない」。

周りへの気配り、そして配慮。スポーツへのリスペクト。そんな寺西さんの思いや仕事への姿勢によって、視聴者はサッカーを集中して見ることができる。そしてスポーツの楽しさに気づかされる。

「ぼくがスポーツアナウンサーになりたかったのは、自分がぜんぜんスポーツができなかったからなんです。走っても遅い。ボールを遠くまで投げられない。ボールを蹴ることもできない。本当にスポーツ音痴」。

それでもスポーツが好きだから、スポーツに携わる仕事ができたらいいなという思いで、この仕事を選択したのだと言う。

「だからぼくの根底には、プロになるようなアスリートってすごいという、リスペクトしかない。J2だろうがJ3だろうが、プロの選手としてピッチに立っていること自体がすごいと思っている。日本代

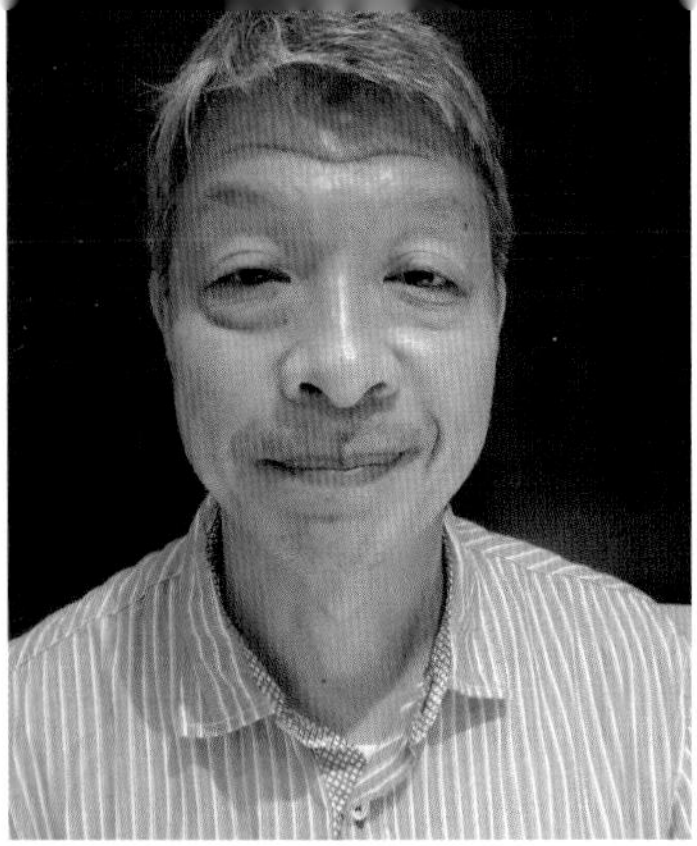

ビジャの引退セレモニーの実況も担当

GKもかわして、Jでの初ゴールを決めるイニエスタ

表とかワールドカップなんて、とんでもない。自分が決してたどり着くことができない、宇宙の遥か彼方の話。そんな人たちが目の前にいて、一緒に仕事ができるなんて、こんな幸せなことはない。そんな贅沢なことはない。それで十分です」。

寺西さんの実況にはスポーツの喜びとともに、スポーツを伝えることの喜びも詰まっている。きっと寺西さんにとって、実況という仕事は天職に違いない。寺西さん！ 生まれ変わったらどっちを選びますか？

「もちろん、スポーツ選手やりたいですよ（笑）！ 幼少期は悶々としていましたよ。いいなぁ、あんなに速く走れてって」。

プロのスポーツ選手って、本当にみんなの夢であり、憧れであることを寺西さんに改めて気づかされた。緑のピッチの上で思いっきり走って、思いっきりプレーする。寺西さんの好きな選手は小川慶治朗だ。

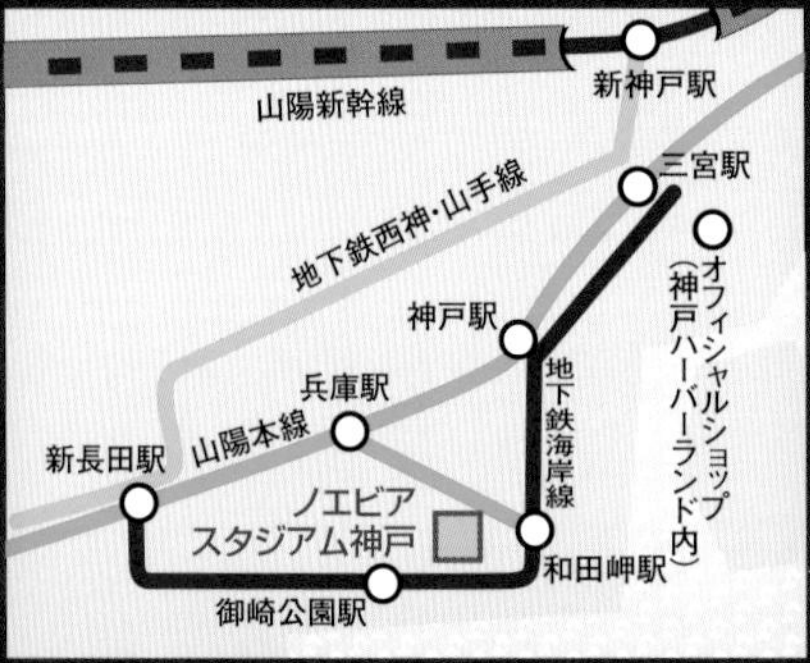

ノエビアスタジアム神戸　アクセス

最寄駅 神戸市営地下鉄海岸線・**御崎公園駅**から徒歩約5分。JR神戸線・**兵庫駅**から徒歩約20分。

タクシー JR山陽本線・**三宮駅**から約20分。山陽新幹線・**新神戸駅**から約25分。

バス 神戸電鉄・**湊川駅**、**新開地駅**、**高速長田駅**の各駅から市バス3系統で約13～15分の**吉田町1丁目**下車すぐ。片道210円。

ノエビアスタジアム神戸のすぐお隣に、神戸市電の保存車両が

Jリーグ 初代GK は この選手

石末《いしずえ》龍治《りゅうじ》

1997年4月12日（県立カシマサッカースタジアム）
Jリーグ 1st 第1節　鹿島 5-2 神戸

1994年まで横浜フリューゲルスに在籍。1995年から、当時JFLのヴィッセル神戸に加入が決まっていた。1995年1月17日、阪神・淡路大震災が発生した時は、まだ川崎の自宅だった。その後、2月の練習から合流し、キャプテンとして厳しい状況の中、チームをまとめた。

ガイナーレ鳥取

©2001 SCT

Axisバードスタジアム

とりぎんバードスタジアムから2020年4月、Axisバードスタジアムに。1995年の鳥取総体のために作られたスタジアム。周囲は田んぼに囲まれ、独特の雰囲気。中継映像ではあまり映らないメインスタンドはかなり立派で、完成してから20年以上経っているような古さは全く感じない。

HIRACHAN VOICE

スポーツを通じたまちづくり、人づくりで鳥取に貢献

勝利の喜びをサポーターと分かち合うのも大きな目的だが、地域社会に貢献するために「水産品プロジェクト」や「遊休地活用事業」、「芝生施設事業」などを行うこともクラブとしての大切な目的。ガイナーレ鳥取は鳥取県に不可欠な存在になっている。

HIRACHAN CHOICE

チュスタ

チュウブYAJINスタジアムの略。米子市にあるこちらのスタジアムでも、ホームゲームを開催。非常にコンパクトなスタジアムで、サッカーのスピード感や迫力が存分に伝わる。

ガイナマン

スタンドに向かって、ガイナバスターでプレゼントを打ち込むガイナマンだが、天候次第でガイナハンドスローに変更することも。

ホームタウン活動

「復活! 公園遊び」や「ぜんりょく! サッカーごっこ」、「みんなで! ガイナマン体操」などを通じて、ガイナーレ鳥取はスポーツの楽しさを伝え、鳥取県の子供たちと積極的に交流している。

ライター・編集：石倉利英《いしくらとしひで》さん

中国地方5県を走り回る

（取材：2019年12月6日）

生まれも育ちも島根県松江市の石倉利英さんは、現在も松江市に住むフリーのライターだ。ガイナーレ鳥取はもちろん、中国地方のサッカーをJリーグから高校サッカーまで幅広く取材し、各種サッカーメディアに寄稿している。

石倉さん自身もかつてはサッカー少年で、松江東高校時代は全国高校サッカー選手権大会に二度出場。第66回大会では、準優勝した東海大一（静岡）と2回戦で対戦。0対8で敗れた経験を持つ。

高校卒業後は広島の大学に進学し、大学卒業後1994年にベースボール・マガジン社に入社。週刊サッカーマガジンに配属され、担当記者としてJリーグのあらゆるクラブを取材。また、ワールドカップの予選やワールドカップを取材するなど、雑誌を通じて多くのサッカー情報を読者に届けてきた。

ベースボール・マガジン社時代は、もちろん会社のある東京に住んでいたが、いつかは島根に戻りたいという思いや、父親の病気（2010年に他界）など、様々な理由から、2011年、東京での仕事を切り上げることにした。そして、生まれ故郷の松江に、仕事と生活のベースを移した。

そんな2011年はガイナーレ鳥取がJ2に昇格し、Jリーグ初年度を迎えたシーズンでもあった。

「すごく鮮明に覚えているんですけど、金曜日に品川のホテルでプレスカンファレンスがあって、取材を終えてそのまま寝台列車で島根に向かいました。サンライズ出雲です。東京を夜の10時に出て、松江に着くのが次の日の朝9時半。実家に戻って、自分の部屋をセッティングして、テレビをつけたら、ゼロックススーパーカップがやっていて、開幕1週間前のワクワクする気持ちと、今季から島根を拠点にがんばるぞという気持ちが、入り混じりましたね」

昔聞いていた音楽を聞くと、その当時の出来事や、見ていた景色やにおいを思い出すように、サッカーを生活の一部にしている人たちは、自分の出来事とサッカーをリンクさせて記憶に刻んでいく。

生活の拠点を変えたことで、2011年の石倉さんは目まぐるしい毎日を送っていたに違いないが、サッカーを中心とした記憶はしっかりと脳裏に刻まれていた。

2011年、記念すべきガイナーレ鳥取のJ初戦はアウェイの徳島ヴォルティス戦。柿谷曜一朗がゴールを決めて1対0。ガイナーレ鳥取は初戦を飾ることはできなかった。そして第2節、ホーム開幕戦を迎える。

「3月13日の日曜日がホーム開幕戦だったんです。試合前のプレビューを送って、掲載されているものをチェックしたら、直してほしいところがあったので、試合の2日前にJ's GOALに電話したら全然通じない。それで変だなと思ってテレビをつけたら、あの震災が起こっていたんですよ」。

２０１１年3月11日に起こった東日本大震災。島根に住んでいた石倉さんは揺れを感じることもなく、何も被害はなかったが、テレビに映し出される東北の映像や、つい1か月前まで拠点としていた東京が混乱する様子にショックを受けた。Jリーグは中断し、ガイナーレ鳥取のホーム開幕戦も中止になった。

石倉さんは松江生まれなので県は違うものの、同じ中国地方のガイナーレのことはずっと気にはなっていた。とはいえ、ガイナーレ鳥取と深く関わっていたわけではなかったので、この中断期間をガイナーレ鳥取との関係を築く期間にあて、練習や練習試合に足繁く通った。

「最初知っている選手は、浦和担当の時に接点があった岡野雅行選手と、磐田担当の時に知っていた服部年宏選手ぐらいでした。でも、取材していくとおもしろい選手がたくさんいました。実信憲明、美尾敦、戸川健太、尾崎瑛一郎。その中でもハメドはすごかったですね。むらっ気はあるけど、ドリブルすれば一人で持って行ってしまう。身体能力が半端なくて、得点源になっていました。コートジボワール出身なので鳥取のドログバって言われていました。全然タイプが違いますけどね（笑）」。

1か月半ほどの中断の後、Jリーグは再開された。思うように勝ち点を伸ばせないガイナーレ鳥取だったが、ホームのとりぎんバードスタジアムはJの舞台で戦うことへの期待と高揚感に包まれていた。

「ぼくが松江に戻る前ですけど、2年連続JFL5位でJリーグに昇格できなくて、ゴイナーレと揶揄する人もいたみたいです。でもJリーグに昇格できて、2週間に一度はテレビでしか見られないようなチームや選手がスタジアムにやって来たので、ファンの皆さんは本当に楽しんでいるようでした」。

昔は、サンフレッチェ広島のゲームや天皇杯の試合が、時折開催されるだけだったとりぎんバードスタジアムに、Jリーグのチームがやって来るようになった。２０１３年には1試合の平均観客動員数も４０００人を超えるようになった。

しかし、その２０１３年にJ2最下位となり、J2・JFL入れ替え戦でカマタマーレ讃岐と戦い1分1敗。J3降格が決まった。ガイナーレ鳥取がJ3に降格したことで、石倉さんのガイナーレの仕事は減少してしまったが、その頃から中国地方5県の高校サッカーを取材するようになった。移動はすべて自家用車。

「岡山2時間。鳥取2時間。広島3時間。山口4時間。でも全然平気です。今はアクアっていうハイブリッドカーに乗っています。その前はヴィッツ。できるだけ燃費の良い車。乗り心地はあまり関係ない。格安航空券みたいなものですよ」。

ガイナーレ鳥取は土地柄、移動が大変という話を聞くが、取材する側も移動の苦労が多い。選手も取材する人たちもタフでなければ続けられない。そして、雑誌やネットで見る記事はこういうハードワークがあって、初めて読者の元に届けられる。そんな大変な日々の中でも、石倉さんはガイナーレ鳥取の取材を継続している。

「率直に言うと、ガイナーレの仕事は収入的なところでいえば大きなものではないですが、最初のフリーの仕事でもあるし、自分の仕事のベースの部分でもあるので、一定のところまでは見守らないといけないという思いはあります」。

再びガイナーレがJ2に昇格し、高揚感溢れるスタジアムのことを伝える石倉さんの記事を楽しみにしたい。

高校選手権出場歴を持つ石倉利英さん

かつてガイナーレ鳥取で活躍していた岡野雅行(左)、服部年宏(右)

Jリーグ初代GKはこの選手

小針清允《こばりきよみつ》

2011年3月6日
(鳴門・大塚スポーツパークポカリスエットスタジアム)
J2リーグ第1節　徳島 1-0 鳥取

読売日本SCユース出身。2010年、JFL時代の鳥取に加入。フルタイム出場でJFL優勝、J2昇格に貢献。1993年日本で開催されたFIFA U-17世界選手権では中田英寿や松田直樹や宮本恒靖とともにU-17日本代表のメンバーとして戦った。

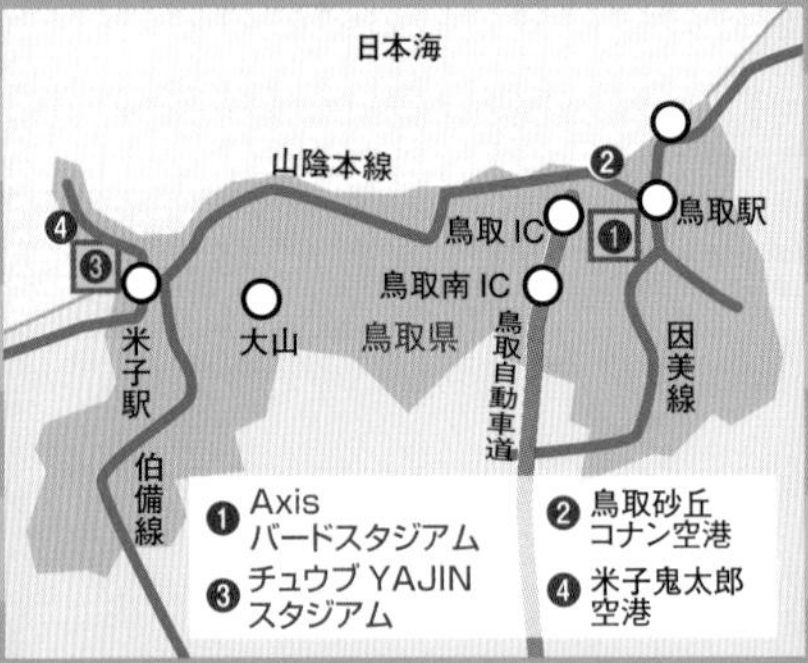

Axisバードスタジアム　アクセス

最寄駅 JR山陰本線・**鳥取駅**。

タクシー **鳥取駅**南口から約10分。

シャトルバス **鳥取駅**北口前から約15分。片道200円。試合開始3時間前から前半開始30分後まで15分毎運行。※2020年2月現在

路線バス **鳥取駅**バスターミナル7番乗り場から約20～40分の**バードスタジアム**下車。徒歩約1分。またはバスターミナル9番乗り場から約20分の**国安**下車。徒歩約7分。いずれも片道280円。

ガイナマンは献血にも協力

ファジアーノ岡山

©2017 F.O.S.C

シティライトスタジアム

知らないスタジアムでは、わからないことが多い。入場口もトイレの場所も喫煙所も。「Ask Me! 何かお困りですか?」。ファジアーノのスタッフの背中に書かれた文字。こんなおもてなしの心に触れられるのは嬉しい。

着実にクラブの中にファジアーノらしさが育まれている

2019年、ホーム最終戦は対横浜FC。現役引退を発表していた横浜FCの田所諒がピッチに途中投入された。かつては、ともに戦ったファジ戦士。スタジアムが大きな拍手で包まれたシーンはあまりにも感動的で、田所も目を潤ませた。

HIRACHAN CHOICE

ファジフーズ

岡山といえばファジフーズ。定番メニューはもちろん、季節限定、対戦相手限定メニューも楽しめる。店舗がきれいに並び、列がはっきりして、整列しやすいのもありがたい。

ファジ丸

2019年6月、スタジアムデビュー10周年を飾った。選手入場時、最後尾からハイテンションで登場することでもおなじみ。

オンサヤコーヒー　奉還町本店

岡山駅から歩いて5、6分。本格的コーヒーと味わいのあるソファーで、ゆっくりと時間を過ごすことができる喫茶店。鉄板焼きナポリタンもおいしい。新幹線待ちに最適。

椎名《しいな》一馬《かずま》選手

自分を高めつづける控えのGK

2019年12月5日、ファジアーノ岡山はゴールキーパー椎名一馬との契約更新を発表した。

椎名一馬は2009年に流通経済大学からファジアーノ岡山に加入。2020年で在籍12年目になる。これまで岡山で11年プレーして、J2リーグ戦出場はわずか3試合。最近の5年間、まったくリーグ戦に出場していない。

ファジアーノ岡山の練習場、政田サッカー場。どの練習場に行っても、ユニフォームを着ていないサッカー選手を見分けるのは大変だが、椎名を見つけることに苦労はしない。なぜなら、誰よりも大きな声を出し、誰よりも力を出し切って練習に挑んでいるから。

リーグ戦出場はなくても、クラブが必要だと思える男。出場機会が訪れる日がいつになるかわからなくても、全力で練習に挑む男。椎名一馬はファジアーノ岡山がJ1に昇格するために、今の自分に何ができるかを常に問いかけ、日々の練習に取り組んでいる。

2009年に岡山に加入してすぐに負傷した椎名。復帰するものの今度は骨折。骨折から復帰してすぐに前十字靭帯断裂。ネクストチームに行くことを余儀なくされ、契約満了の言葉が頭をよぎった。

「契約満了とか先のことばかりを考えると自分が自分でなくなってしまうような気がしました。それだったら自分を高めるために頑張ろうと。自分が出場するためには、レギュラーの選手が怪我をしろ！と内心では思っている控えの選手もたくさんいます。プロの世界ではある意味それは当たり前です。でも、そんな考えをする選手は小さい人間だなと自分は思っています。そんな考えをするくらいだったら、自分が強くなって、うまくなってレギュラーを掴み取ればいい」

スタメンの数は11人。その中で、ゴールキーパーの席は一つしかない。その席が空いていなければ、その席に座ることはできない。実力はもちろん、運や縁やタイミングやコンディションなど色んなものが複雑に絡み合って、レギュラーを掴み取ることができる。一番練習した選手が、一番うまい選手が必ずしもレギュラーになるとも限らない。チャンスを掴めなかった者。そもそもチャンスを掴む機会さえ訪れなかった者。いろんな選手が椎名の目の前を過ぎ去っていった。

「プロって残酷な部分があります。うまいけど怪我をしてこのクラブを旅立っていった選手もいました。本当にこのチームにいたいのに、いられなくなった選手もたくさんいます。だから、旅立って行った選

（取材：2019年10月3日）

手に対して、恥ずかしくない自分でいたいと思っています」。

椎名はストイックなまでに自分を高める方向にベクトルを向け、突き進んだ。その一方で、試合に出ようが出まいがこのクラブに、このチームにもっと貢献出来ることがあるのではないかとも考えるようになった。

「もしかしたら、自分がクビになるかもしれないけれど、いろんな選手に声を掛けて、チームのために何ができるかを考えて、チームのために戦った方が自分としては満足するんじゃないかと、2、3年目ぐらいに考えるようになりました」。

そんな椎名に出場の機会が訪れたのは2014年。加入してから6年の月日が流れていた。6月21日対横浜FC戦。椎名は無失点でゲームを終えた。その後、京都戦、讃岐戦に出場。3試合とも結果は引き分けに終わった。

「ずっと試合に出ていたかったです」。

椎名一馬のJ2リーグ戦の出場はこれがすべてだ。試合に出られないことに甘んじているわけではない。プロとして、サッカー選手として試合に出たくてしょうがないのだ。

「やっぱり、リーグ戦に出たいです!」。私の前で椎名はリーグ戦への思いを吐露した。

しかし、その後椎名にリーグ戦出場の機会は訪れていない。キーパーというポジションはいろんな意味で難しいポジションだ。

「この1年間、ゴールキーパーは誰もケガをしていません。記憶の中で、ファジアーノでキーパーの途中交代って、真子さん（真子秀徳）が引退の時、最終節で中林洋次と最後に交代しただけです。キーパーの退場もたぶんない。だから、この先、出場の機会が訪れないかもしれないし、突然その時が来るかもしれない。だから、準備するだけなんです。毎日、目の前のシュートを止めることとか1回の練習を大切にして、今よりもうまくなることだけを考えています」。

いつ報われる日が来るかもわからないことに向かって、ひたすら努力を続ける。誰しもができることではない。普通なら心が折れても仕方がない。だけど、凄まじい精神力で、日々努力を積み重ねる。

「大学でそんなに試合に出てなくて、プロに入って怪我して1年間何にも役に立たない選手が6年後に試合に出てるんですよ。そこまで見てくれるチームなんて他にないです。だから、ここにすべてを懸けています。ファジアーノ岡山がJ1に上がるために、何ができるかを常に考えています」。

椎名一馬に迷いはない。試合に出られない悔しさを抱えながらも、ファジアーノ岡山がJ1に上がるために、365日ファジアーノのことを考え、ファジアーノのために人生を捧げる。だから、政田サッカー場で大きな声で練習に挑むことは、椎名にとっては当たり前のことなのだ。

やりがいありますね？と私が言うと、「やりがいしかないです」と椎名は言い切った。

ある日、椎名一馬とかつてともに戦った加地亮に会った。FC岐阜の練習場で竹田忠嗣に会った。2人に椎名の話をすると、ともに同じ言葉を言った。「あいつ、変わってるでしょ！」。

確かに椎名は変わり者の一面はある。ただ、その言葉の中には、温かく、そして尊敬の念が込められていた。椎名の真似は絶対にできないという感じが込められていた。

プロサッカー選手は個人事業主で、何よりも自分が大事だ。そんな世界で、ここまでクラブのことを考え、チームのために働ける選手はいない。そんな椎名の思いは、加地亮にも竹田忠嗣にも他の選手にも、そしてサポーターにも伝わっている。

結果がすべてのプロの世界で、椎名一馬はしっかりと結果を残している。

ファジアーノ岡山は椎名一馬と契約を更新した。

勝つために、勝ち点を取るために、J1に昇格するために必要な選手だから椎名一馬と契約を更新した。J1昇格を目指して、政田の練習場に椎名一馬の大きな声が今日も響き渡る。

次の出番に備えて、1回ごとの練習に励みつづける

2014年6月21日、対横浜FC戦の椎名一馬

シティライトスタジアム　アクセス

最寄駅　山陽新幹線・**岡山駅**。同駅西口(運動公園口)から徒歩約20分。

タクシー　**岡山駅**から約10分。

バス　①**岡山駅東口**(後楽園口)バスターミナル7番乗り場から「津高台団地・半田山ハイツ行き」「岡山医療センター国立病院」「吉宗経由辛香・免許センター」行きのいずれかに乗車。約6分の**スポーツセンター前**下車すぐ。片道200円。／②**岡山駅西口**(運動公園口)バス停から「岡山大学・岡山理科大学(47)」行きで約3分の**スポーツセンター前**下車すぐ。片道200円。

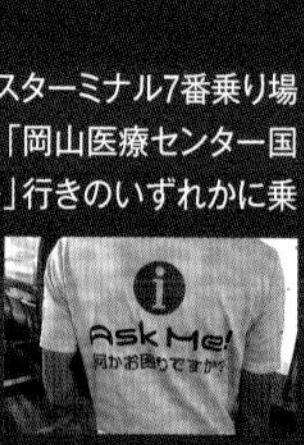

Ask Me! のウェアがありがたい

Jリーグ初代GKはこの選手

李《リ》彰剛《チャンガン》

2009年3月8日(岡山県陸上競技場　桃太郎スタジアム)
J2リーグ第1節　岡山 0-0 甲府

愛知朝鮮中高級学校では鄭大世とチームメイト。阪南大学を経て、2007年、岡山に。加入当初はアマチュア契約。ガソリンスタンドでアルバイトをしながらのプレーだった。開幕から甲府、仙台と強敵相手だったが、ともにスコアレスドロー。無失点に貢献した。

サンフレッチェ広島

©1992 S.FC

エディオンスタジアム広島

臨時駐車場は事前予約制。近隣の駐車場も混雑し、満車になる可能性が高い。駐車場が満車の場合は、JR横川駅からの直行シャトルバスやアストラムラインなど公共交通機関での来場をおすすめする。

若い選手の台頭著しい広島、新たなフェーズに

城福浩監督3年目。これまでサンフレッチェ広島を支えてきた選手に加え、大迫敬介や荒木隼人、森島司など若い選手がチャンスを掴み、欠かせない選手になってきた。これまでの広島のスタイルに若い力が加わり、新たなフェーズに突入する。

HIRACHAN CHOICE

グルメ

おまつり広場だけでなくバックスタンド屋台もメインスタンド屋台もグルメは充実。牡蠣、広島のお好み焼きを気軽に持って食べられるパリオコ（写真）など広島グルメ満載。

SPL∞ASH

アクターズスクール広島から誕生したアイドルユニット。サンフレッチェ広島応援ユニット、サンフレッチェレディースを2014年から務めている。健気に活動する姿は好感が持てる。

プロフィールの家族構成欄を見ると泣けてくる。「両親とは生き別れ、ひとりっ子だと思われる」。がんばれ、サンチェ！

TSSプロダクション制作部：西尾浩二《にしおこうじ》さん

街の中の、夢のスタジアム

（取材：2019年9月9日）

9月8日、昼頃に広島駅到着。車中うとうとしていたので、ぼんやりした頭で新幹線の改札を抜けると、目に飛び込んできたのは〝赤〟一色の景色だった。

この日、マツダスタジアムで広島対阪神のデーゲームが行われるということもあり、駅構内はもとより駅周辺も赤で埋め尽くされていた。男も女も老いも若きもカープのベースボールシャツを着た人たちで溢れかえる広島駅。

「ウッドストックですから。毎日がウッドストック！」。

翌9日の午前中、多忙の中、時間を作って話をしてくれたのは、前回の『平畠啓史 Jリーグ54クラブ巡礼』の広島編コラムの中にもご登場いただいたあの方。

サンフレッチェのオフィシャルカメラマンとして、ホーム、アウェー問わず、ロッカールームの中の様子も撮影することを許されているTSSプロダクション 制作部 制作グループマネージャーの西尾浩二さん。

西尾さんは、カープの赤で溢れる駅周辺の様子をウッドストックに喩えて笑った。広島の人たちのカープ熱が冷める気配はないようだ。

カープのナイターの試合がある日の夕方、西尾さんの住む団地のバス停には赤いユニフォームを着たおばちゃんたちが列を作る。6時になると女子社員はユニフォームに着替えて自転車でマツダスタジアムへ向かう。映像制作の会社がゆえに、いつも定時で仕事を終えられるわけでもなさそうだが、西尾さん曰く「仕事が終わってなくても、終わって行く（笑）」。

カープ熱を支えているのは女性だ。カープ女子という言葉は知っていたが、若い女性だけでなく、中年、そして年配の女性もカープに夢中。スタジアムがきれいになって女性客が増えた。

恋人同士や若いグループだけでなく、家族連れやおじいちゃん、おばあちゃんが孫を連れてカープの試合に足を運ぶ光景が広島では日常になっている。

西尾さんはそんな光景をウッドストックに喩えた後にこう付け加えた。

「あれが森保さんとの夢ですから」。

森保一日本代表監督は2012年から2017年7月までサンフレッチェ広島の監督を務めていた。西尾さんは取材者であり、森保さんは取材対象者ではあるが、この2人は広島にサッカースタジアムが誕生することをともに夢見る同志でもある。

ただ夢見ているだけの2人ではない。署名活動などに東奔西走し、ヨーロッパまで足を運びスタジアム視察も行った。視察は現実的なもので、誰しもが知るようなスタジアムに行ったわけではなかった。

「デュッセルドルフ、レバークーゼン、ヴォルフスブルク、ケルン、バーゼル、PSV。5万人、10万人規模のスタジアムではなく、とにかく街の中にあるスタジアムで、今、広島が欲しい規模のスタジアムを探して行った」。

座席の1列目がピッチに近いことに感動し、バーゼルでは試合の日の路面電車の運行計画も聞いた。スタジアムツアーにも参加した。そして、大切なことに気づいた。

「スタジアムツアーで案内してくれた人。ボランティアの人。レストランで働いている人。そこに携わるすべての人がスタジアムに誇りを持っている。それは森保さんも僕も感じて、その後、森﨑浩司君がヨーロッパに行って、同じことを言っていました。メジャーリーグのスタジアムでも同じことを感じた。街のランドマークって言うけど、実はそうじゃなくて、スタジアムはそこに住む人たちの誇りです」。

スタジアムが街の中にあって、便利であればそれで良いという訳ではない。愛されるスタジアムでなければ意味がない。そういえば、駅の近くで見た赤いユニフォームを着た人たちは、楽しげでもあり誇らしげでもあった。

「あれを森保さんと見て、いいですね。嫉妬しますねって言ってたんです」。

それにしても、なぜそこまで森保さんは新スタジアムに対して熱心なのだろうか？

「サッカーでこの街を元気にしたい。子供たちの未来がスポーツで明るくなればいいとあの人は純粋に思ってますよ」と西尾さんは森保さんの想いを教えてくれた。そして、森保さんのキャリアも、その想いとは密接に関係していると言う。

「この広島という街はスポーツを通じて平和というものを発信できる。スタジアムが街の中にあれば、もっと大勢の人たちに広島を知ってもらえる。そして、サッカースタジアムの持つエネルギーは間違いなく勝ち点3を持っている。スタジアムが自分たちの足を動かしてくれる。それは、仙台のスタジアムで森保さんがプレーしているときに明らかに感じたそうです」。

長崎出身で現役時代も監督としても広島で長い時間を過ごした森保さんだからこそ、平和に対する想いは強い。そして、現役最後のベガルタ仙台で感じた、サッカースタジアムが持つエネルギー。だからこそ、サンフレッチェの選手にサッカースタジアムでプレーさせてあげたいし、広島の人たちにサッカーの迫力を感じてほしいと純粋に思っているのだろう。

こんなエピソードがある。ある日、新サッカースタジアムに関して県、市、商工会議所がある程度絞り込むという話になった時、とある新聞記者が勘違いして建設が決定したと森保さんに伝えてしまった。その時、「本当ですか！　良かった！」と言って喜び、目を潤ませた森保さんが見せたのは、スタジアム建設に関する新聞の記事をスクラップしたものだった。

感激はぬか喜びだったが、そんな様子を見て、「この人、本当にスタジアムが必要だってピュアに思っているんだな」と西尾さんは感じたそうだ。

西尾さんの夢は、新スタジアムで映像管理業務をすること。「こんなつまらん映像流すんか（笑）」とか言いながら働くのが夢だそうだ。

続いて森保さんの夢を西尾さんは楽しそうに話してくれた。「新しいスタジアムが出来て、そこで芝生管理をすること。毎朝、水筒に家で作ったコーヒーを入れて、スタジアムに来て『えー天気ですの』って言いながら芝生に水を撒く。夕方には、サッカースクールにやってきた子供たちの名簿に丸を付けながら『おじさんのこと知ってる？昔、サッカーやってたんだよ！』と言うのが森保さんの夢」。

２人の夢がみんなの夢になり、広島の人たちが誇りに思えるようなスタジアムが誕生したら最高だ。新スタジアムの場所は決まり、２０２４年の開業を目指している。

サンフレッチェを撮り続ける
西尾浩二さん

2015年Ｊ1優勝を果たし、挨拶をする森保一監督（当時）

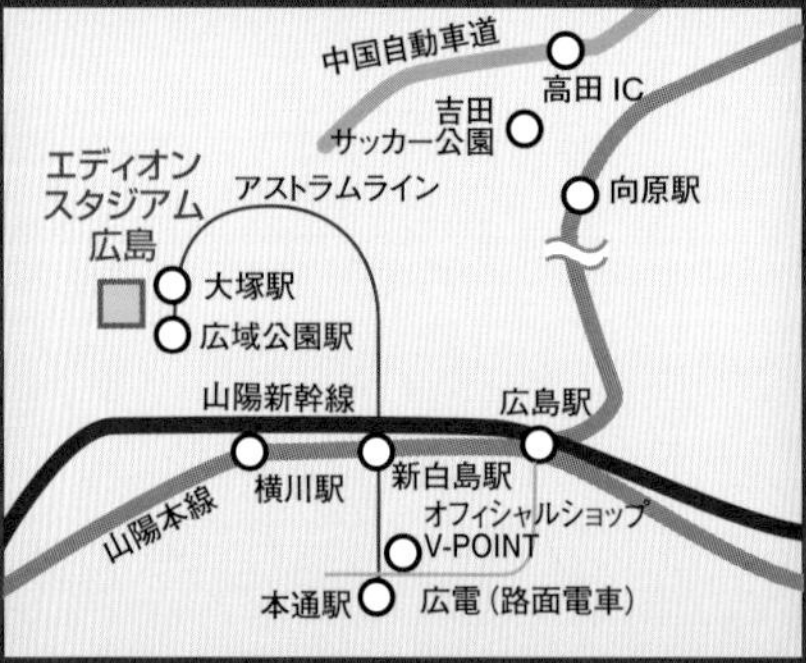

エディオンスタジアム広島　アクセス

最寄駅　アストラムライン・**広域公園前駅**。同駅から徒歩約10分。

タクシー　山陽新幹線・**広島駅**から約30分。

シャトルバス　JR山陽本線・**横川駅**の4番乗り場から約20分。片道380円。試合開始4時間前から随時運行。

路線バス　広島バスセンター4番乗り場から花の季台・こころ団地（西風新都）線他で約25分。**Aシティ中央**下車。徒歩約10分。片道410円。

スタグルで牡蠣というのがさすが広島です

Jリーグ初代GKはこの選手

前川和也《まえかわかずや》

1993年5月16日（広島スタジアム）
Jリーグ 1st 第1節　広島 2-1 ジェフ市原

長崎県立平戸高校卒業後、1986年から1999年まで、マツダSCそしてサンフレッチェ広島を支えたゴールキーパー。189センチの体格を生かし、1対1や空中戦に強さを見せた。日本代表では、国際Aマッチ17試合出場。あのドーハの悲劇もベンチで体験している。

レノファ山口FC

維新みらいふスタジアム

新山口駅からバスでスタジアムに向かう方法もあるが、JR山口線を使ってスタジアムに近づくと、より旅気分が味わえる。さらに、タイミングが合えばSLやまぐち号を見ることができるので、旅気分が格段に上がる。

選手を後押しする声援はいつも変わりなく温かい

霜田正浩監督が指揮するアグレッシブなサッカーと、スタジアムに集まる人たちの熱心で温かいサポートは、両者の距離を縮め、維新みらいふスタジアムにトラックがあることを感じさせないくらいの一体感を生み出す。

HIRACHAN CHOICE

グルメガーデン

このスタジアムはキックオフ4時間前からグルメやイベントが楽しめる。山口の名産に加えて、インドのカレー、イタリアのパスタ、トルコのケバブ、台湾のルーロー麺と国際色も豊かだ。

女将劇場

湯田温泉「西の雅　常盤」で連夜開催されている女将劇場。太鼓演奏、イリュージョン、水芸など70歳を超えた女将のスペクタクルショー。笑いあり、苦笑いあり。最高です。

レノ丸

レノ丸の衣装はボランティア運営スタッフTeamBONDSのレノ丸衣装つくり隊のみなさんの手作り。愛がこもっています。

「みんなのレノファ」チーフプロデューサー：十川《そがわ》賢次《けんじ》さん、アナウンサー：楢﨑《ならさき》瑞《るい》さん

山口朝日放送、20分コーナーの野望

（取材：２０１９年10月3日）

２０１９年10月3日。新山口駅で新幹線を降り、ＪＲ山口線で山口駅を目指す。

以前山口駅に降りた時は、人の姿も少なく寂しい印象を受けたが、今回は到着した時間が夕方ということもあって、帰宅中の学生が多く、意外と賑やかだった。

山口県内でレノファ山口ＦＣのことを熱心に伝える番組があるという噂を耳にした。以前から私はその番組に興味があり、一度お話を聞いてみたかったので、この本を書くのを機にその放送局を訪ねてみた。

山口朝日放送で、毎週土曜日午前6時30分から8時まで放送されている「どき生てれび」という番組では「みんなのレノファ」というコーナーに20分の時間を割いている。それも、選手にインタビューをして好きな食べ物は何ですか？　的なことを聞いたりしない。ハイライト映像を見ながら前節の模様を解説者と振り返り、時にはサッカーへの知識を深めるために解説者の方に詳しく話を聞くなど、かなり本格的にサッカーに取り組んでいる。

取材に応じてくださったのは十川賢次プロデューサーと、このコーナーのＭＣを担当する楢﨑瑞アナウンサー。もちろん、2人とも初めましてのつもりだったけれど、どうやら楢﨑アナには、毎年シーズン前に行われるキックオフカンファレンスで突撃取材を受けたことがあるらしい。「取材は事務所を通してください」などと言うこともなく（一度そんなことを言ってみたいけど）、大安売りで私は取材に答えていたようだ。

十川プロデューサーにお会いするのは初めてなはずだが、「ひらはたさん！　高校3年生の時、山口に来てるでしょ。同じ場所にいたんですよ。その時、会っているかもしれません」と告白されてしまった。

１９８６年、山口県で開催されたインターハイに私は大阪の第2代表で出場。陸上、卓球、そしてサッカーの三競技の選手は開会式にも参加することになった。私は何も考えず、現在の維新みらいふスタジアムを行進していたが、当時高校3年生だった十川プロデューサーはなんと、全国の高校生を迎える側の山口県の実行委員長を務めていたのだ。

つまり、私と十川プロデューサーは同じ１９６８年生まれで、34年前の山口の空の下、現在レノファ山口がホームとして使用しているスタジアムで同じ空気を吸っていたのだ。近いのか遠いのかも分からな

いような接点だが、突然の告白のおかげで一気に距離は縮まった。

なおかつ、十川プロデューサーも小学校からサッカーをやっていたというから、大阪と山口で距離はあるものの、きっと同じようなサッカー風景を見ていたはずだ。「ぼくは、小学校の卒業文集に、将来はヤンマーディーゼルに入りたいって書きました。長谷川治さんとか西村さんが好きでしたね」。その後、楚輪博の話題でしばし盛り上がる同年代の2人。楽しすぎて、危うく「みんなのレノファ」の話を聞くことを忘れそうになった（泊まりにすればよかったなぁと少し後悔）。

実は、そんな十川氏の子供の頃のサッカーへの思いが番組作りの原点にもなっている。子供の頃見たサッカー雑誌の海外リーグのクラブ名は都市の名前だった。バルセロナ、ブレーメン、リバプール。しかし、日本の新聞のスポーツ欄には企業名ばかり。なぜ、山口というチームはないんだろう？　山口というチームがあったらいいのにな。そんな子供の頃の思いがこの番組にも繋がっている。

前身の山口県サッカー教員団から２００６年レノファ山口ＦＣになり、Ｊリーグを目指そうという機運が高まった。中国リーグの期間は長かったが、ＪＦＬを1年で通過し、２０１５年Ｊ３にたどり着いた。十川氏が子供の頃夢見ていた「山口」という名前が付いたサッカークラブがＪリーグ入りを果たしたのだ。

「Ｊ３入りをきっかけに始めた番組ですが、ぼくらの番組の目的は、一人でも多くの人にスタジアムに行ってもらうこと。我々のゴールは満員になったスタジアムから生中継をすることです」。

土曜の朝からレノファのことを真剣に伝え、サッカーへの理解を深めるための番組を作っているのは、山口に生まれたサッカークラブを盛り上げ、スタジアムを満員にするためである。

しかし、スタジアムが満員になれば、Ｊ１に行ければいいと思っているわけではない。この街にレノファを、そしてサッカー文化をしっかりと根付かせたいと考えている。

「レノファが強くなるだけではダメなんです。たとえば、大きなスポンサーがついて、すごい選手が加入して強くなったとしても、サポーターのレベルや我々メディアのレベルが一緒に成長していかないと、釣り合いが取れなくなります。そうしないとＪ１に行ったとしても、長く居続けられないと思います」。

しっかりとレノファが街に根付き、レノファが強くなり、スタジアムに多くの人が足を運ぶようになることを目指す。そして、その先にもう一つ見据えているものがある。「ぼくら、街を変えたいなと本気で思っています」。Ｊリーグのクラブが街にあることで、街が変わっていく。勝ち点や優勝の先にあるサッカーの大きな可能性。そんな変化の兆しは徐々に表れ始めている。

「少しずつ変わってきました。試合の日に湯田温泉を歩いていると、アウェイのユニフォームを着た人がバス停に並んでいるとか、飲み屋で知らないおやじがレノファの話をしているなんて、これまでには絶対になかった。そういう光景を見ると確実に変わってきた実感があって嬉しいですね」。

レノファがあることで街に生まれた小さな変化。そういうことが積み重なって大きな流れになっていく。楢崎アナもそんな街の変化を感じ、未来に思いを馳せる。

「J1に上がって、レッズのサポーターがやって来て、湯田温泉が真っ赤にジャックされて、いろんなお店の売り上げが上がったとしたら、街の人たちのレノファやサッカーに対する見る目が変わる。そうすれば街は変わっていくと思います」。

Jリーグのクラブがあることによって街の景色が変わっていく。レノファがあることで山口の景色が変わっていく。Jリーグのクラブが山口に誕生して、まだ歴史は浅いが、次第になくてはならない存在になりつつある。

取材を終えて、東京に戻るため再び山口駅へ。学生の姿は消え、静かな山口駅に戻っていた。近い将来、この駅もレノファの会話で溢れて賑やかになればなぁ……。そんなことを想像してみた。

十川賢次プロデューサー（左）と楢崎瑞アナウンサー（右）

レノファは着実に、山口に根付いてきている

維新みらいふスタジアム　アクセス

最寄駅 JR山口線・**大蔵駅**から徒歩約12分。JR山口線・**矢原駅**から徒歩約16分

タクシー 山陽新幹線・**新山口駅**から約20分。

バス **新山口駅**在来線口から130系統／100系統／110系統で約17分の**陸上競技場前**下車すぐ。片道430円。

Jリーグ 初代GK は この選手

一森《いちもり》 純《じゅん》

2015年3月15日（維新百年記念公園陸上競技場）
J3リーグ第1節　山口 2-1 鳥取

セレッソ大阪のアカデミー出身。関西学院大学を経て、2014年、JFL時代の山口に加入。1試合に二度三度とビッグセーブを披露し、チームに勝ち点をもたらすことができるゴールキーパー。2017年から岡山でプレーし、2020年からはガンバ大阪でプレーする。

徳島ヴォルティス

TOKUSHIMA VORTIS

ポカリスエットスタジアム

スタジアム前のヴォルティス広場はお祭りのような賑やかさ。ヴォルタくんスライダーなどのエア遊具が子供たちを楽しませ、様々なイベントで盛り上げ、グルメが胃袋を喜ばせる。試合前からかなり楽しい。

リカルド・ロドリゲスのサッカーは観客を魅了する

2019年の成績はJ2、4位。プレーオフを勝ち抜き、J1参入プレーオフ決定戦でJ1、16位の湘南ベルマーレと引き分け、レギュレーションによりJ1昇格はならなかった。ただ、徳島が見せたアグレッシブなサッカーは痛快そのもの。観客を魅了した。

HIRACHAN CHOICE

徳島阿波おどり空港

空港のグルメも魅力的。和食や徳島ラーメン、とくしまバーガーなるものまで楽しめる。そしてなんと、なにわ伝統の味「肉吸い」が食べられる。卵かけご飯との相性抜群です。

徳島スポーツビレッジ

徳島ヴォルティスの練習場。天然芝2面。人工芝1面。JR板野駅から車で5分。この板野駅の趣がたまらない。旅情感たっぷり。青春18きっぷで行くとさらに雰囲気が増す。

ヴォルタくん　ティスちゃん

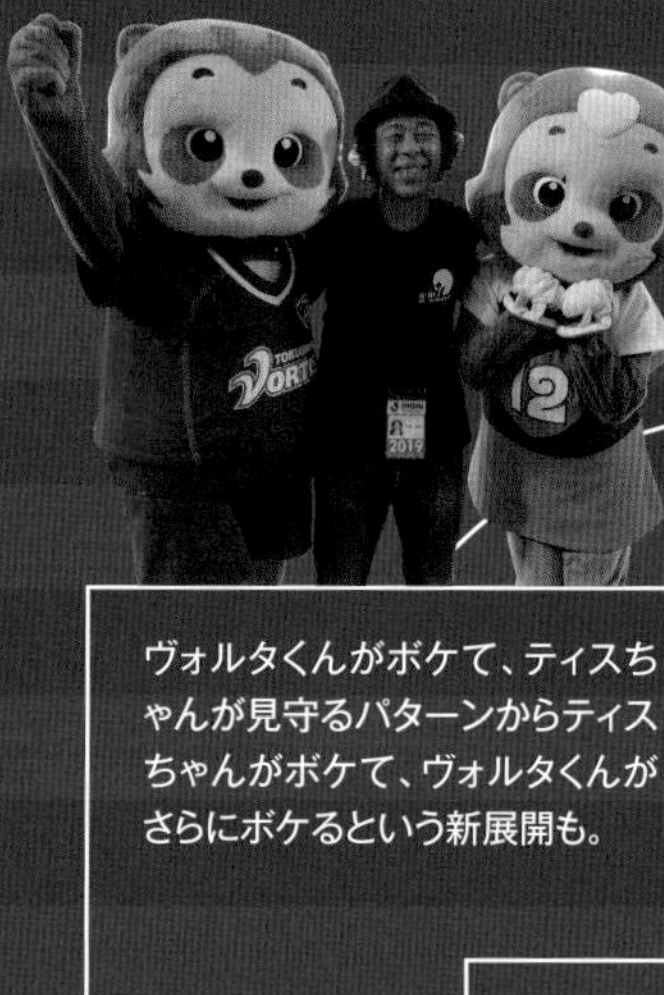

ヴォルタくんがボケて、ティスちゃんが見守るパターンからティスちゃんがボケて、ヴォルタくんがさらにボケるという新展開も。

ユースアシスタントコーチ：アレックスさん

日本人のようなブラジル人

２０１９年10月24日。Ｊリーグから２０１９Ｊリーグアウォーズで表彰される功労選手賞8名の発表があり、その中には「アレックス」の名前もあった。

Ｊ1で１４２試合、Ｊ2で３５１試合、Ｊ通算４９３試合出場。その他、天皇杯なども含めると、日本での公式戦出場は５４１試合にも及ぶ。外国籍選手選考基準の中に、母国の代表選手として活躍した者というものがあるが、２０１９年から公式戦に５００試合以上出場していれば、母国の代表選手としての活躍はなくとも、功労選手に該当するという基準に改められ、晴れてアレックスは功労選手賞を受賞することになった。

２０１８年シーズンのカマタマーレ讃岐でのプレーを最後にアレックスは引退。２０１９年からは徳島ヴォルティスのユースチームのアシスタントコーチを務めている。

２０１９年7月、徳島を訪ねると、以前と変わらず人懐っこい笑顔で私を迎えてくれたアレックス。Ｊリーグであと7試合出場して、節目の５００試合出場を達成してから引退すれば良かったのにと、私は日本人的なことを考えていたが、アレックスはそんなことをまったく気にしていなかった。

「オレね、25歳くらいになって、先を考えるのではなく、目の前の1年をしっかりやりたいと考えるようになった。1年1年しっかりプレーしないと次の年はやって来ない。あと7試合のことだけを考えて、チームはどこでもいい、どのサッカーでもいいというのは好きではない。7試合で５００試合になるとか考えてプレーしたくない」。

アレックスを知らない人のために説明しておくと、アレックスはブラジル人だが、私との会話はすべて日本語（もちろん私がポルトガル語を話せるわけないし）。17年間、日本でプレーしていることに加えて、奥様が日本人ということもあって、流暢ではなくとも日常会話はまったく問題ない。

そして、私とアレックスの出会いも、この奥様が若干関係している。アレックスがアビスパ福岡に在籍していた頃、通算何試合かは忘れたが、節目の試合数を祝うセレモニーが試合前に行われ、スタジアムＤＪがプレゼンターを紹介した。

「アレックス選手に花束を贈呈するのはガールフレンドの○○さんです」。

（取材：２０１９年7月30日）

メインスタンドの観客がアレックスのガールフレンド（現在の奥様）見たさに、メインスタンドの最前列の方向に移動した光景が今でも忘れられない。

その試合後に、初めてアレックスと話をしたのだが、アレックスはご機嫌斜めだった。なぜなら、花束贈呈のために履いてきた靴がアレックスお気に入りのものではなかったから。ピッチにハイヒールで入ることはできないから奥様を責めるわけにはいかない。アレックスも、もちろんそのことを理解していたが、

「もっと良い靴があるはずなのに、なぜその靴を選んだのか？　せっかく人前に出るなら、もっと美しい靴があったはずなのに」と憤慨している。なんだかピュアな男心がたまらなかった。

アレックスはその女性と結婚した。日本語、日本の文化、日本の習慣。たくさんのことを奥様から学んだ。いい奥さんですね？　と言うと「間違いない。ほんと間違いない！　できれば、ずっと日本にいたい。奥さんはブラジルに行ってもいいよって言うけど、奥さんのためにも、日本にいた方がいいと思っている」。

と奥様愛が溢れ出るアレックスだった。

「生活していくうちに、日本の文化を理解するようになった。文化がわかったら、その国をリスペクトするようになる」。

アレックスと話していると、ブラジル人であることをついつい忘れてしまう。日本語を話してくれるのはもちろん、彼の誠実さや謙虚さや気遣い。元々そういう人間だったのか、日本に来てそうなったのかはわからないが、感覚が日本人に近い印象を受ける。アレックスには双子の兄がいるが、その兄にも「アレックスは日本人の考え方になったんじゃないの？」と言われたという。

そんなアレックスだからこそ、多くのブラジル人が彼を頼り、Ｊリーグで成功するためのアドバイスを求めてきた。

「オレは先輩だぞ！　って感じじゃなくて、下からやさしく、こうした方がいいよって。時には、お前めっちゃゴール決めるねとか褒めたりしながら（笑）」。

先輩面をしないように気を遣うブラジル人なんて聞いたことがない。アレックスは本当にやさしい。そして心が広い。一方で、甘い考え方をたしなめることも忘れなかった。それが、その選手とチームのためだからだ。

「だって、その選手が活躍したら、オレもチームも助かるでしょ。彼のためなのかオレのためなのかわからなくなる時もあったけど、彼のためにもチームのためにも言うことはちゃんと言った」。

アレックス自身も若い時に、ブラジルで先輩に多くのアドバイスを受けてきた（その時の先輩が先輩面をしたかどうかはわからないが）。

「プロで生きていくためには、2つぐらいのポジションを理解し、プレーできるようになった方がいい。自分の好きなポジションのプレーを極めることはすごく大事だけど、別のポジションでもプレーできるようになったらチャンスが2つになる」。

左サイドバックのイメージの強いアレックスだが、アビスパ福岡時代の2007年には、トップ下でＪ2リーグで26得点。アドバイスに耳を傾け、様々なポジションをこなせるようになったことで、17年も

2019Jリーグアウォーズで
功労選手賞を受賞

川崎を始めとして、多くのJリーグチームで
活躍してきたアレックス

プロ生活を続けることができた。

そして今、アレックスのコーチ生活は始まったばかり。最初は、どこに行けばいいのか？ 何をすればいいのか？ 戸惑うことも多かったが、少しずつコーチ業の喜びや難しさを見つけ始めた。その中で、自分が聞いてきたアドバイスを徳島ヴォルティスのユースチームの選手たちに伝えている。少し前まで現役の選手だったアレックスの言葉は、まさに生きた教材。ユースの選手が成長するためのヒントがきっとたくさん詰まっている。

「今は選手が成長するのが一番嬉しい。選手がうまくなったら、あー良かったなぁと思う。選手のためにやっているけど、こっちも嬉しい気持ちになる。ただ、選手と指導者は違うから、いろいろ勉強しなければいけない。楽しいけど、簡単じゃない」

アシスタントコーチになって、とにかく今は勉強と、いろんなことを前向きに吸収している。帰り際、前回の私の本をプレゼントした。「ひらがなとカタカナはわかるけど漢字は勉強中。これはサッカーの本だから、知っている漢字もあるし勉強になる。ありがとう」と言って喜んでくれた。

今後もJリーグに関わり続けてほしいアレックス。功労選手賞受賞おめでとう！

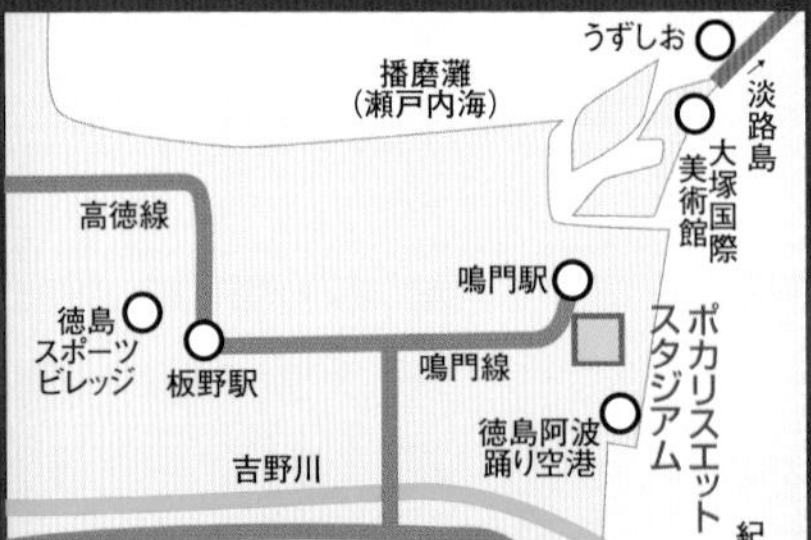

鳴門・大塚スポーツパーク ポカリスエットスタジアム アクセス

最寄駅 JR鳴門線・**鳴門駅**。同駅からヴォルティスロードを経由し、徒歩約25分。

タクシー JR高徳線・**徳島駅**から約30分。**徳島阿波おどり空港**から約20分。

バス **徳島阿波おどり空港**から鳴門公園行きで約13分の**鳴門市役所**下車。徒歩約18分。片道280円。

練習場の最寄駅となる板野駅。旅情たっぷりです

Jリーグ初代GKはこの選手

山口篤史《やまぐちあつし》

2005年3月5日（仙台スタジアム）
J2リーグ第1節　仙台 0-3 徳島

1999年から2007年まで、大塚製薬、徳島ヴォルティスでプレー。ベルマーレ平塚（当時）のジュニアユース、ユース出身。ユースの同期には仙台、鳥栖などで活躍した磯崎敬太。1つ上の年代には臼井幸平。2つ上には高田保則。1つ下の年代には茂庭照幸がいた。

©2011 K.S.

カマタマーレ讃岐

Pikaraスタジアム

JR高松駅からはシャトルバスで約50分。こちらは要予約。JR丸亀駅からはシャトルバスで約20分。こちらは事前予約は不要。瀬戸大橋を使って車や電車で丸亀に行くと、瀬戸内海の美しい景色を堪能することができる。

HIRACHAN VOICE

今こそ勝利の金毘羅船船をスタジアムに響かせろ!

戦う舞台をJ3に移した2019年だったが、苦しいシーズンとなった。しかし、バックスタンドに陣取るサポーターはカマタマーレを見捨てることはなかった。今こそ、クラブも監督も選手もサポーターも一丸となる時。勝利の金毘羅船船を響かせろ!

HIRACHAN CHOICE

こんぴら参り

香川といえば金刀比羅宮へお参り、いわゆる「こんぴら参り」が実に風情がある。奥社までは1,368段の石段なので、時間と体力に余裕をもって、ゆっくりと楽しんでいただきたい。

うどんタクシー

予約をすれば、高松空港や丸亀駅まで迎えにきてくれて、お勧めの讃岐うどんのお店を1、2軒案内してくれて、スタジアムまで連れて行ってくれる。うどんの行灯が目印。

さぬぴー

さぬぴーのキックの精度、強度はJリーグマスコットの中でもトップクラス。スピードに乗った見事なシュートを放つ。

ノジマステラ神奈川相模原：北野誠《きたのまこと》監督

監督が一人抱えるもの

（取材：2019年6月16日）

「ともに闘った9年間を忘れない。ありがとう。私たちの誇り北野誠」。2018年11月17日、J2最終節カマタマーレ讃岐対京都サンガFCが行われる日の四国新聞に、テレビ欄の下4分の1を使って広告が掲載された。広告主は北野誠後援会「讃岐鬼誠会」。

まだ四国リーグに所属していたカマタマーレ讃岐を2010年から率いて、JFL昇格、そしてJ2昇格を果たした北野誠監督。その退任に対して送られた、感謝のメッセージだ。

北野誠はそんなメッセージが新聞に出るとはまったく知らされていなかった。「けっこう粋な奴らなんです（笑）。おもしろい奴らなんですよ」と北野は笑顔になった。

北野誠は1967年生まれ、香川県高松市出身。通っていた中学のサッカー部は強く、同級生は地元の高松商業へ進んだが、北野は帝京高校に進学した。卒業後日立製作所（現・柏レイソル）に加入し、その後、当時JFLの京都パープルサンガへ。

引退後は指導者の道へ進み、京都のアカデミーで活動後、2005年からはロッソ熊本（現・ロアッソ熊本）のヘッドコーチ、そして2009年には監督に就任したが、その1年で監督を退任することになった。その頃、四国リーグを戦っていたカマタマーレ讃岐で監督を務めていた羽中田昌は、2009年いっぱいで退任することが決まっていた。

そんな時、北野の電話が鳴った。電話の相手は中学校まで一緒にサッカーをやっていた地元の友人。小学校、中学校の頃よく遊んでいた、北野曰く若干やんちゃな友人だ。その友人がなんと、カマタマーレ讃岐の監督の就任を打診してきたのだ。どうやら、高松商業の山下先生やカマタマーレ讃岐の社長が北野誠をカマタマーレ讃岐の監督に招聘しようと考え、賛同した同級生が電話をかけてきたのだった。

もちろん地元香川県のカマタマーレ讃岐の存在を北野は知らないわけではなかったが、「変わった名前のチームだな」くらいの印象だった。それでも、同級生が動いてくれていることを知って、一度話を聞いてみることにした。

ところが提示された条件はかなり厳しく、金銭的にも生活が成り立たないと感じた北野は断ろうとした。そこで動いたのが、昔から知っている地元の友人たちだった。後援会を立ち上げ、会費を集めて、カマタマーレからの給与に会費の分を足すので監督をやってくれないかという話になった。これが、カマタマーレ讃岐、北野誠監督誕生と讃岐鬼誠会発足の経緯である。

1年でJFLに昇格し、カマタマーレは、鬼誠会が補助していた分も含めた給与を支払うようになったが、鬼誠会はその後も北野やカマタマーレの支援を続けた。

マイクロバスをチャーターしアウェイにも応援に行った。飲食店の仲間は選手に食事を提供し、自動車修理工場の仲間は調子が悪くなった選手の車を格安で修理した。最初、同級生だけの集まりだった鬼誠会は、たくさんの人に声を掛け、人数は増えていった。

「おまえが帰って来てくれたから、何十年も会ってなかった仲間と再会できた」と昔からの仲間に言われたことが北野は何よりも嬉しかった。

2013年、ガイナーレ鳥取とのJ2・JFL入れ替え戦を1勝1分で終え、見事カマタマーレ讃岐はJ2昇格を果たした。戦いの舞台がJリーグになると、テレビでしか見ないようなチームや選手が丸亀にやってきた。そのことを同級生たちは心から喜び、楽しんでいた。しかし、カテゴリーは上がれども、クラブの予算は潤沢なものではなかった。練習環境も良くはならなかった。

「理想のサッカーなんてまったくない。下からは上がるだけ。上がったら残すしかない。ただそれだけ」。

どうすれば、おもしろいサッカーができるかなんて北野誠はわかっている。どうすればお客さんが喜んでくれるかもわかっている。負けてもそして降格しても良いのであれば。

「チームが負けたら監督が叩かれる。ということは讃岐鬼誠会がいろいろ言われる。それが僕の中では許せなかった。直接的に鬼誠会が何かを言われるということがなくても、彼らに絶対に恥をかかせたくなかった」。

そもそも多くのことを背負うことが監督の使命だが、地元のクラブを率いれば、より多くのことを背負うことになる。負けて悲しむ人の顔がわかっている。負けて悔しい思いをするのは、子供の頃から知っている同級生たちだ。それでも、地元がゆえに逃げ場がない。結果が出ないからといって簡単に戦場放棄することは許されないのだ。だから、最終節終了後の退任会見で言った言葉は本音なのだろう。

「Jリーグの5年間。ずっとしんどかったです」。

実は、こんなことを言う人間らしい北野誠が私は大好きだ。弱いところを包み隠さないところが魅力的なんだ。選手に対しても、相当厳しい要求をする監督ではあるが、それでも選手が「キタさん」と慕っているのは、彼の人間性によるところが大きい。そして、讃岐鬼誠会の人たちが北野誠監督誕生に奔走したのも、彼のサッカーに対する情熱、そして人間性に惚れ込んだからだろう。

2019年2月、讃岐鬼誠会はひとまず解散となった。北野誠が監督ではなくなったことで、もうカマタマーレから離れた人もいれば、引き続きカマタマーレを応援し続けている人もいるが、どちらにしても讃岐鬼誠会の人たちにとって、かなり濃厚な9年間だったに違いない。そして、解散したとはいえ、この絆が崩れることは永遠にないだろう。

北野誠も次に向かって走り出した。少しサッカーを外から見た後、６月にはＦＣ岐阜の監督に就任。チームをＪ２に残留させることはできなかったが、厳しい状況の中でも戦い続けた。

そして、２０２０年、なでしこリーグ１部、ノジマステラ神奈川相模原の監督に就任。新年早々、監督就任の報告をメールでいただいた。

その後、北野らしい短いメッセージが届いた。

「飯奢ってください！」。私より年上の監督からご飯の催促。もちろん私の返答は「飯奢らせてください！」。いくらでも奢らせていただきます。

サッカーへの情熱と闘志、そして魅力的な人柄はきっとなでしこの選手にも伝わるだろう。そして、テクニカルエリアで闘う北野誠を、遠く香川から、讃岐鬼誠会の人たちも見守り続けるだろう。

北野誠は彼らの〝誇り〟だから。

2018年J2最終節・京都サンガF.C.戦の北野誠監督

2013年J2・JFL入れ替え戦で昇格を決め、胴上げをされる北野誠監督

Pikaraスタジアム　アクセス

最寄駅　JR土讃線・**金蔵寺駅**。同駅から徒歩約20分。

タクシー　JR予讃線・**丸亀駅**から約12分。JR予讃線・**坂出駅**から約20分。**高松空港**から約50分。

シャトルバス　**丸亀駅**南口から丸亀競技場行きで約15分の**丸亀競技場**下車。徒歩約5分。片道600円。

路線バス　**丸亀駅**から丸亀西線（塩屋橋方面）で約30分、または丸亀西線（城西高校方面）で約15分の**丸亀スタジアム**下車。徒歩約5分。ともに片道200円。

香川といえば骨付鳥も！

Jリーグ初代GKはこの選手

瀬口拓弥《せぐちたくや》

2014年3月2日（岐阜メモリアルセンター長良川競技場）
J2リーグ第1節　岐阜 3-1 讃岐

岡山県立笠岡工業高校から流通経済大学を経て、2011年カマタマーレ讃岐に加入。J2通算出場試合数は32だが、リーグ戦の出場試合数には含まれない、2013年のJ2・JFL入れ替え戦の2試合に出場し、カマタマーレのJ2昇格に貢献した。2020年から徳島ヴォルティスでプレーする。

EFC
EHIME FOOTBALL CLUB

©1994 EFC

愛媛FC

チャントに込められた愛媛愛「俺たちゃ愛媛が大好きさ」

自分達でスペースを作り、丁寧にボールを動かし、相手ゴールに迫る。僅差で勝ちきれないゲームも多かった2019シーズンだが、まったく歯が立たなかったわけではない。走り続け、戦い続けた。応援してくれる人たちの愛媛愛に応えるために。

ニンジニアスタジアム

JR松山駅や松山市駅を通るニンジニアスタジアム行きの臨時バスも運行しているが、少々時間もかかるようなので、発着時刻をチェックし、時間に余裕を持って行動を。ただ、早めに到着しても、時間を持て余すことはない。スタグルは豊富で、イベントも多い。観光は前日、もしくは次の日にして、当日はスタジアムを満喫しよう。

HIRACHAN CHOICE

カレーショップ　デリー

サッカー観戦は男子1人の人も多い。男子1人で入りづらい店もある。JR松山駅にあるこのお店はおすすめ。入りやすいだけではない。焼豚玉子カレー、800円。絶品です。

愛媛FCレディース

2019プレナスなでしこリーグ2部で優勝。2020シーズン、なでしこリーグ1部に昇格。監督は、愛媛FCで長年活躍した赤井秀一。2020年は、こちらも注目。

2019年も行われたが、ゆるキャラサッカー、蜜柑FC対FC一平がおもしろい。ゆるキャラ達のほんわかサッカー。時の流れが止まります。

コーヒーを愛する修行僧

（取材：2019年7月31日）

サッカー選手はうまくなるために練習する。それは自分のためでもあり、観客に喜んでもらうためでもある。素晴らしいプレーを披露すれば、スタジアムは盛り上がる。

ただ、そんな選手が一番人気とは限らない。華麗なトラップや豪快なシュートを見せることはほとんどなくても、チームのためにがむしゃらに走り、相手に喰らいつき、泥臭いプレーをする選手を愛する人たちも多い。

記録には残らないが記憶に残る選手。「愛媛の修行僧」と呼ばれた関根永悟もそんな選手の一人。

トリッキーなフェイントも華麗なドリブルもあまり見られなかったが、右サイドで何度も上下動を繰り返し、ボールが出てこなくてもひたすら走り続けた。

見た目が坊主頭というのもあるけれど、損得勘定抜きにしたランニングこそが、修行僧と呼ばれるゆえんで、そんな彼の考え方、生き方、生き様が背中から溢れ出ていた。

だから、愛媛の人たちはひたすらチームのために走る彼を愛した。

関根永悟が愛される修行僧になるまで。そして、関根永悟の現在地。

若い頃から年代別代表に選ばれるような選手とは、一味も二味も違うサッカー人生が実に興味深い。

関根永悟は埼玉県出身。大宮東高校卒業後、関東リーグ所属のホンダルミノッソ狭山ＦＣに入った。

「工場で働いて、サッカーは部活みたいな感じです。サッカーよりも主に仕事という環境で、土日が試合。その繰り返しでした」。

朝少し仕事をして、ほとんどサッカーをしていればいいという環境のアマチュアチームもあるが、このチームは仕事ありき。ただ、その中でも関根はJリーガーになるための方策を探っていた。

ホンダルミノッソには5年在籍したが、そのままではJリーガーになるのは難しい。ではどうすればよいのかを考えると、関東リーグからいきなりJリーグという道は厳しいはずだ。そこで、ＪＦＬからJリーグ入りを目指しているチームを探し始めた。その中で浮かび上がってきたクラブが愛媛ＦＣだった。

「自分から愛媛ＦＣにテストを受けたいですって電話したら、実は締め切りが過ぎていたんですけど（笑）、履歴書送ってくれたらいいですよって言ってくれて、テストを受けたら見事合格。人生わからないですね」。

愛媛FC加入1年目。関根は30試合のうち半分ほどしか試合に出場していない。ただその年に、愛媛FCはJFLからJ2昇格を決めた。そして、関根曰く「うまいことチームに残れて」、晴れてプロ契約。Jリーガー関根永悟が誕生した。

「サッカーだけして、お金をもらえるって最高だなぁ。もう、仕事をしなくていいんだって思いましたね。午前中練習して、午後何もすることがない。体のケアとか自分の時間が持てる。プロってすごいなと思いました」。

数年前までは、工場で働いてから練習。きっと、自分の時間など持てなかったに違いない。そして、プロの凄さを感じたのは環境面だけではない。愛媛FCには将来を嘱望された若い選手たちが、期限付き移籍で加入してくる。彼らのサッカーの技術の高さにもプロを感じた。

「高萩洋次郎、森脇良太、齋藤学。こいつらうまいなぁ〜と思いながらやっていました。齋藤くんは人間的にも素晴らしい。一番うまいのに、一番すごいのに、試合後一番ハーハーと息を吐いて、全力を出し切っていました。秋元（FC町田ゼルビア）も仲良くさせてもらっていて、あいつは男気があって、やばいですね」。

衝撃を受けた技術のある若い選手たち。それだけではない。プロの世界には技術はもちろん、それ以外にも凄い男がたくさんいた。

「福田健二知ってます？　今は横浜FCの偉い人。あの人ほど熱い男はいないですね、天然ですけど（笑）。あと、羽田（敬介）くんもサッカーに熱かったですね。今、監督の川井健太。クールでカッコいい！　あれはずるいですよ！」。

ようやくたどり着いたJリーグで出会った選手たちは、関根にとって衝撃的だったのだろう。一緒にプレーした選手の名前がとめどなく口から溢れ出てきた。そして、独特の人物評がおもしろかった。

関根は愛媛FCに9年間在籍。すべてを出し尽くし、電話一本から掴んだプロの世界に別れを告げた。「やめて、どうしよう？」。現役の時から、カフェや洋服に興味があった（どんな修行僧だよ！）。そこで関根は修行僧もびっくりの決断をする。

「カフェだったら、自分でもやれるのではないか？　カフェやっている人には悪いですけど（笑）」。

サッカーエリートの道を歩んできた人なら、たぶんこういう考えにはならなかっただろう。関根永悟はサッカー選手から、今度はカフェの経営に人生の舵を切った。ところが、「半年間、厳しめにしごかれて、教え込まれて、雇われ店長を2年間やってわかったことがあります。飲食店経営は厳しい（笑）」。

発想も行動もアグレッシブだったが、いつもうまくいくとは限らない。カフェ経営は楽しいけれど、大変なことも知った。コーヒーへの愛は深いものの、華麗なる転身とはならなかった。

そんなときに、愛媛FCからスクールコーチの話が舞い込んだ。これまで、ずっとサッカーに関わってきたし、一度サッカーの世界に戻ってみようと愛媛FCのスクールコーチになり3年が経つ。

この話の流れだと、愛媛FCのアカデミーのコーチ業に専念する話になるところだが、関根永悟はありきたりな枠に収まるような男ではない。「今、ひらはたさんが飲んでいるコーヒーは僕が入れたものです」。

もちろん、子供たちにサッカーを教えることに喜びも感じている。愛媛FCの未来のことも考えている。ただ、コーヒーへの愛は消えていなかった。カフェ経営の難しさを知ったぐらいで消えるようなコーヒー愛ではないのだ。

愛媛FCの運営の仕事も手伝う関根は、愛媛FCレディースの試合の時、以前鍛えられていたカフェに連絡を取り、コーヒー豆を仕入れ、道具を借りて、試合会場で「関根カフェ」を開店。将来的には、コーヒーの移動販売車の購入も考えている。

「愛媛FCがJ1に上がったら、練習場にたくさんお客さんが来るようになると思うので、そこでコーヒーを提供したいです」。

街中のカフェでなくてもコーヒーは提供できる。愛媛の人たちにも喜んでもらえる。関根永悟のコーヒーへの愛とこだわりは本物だった。そして、彼が愛される理由が何となくわかった気がした。

美味しいコーヒー、ごちそうさまでした！

愛媛FCレディースの試合の際の「関根カフェ」

ニンジニアスタジアム　アクセス

最寄駅　伊予鉄道・**松山市駅**、JR予讃線・**松山駅**。
タクシー　**松山駅**から約30分。
臨時シャトルバス　**松山市駅**3番乗り場から約40分。片道510円。
路線バス　**松山市駅**3番乗り場から伊予鉄バスえひめこどもの城行きで約30～35分の**ニンジニアスタジアム（陸上競技場前）**下車すぐ。片道510円。

愛媛FC、Jリーグ初戦の髙萩洋次郎

Jリーグ初代GKはこの選手

羽《は》田《だ》敬《けい》介《すけ》

2006年3月4日（愛媛県総合運動公園陸上競技場）
J2リーグ第1節　愛媛 1-0 横浜FC

愛媛県出身。南宇和高校卒業後、清水エスパルスに加入。その後セレッソ大阪でプレーした後、2005年から愛媛FC。この日のメンバーを見ると、広島から期限付き移籍中だった髙萩洋次郎や森脇良太。柏レイソルから期限付きで加入していた菅沼実の名も。なつかしい。

FC今治

ありがとうサービス.夢スタジアム®

山を削った高台にあるサッカー専用スタジアム。岡田武史オーナーの発案で、メインスタンドから瀬戸内海の景色を楽しめるようにするため、バックスタンドは設置されていない。風光明媚なスタジアムである。

HIRACHAN VOICE

FC今治が新たに加わりJリーグは56クラブに

2020年、Jリーグにまた一つ新しいクラブが加わる。岡田武史氏がオーナーを務めるFC今治。夢を語り、リスクを恐れず、新たなチャレンジに挑み続けるクラブがJ3の舞台に満を持しての登場。Jリーグに今治から新たな風を吹き込む。

HIRACHAN CHOICE

今治焼豚玉子飯

今治市名物のご当地グルメ。ごはんの上に焼き豚と半熟目玉焼きを乗せ、タレをかけるシンプルな料理だが、その味は絶品で、駒野友一選手は重松飯店がおすすめとのこと。

しまなみ海道

スタジアムへのアクセスとして、尾道市と今治市を結ぶしまなみ海道がおすすめ。サイクリングロードや多くの映画の舞台になっていることでも有名。瀬戸内海の島々を楽しめる。

バリィさん

ゆるキャラグランプリ、2012年の王者。造船、タオル、焼き鳥、来島海峡大橋と今治市の特色をかわいくPRするマスコットキャラクター。タオル地の腹巻きがかわいい。※バリィさんはFC今治のクラブマスコットではありません。

JFLから再びJリーグへ

（取材：2019年12月10日）

2020年、Jリーグに新たなクラブが加わることになった。「FC今治」。サッカーに少しでも興味がある人ならクラブ名ぐらいは知っているだろう。そして、元日本代表監督岡田武史氏がオーナーを務めるクラブと言えば、さらに思い出す人も多いだろう。

2014年、オーナーになった岡田武史氏は、2025年にはJ1で常時優勝争いをするチームとなり、ACLで優勝を目指すと目標を掲げた。

2017年からは戦う舞台をJFLに移し、2017年は6位。2018年は5位。Jリーグ昇格要件のJFL4位以内を達成できず足踏みが続いた。

そして、Jリーグでの経験のある選手を獲得し、背水の陣で臨んだ2019年シーズン。優勝はできなかったものの、3位でシーズンを終え、念願のJリーグ入りを果たした。

ステップアップしたFC今治の中で、Jリーグ昇格のキーマンとして、2019年にアビスパ福岡から加入し、昇格に貢献したのが駒野友一。JFL初挑戦となった2019年を振り返ってもらい、2020年、J3での戦いに向けての思いを語ってもらった。

まずは、おめでとうございます。

「ありがとうございます。ま、なんとか（笑）」。

シーズンは終わっても、昇格を決めたシーズンだけに、駒野友一は忙しいシーズンオフが続いている。この日も、東京でのイベント出演の本番前に話を聞くことになった。2019年、駒野自身初のJFLでのプレーは一体どんなものだったのだろうか？

「前半戦は負けたのが一回だけで、勝ち点も重ねて、優勝争いできるところにいたので、いけるかなと思っていたのですが、後半戦は4勝しかできなくて、その中で5試合勝利なしというのもあったので、そのあたりでプレッシャーを感じ始めましたね」。

駒野友一はJリーグでも多くの試合に出場し、日本代表としてワールドカップの舞台でも戦っている。これまでに多くのプレッシャーを受ける場面に遭遇してきたはずだが、そんな経験ある選手でもプレッシャーを感じた。

「これまでに感じたことのないプレッシャーでした。今年昇格できなければ、予算も減って厳しくなるという話も聞いていましたし、今年一年が本当に勝負の年でした。絶対に昇格しなければいけない。そういうことがプレッシャーに変わっていきました。チームではハシさん（橋本英郎）が一番上で、自分が二番目。だから自分のプレー以外にもチームにできるだけ目を配って、チームの雰囲気を良くするように気を付けました」。

なんとなく意外な感じがした。駒野友一はどちらかというと黙々と自分のプレーに徹して、引っ張っていくようなタイプの選手ではないと勝手に思っていた。駒野さんって、チームを引っ張るタイプの選手なんですか？

「いや、どちらかというとついていくタイプです（笑）。ただ今年は勝負の年だし、年齢的にも上なので、積極的にやりました」。

後半戦、勝ち点を順調に伸ばせなかった要因として、上位のチームは研究され、難しい戦いが増えたということが考えられる。ただ、このリーグの難しさはそれだけではない。

プロとアマチュアが混在するリーグ。Jリーグを目指すチームと最初からJリーグ入りを目的としていないチームが争うリーグ。チームによっても選手によっても、目的もモチベーションも違う。JFLならではの難しさを感じながら駒野は、昇格への危機感を覚え、積極的に若い選手に声を掛け、チームがバラバラにならないように心掛けた。

そんな戦いの中で、JリーグにはないJFLのチームと地域の人が作り出す密接な関係性に驚いた。

「試合後、観客の人がスタンドの最前列まで下りてきて、ハイタッチをして交流します。どのチームも試合後観客とハイタッチをしますし、試合に出ていた選手が、試合後ピッチで子供たちとサッカーをするチームもあります。サポーターや地域の人との交流を大切にするステージなんだなぁと思いました」。

JリーグのクラブもファンサービスにはPJ積極的だが、それ以上にJFLでは距離が近かった。それだけではない。今治の人たちと交流しなければいけない理由がもう一つある。

「岡田さんが地域の人と積極的に触れ合っているのを見ると、選手もそれ以上のことをやらないわけにはいかないですよ（笑）。この間は、岡田さんがイベントに参加して神輿に乗って、みんなを盛り上げていました。監督としての岡田さんのイメージしかない人は、今治の岡田さんを見たらびっくりすると思いますよ。岡田さん、笑顔ですし（笑）。今治は地域があってのチームなんですよね」。

２０２５年にはJ１で優勝争い。岡田メソッド。そんな言葉ばかりが耳に届いてくるが、実際に今治の地で岡田武史氏が行っていることは、地域に根付くための地道な活動。FC今治が今治の人達に愛されるための活動だった。

そして、それこそがJリーグに加入し、FC今治が強くなるために、応援してもらえるクラブになるために必要なことだった。

地域の人と交流を持つことで、期待を感じ、これまでにはないプレッシャーを感じた駒野だったが、最終的にはJFLで3位に入るところまでチームを導き、J3昇格を果たした。

駒野友一は２０２０年で39歳になる。同世代の選手が少なくなってきたことは寂しくもあるが、カテゴリーは違えども、まだ現役でプレーを続けている選手もいる。

「同世代の選手が頑張っているのを見ると、励みにもなります。カズさん（三浦知良）も目標になります。また同じステージで一緒にサッカーをやりたいという思いになりますし、怪我さえなければあの年齢までできるんじゃないか？　と思わせてくれます」。

同年代の選手に限らず、Ｊリーグには刺激を受ける多くの選手がいる。そのＪリーグに駒野友一はＦＣ今治の一員として戻ってくることになった。

「これまでに比べれば、環境は厳しいところはありますけど、サッカーをやるのは変わりないです。今治はＪＦＬからＪ１を目指すと岡田さんは常に言い続けていますけど、そのストーリーの中に自分がいて、クラブと一緒に上を目指すサッカー人生もおもしろいなと思いました。これからも、チームがより高い位置に上がって行くのを楽しみながら、やっていきたいと思っています」。

２０２０年、ＦＣ今治、そして駒野友一に注目したい。

2020年、駒野友一は再びJの舞台へ

試合後に交流する今治の選手たち

ありがとうサービス.夢スタジアム®　アクセス

最寄駅　JR予讃線・**今治駅**。

タクシー　**今治駅**から約10分。

バス　**今治駅**より、せとうちバスで約15分**のイオンモール今治新都市**下車。徒歩約15分。

JFL最後のGKはこの選手

修行智仁《しゅうぎょうともひと》

2019年12月1日（ありがとうサービス.夢スタジアム®）
JFL第30節　今治 0-0 ラインメール青森

JFL最後のゲームでFC今治のゴールマウスを守っていたのが修行智仁。立命館大学を卒業後、2007年ガイナーレ鳥取に入団。その後、町田、大分を経て、2019年からFC今治でプレー。27試合に出場し、FC今治のJリーグ入りに大きく貢献した。

アビスパ福岡

長谷部茂利監督を新たに迎え、巻き返しを図る。

監督交代含め、苦しいシーズンだった2019年。そこで、新たに水戸ホーリーホックで実績を残した長谷部茂利監督を招聘。街のポテンシャルは十分。選手のポテンシャルも十分なアビスパがどんなチームに生まれ変わるのか？ 期待したい。

ベスト電器スタジアム

2019年は、ラグビーワールドカップの影響でアビスパが使用する期間は限られた。そんな中でも、バンディエラ城後寿のJリーグ通算400試合を祝うゴール裏に掲げられた「KING」の文字は感動的だった。

HIRACHAN CHOICE

ウエスト

福岡県を中心に展開するうどんチェーン店。あごやいりこ、昆布を使った出汁がうますぎる。毎日食べたくなる味。やっぱりごぼう天うどんでしょ！ 食べたくなってきました。

JR博多シティ

十数年前に行った時から比べると、隔世の感さえある博多駅の発展ぶり。その中心がJR博多シティ。シネコン、東急ハンズ、博多阪急、アミュプラザ博多。圧倒されます。

城後寿の通算400試合を祝って「KING」の文字が掲げられた

アビーくん

ビビーちゃん

ヴィヴィくんチャントの後に、アビーくんのこともビビーちゃんのことも歌ってくれた長崎サポーター。Jリーグ最高だよ！

酒場コージ：倉冨幸治《くらとみこうじ》さん

居心地のよさに選手が集まる

（取材：2019年3月27日）

サッカー関係者が集まり、なぜか〝サッカーな人〟には居心地の良い、知る人ぞ知るお店が福岡の天神にある。

その店、「酒場コージ」にはアビスパ福岡の選手だけでなく、いろんなクラブの選手が集まって来る。料理はおいしい。気を使わなくていい。でも、それ以上にコージさんこと倉冨幸治さんの人柄があまりにも魅力的なことが、サッカー選手が集まる理由だ。

なので、商売繁盛のために是非とも足を運んでもらいたいところですが、サッカー選手がほっと一息つけるお店でもあるので、サッカー選手が飲んでいたら、全然サッカーに興味がありませんよみたいな顔をして、そっとしてあげてください。よろしくお願いします。

営業開始直後に入店し、少しお酒を飲みながら、コージさんの作るおいしい料理を食べながら、そして料理を作るコージさんの隙を狙ってお話をうかがうことにした。せっかくなので料理を一つご紹介。「名物肉P　380円（税別）」。良質の熊本の生のピーマンと味付けした牛ミンチの組み合わせが絶品で、ピーマンのさわやかな苦みと少し甘めに味付けされた牛ミンチのコラボが見事な一品。おすすめです。

福岡生まれ、福岡育ちで、サッカー少年だったコージさんの家の近所には春日公園があり、かつてはＪＦＬや天皇杯の試合が行われていた。そして、日本代表が練習を行うこともあった。

「部活サボって、友達と見に行きました。地元なんで柵の越え方も知っていたので、中に入ってサインをお願いしたら、柱谷と北澤はサインをくれて、その後、カズさんにサインくださいって言ったら、『試合前で集中しているからごめんね』って言って、消えていったんですよ。カズかっこいいな―！　やっぱりカズは違うな―！　ってなって、そのときから、ずっとカズさんが大好きです」。

たぶん、サインをしてくれても好きになったはずだけど、サインを断られているにもかかわらず、余計に好きになってしまう気持ち分かるな―。

その後、高校は久藤清一や久保竜彦、最近では金森健志を輩出している筑陽学園高校に進んだ。実はこの時、公立高校も受験していたが、そちらは不合格。受験の時、私立に進んだ場合は、お金もかかるので、サッカーを辞めなさいと親に言われていたコージさん。私立に行くことになってしまったが、それでも大好きなサッカーをあきらめることはできなかった。

「初めて、親にサッカーさせてくださいと土下座しました」。コージさんの願いは届き、何とか大好きなサッカーを続けることを許された。社会人になって、アパレル関係の仕事に就き、その後バーで仕事をするようになった。サッカーは大好きだったが、アビスパ福岡に興味があるわけではなかった。アビスパとの接点は意外なところから始まる。何も考えず「酒場コージ」と呼んでいるが、正式名称は「路地裏食堂　SMALL　SPACES　酒場コージ」である。そして、この「SMALL　SPACES」にアビスパ福岡との接点が隠されている。

コージさんは以前、「SMALL　SPACES」というバーで働いていた。そのバーの入り口にはスピーカーが設置されていて、ローリングストーンズやクラッシュが流れていた。その音楽を聞いた客が突然、店に入ってきた。

「誰や！　これかけよんの！」。

ロックを耳にし、博多弁をまくしたて店に入ってきたのは、80年代から日本のロックシーンを牽引し、ストレートかつ強力なサウンドで、根強い人気を誇るロックバンド「THE　MODS」のボーカリスト、森山達也だった。

コージさんは驚いた。なぜなら、コージさんは「THE　MODS」が大好きだったからだ。そして、森山は「ロックが好きで、俺のバンドが好きなら、今度俺のライブを見に来い。ライブが終わったら、俺に呼ばれたと言って楽屋に顔を出せ」と言って去っていった。

コージさんは言われた通り、ライブに行き、楽屋へ挨拶に行った。すると、打ち上げに誘われた。その打ち上げの会場にいたのが、当時アビスパ福岡に在籍していた宮原裕司だった。宮原も「THE　MODS」が大好きだったのだ。

この出会いから、コージさんとサッカー選手との付き合いが始まる。

「モッズがその店に来ていなかったら、そんなにアビスパのことが好きになっていなかったかもしれないですね」。

そもそも、この出会いがなかったら、私もこの店に来て呑気に肉Pを食べることもなかっただろう。ロックの力は偉大だ。

その後、コージさんは「酒場コージ」を自分で開いた。そして、このお店の居心地の良さとコージさんの人柄に惹かれ、アビスパの選手を中心に、たくさんのサッカー選手が訪れるようになった。

コージさんはサッカー選手と、時に兄弟のように、時に昔からの友人のように付き合い、ほど良い距離感を保つ。ゆえに、選手もコージさんには心を許し、相談を持ち掛けることもある。口外することのないコージさんなので安心だ。

「何年契約とか年俸の話をしてくるんですよ。移籍の時、このチームはいくらで、こっちはいくらでって相談されたときは、さすがにわからんって言いました。俺、そんなお金をもらったことないからわからんって（笑）」。

サッカー選手が悩みを打ち明け、愚痴を言い、相談ができるほど安心な「酒場コージ」の名はサッカー選手の間に広がり、ファンが増えていった。オフになると、わざわざ福岡にまで足を運び、店に顔を出す選手も少なくない。

コージさんはサッカー選手の知り合いが増えたことで、試合を見に行っても、試合に集中できなくなった。「もう親心ですよ。怪我だけせんといてって感じです」。

そんな「酒場コージ」は2019年で10周年を迎え、12月14日、平和台陸上競技場で酒場コージ10周年イベントが開催された。現役、OBのJリーガーが大集結。豪華メンバーのサッカー大会が開かれた。

その企画段階で、コージさんがカズファンであることを知っている人たちは、無理を承知でカズさんにもお願いしてみようという話で盛り上がった。しかし、コージさんは断った。

「カズさんに会っちゃうと、人生終わってしまうような気がして。たぶん、俺、死んじゃいますよ」。

日本代表の選手のサインをもらいに行った頃のピュアな気持ちを持ち続けるコージさんの人柄に魅了されたサッカー選手たちが、今日も「酒場コージ」に足を運ぶ。

コージさんファンのJリーガーは多い

「THE MODS」が縁で、コージさんが出会った宮原裕司

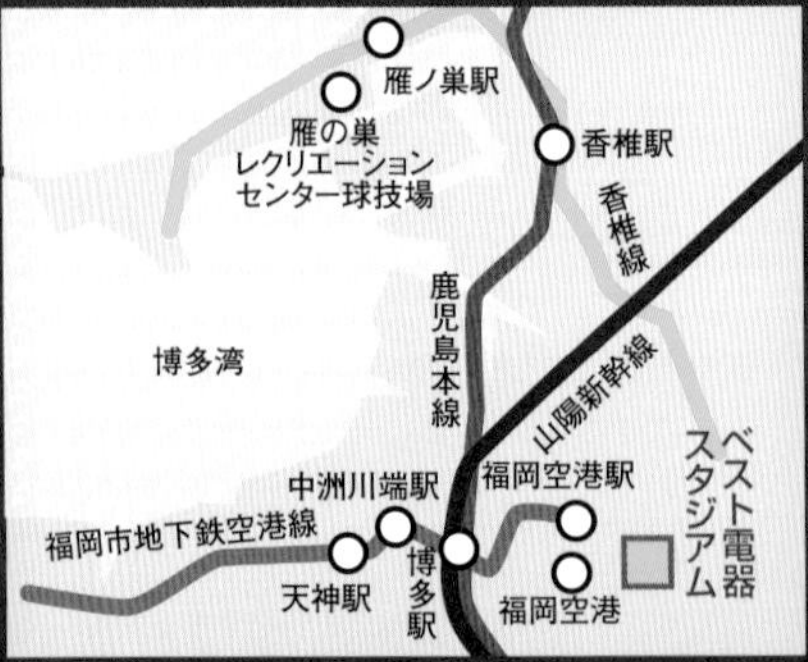

ベスト電器スタジアム　アクセス

最寄駅　福岡市地下鉄空港線・**福岡空港駅**。

タクシー　山陽／九州新幹線・**博多駅**から約20分。

にしてつシャトルバス　**福岡空港駅**3番出口横から約8分。片道170円。試合開始3時間前より試合終了まで10〜20分間隔で運行。

路線バス　**福岡空港駅**3番出口横から約5分の**東平尾公園入口**下車。徒歩約7〜10分。片道170円。

外観もよい感じの、酒場コージ

Jリーグ初代GKはこの選手

佐野友昭《さのともあき》

1996年3月16日（ジュビロ磐田スタジアム）
Jリーグ第1節　磐田 3-0 福岡

NKKから1993年に加入したのは中央防犯。その後、藤枝ブルックス、福岡ブルックス、そしてアビスパ福岡とアビスパ誕生の歴史と共に歩んだゴールキーパー。対戦相手のジュビロは黄金期前夜。中山、名波、福西、藤田、スキラッチ。錚々たるメンバーだった。

ギラヴァンツ北九州

©2009 GVK

ミクニワールドスタジアム北九州
是非とも一度は見てもらいたい最高のスタジアム。小倉駅から近く、ほとんど雨に濡れずにスタジアムに着ける。スタンド最前列は選手とほぼ同じ目線。いわゆる「ゼロタッチ」。ピッチが近くて、迫力満点！

HIRACHAN VOICE

前年最下位から見事優勝。4年ぶりJ2復帰を果たす

昇格請負人、小林伸二監督J3挑戦1年目で、見事J3優勝、J2復帰。経験豊富な選手と活きのいい若手が融合。夏に加入した選手もすぐにフィット。平均観客動員も6049人。勢いをもって4年ぶりにJ2の舞台に北九州が戻ってくる。

HIRACHAN CHOICE

小倉駅

ミクスタに向かうため、小倉駅新幹線口（北口）を出ると、『銀河鉄道999』のメーテル像と鉄郎像がベンチのところでお出迎え。恥ずかしがらずに、記念に写真を撮ろう。

ギランからのお願い！
ゴミやガムの
ポイ捨て
NG！

ギラン

鳥をモチーフにしたマスコットの会「Jリーグ鳥の会」の会鳥（ここは会長で良いと思うけど）。環境保護活動にも取り組む。

小倉城

北九州市のシンボル的存在。2019年3月にリニューアル。日によっては、夜間のお城も楽しめる。行ったことはないが、個人的には近くにある松本清張記念館が気になる。

北九州市漁業協同組合長浜支所：中内《なかうち》豊《ゆたか》さん

俺らの遊び場がスタジアムになった

（取材：2019年3月28日）

ギラヴァンツ北九州のホームスタジアム、ミクニワールドスタジアム北九州。最新鋭のスタジアムは美しく、かつ見やすくて臨場感たっぷりだ。

このスタジアムの特徴は海に隣接していること。ゆえに、ボールがバックスタンドを越えると海に落ちてしまう。通称海ポチャ。

そこで生まれたのが「海のボールパーソン」。船が海で待機し、落ちたボールを回収する。その回収する役割を担っているのが北九州市漁業協同組合長浜支所に所属する漁師の方達。

少し、いやかなり話題になった海のボールパーソンについて話が聞きたくて、3月下旬の平日、スタジアムから歩いて10分ほどの漁協の事務所を訪ね、試合もなく静かなスタジアムが窓から見える事務所でお話をうかがった。

主に話をしてくれる方が、まだ到着をしていなかったので、事務所の女性と長浜支所の地区代表理事木下宏さんとしばし歓談。でも、ここで意外な事実が発覚。なにげなく、試合中、90分も待機するのは大変ですよねと言ったところ、事務所の女性が突然話し出した。「90分どころではないんですよ。お客さんが入場して帰られるまで待機するんです」。ボールが飛んでこない時間も待機する理由は「お客さんが海に落ちた時の転落者救助です」とのこと。

海のボールパーソン誕生の経緯はこうだ。スタジアムが誕生し、可能性は低いものの人が海に転落すると危険だと考えた漁協の前組合長が、転落者救助とボールが海に落ちたら拾うことを提案したのだった。

「自分はその時、ここの長やなかったから……最初は球拾いやなかったんやね（笑）」。地区代表理事の木下さん。いい味出してます。

そうすると、今回詳しくお話をしてくれる中内豊さん登場。「豊栄」という漁船に乗る中内さんは漁師歴30年。木下さんは35年。大ベテランである。

ここが地元だというお二人にスタジアムができる前はもともと何があったのかを聞いてみたが、お二人とも記憶があいまいだった。しかし、その質問をきっかけに昔の記憶が蘇ってきたようだ。

「この港の中に飛びこんで、赤灯台まで泳いだ」「小学校のときは、今の駐車場のところにキャバレーヤマトがあって、展示場のところが俺らの通っていた米町小学校でその裏が青果市場」「ギラヴァンツの前の社長が、自分たちの中学校の時の先生」「ここは、遊びも家の仕事の手伝いも、すべてを行う生活拠点」。

私は当然その景色を見たことはないが、昭和なセピア色の光景が目に浮かぶようだった。

長浜支所の組合員は24人。1年にホームゲームは17試合。海のボールパーソンを担当するのはそれぞれの方が、1年に1回ほどということになる。

基本的にはシャイな人が多い漁師さんだが、海のボールパーソンが話題になり、多くの取材の申し込みがある。「一時、ギラヴァンツより球拾いが有名になって、神戸の人が取材に来て、ギラヴァンツのファンですかと聞いたら、いえサッカー場のファンなんですって。変わった人がいるなと思いましたわ」と木下さん。

それなら、海ポチャ第1号の時は取材が殺到したに違いないが「ボールを拾った奴がそういう取材が特別嫌い」だったそうだ。それでも、「余裕がある時はボールを蹴りだせって（ギラヴァンツのスタッフに）言うんですけどね」と相変わらずのいい雰囲気で話してくれた木下さんだが、どうも多忙のようで、いつのまにやらフェイドアウト。話し方から去り方まで最高にいい味だった木下さん、ありがとうございました。

中内さんは漁師の傍ら、小倉の街中で関門海峡たこ料理「千春」を経営、そして試合の日には、スタジアム内の北九州市産業経済局水産課PRブース「魚cha北九州」で関門海峡たこを使った商品を販売をしている。サポーターとの触れ合いも多く、「取材が特別嫌い」な人でもない。なので、中内さんの海のボールパーソンの日は、他の漁師の方とは少し様子が違うようだ。

「自分の場合、スタジアム内のPRブースにいるので、海に行く前に海のボールパーソンをすることをサポーターにアピールしました。すると、その話が広がって、船がスタジアムのそばに着く頃には、サポーターが海側に集まって、ギラヴァンツのチャントに乗せて応援してくれました」。

他のスタジアムでは絶対にあり得ない素晴らしい光景だ。

地元にスタジアムが生まれ、スタジアム内でサポーターとも触れ合う中内さんはギラヴァンツへの思いが強くなった。そして、その思いは現在、この土地で暮らす子供達に対する思いへと繋がっていく。

「ギラヴァンツにはがんばって上に上がってほしい。俊輔のFKを生で見たいし、北九州の子供たちに生で見せたい。本気で戦っているパスを見せたい。大人がお金を出して、ギラヴァンツが強くなって、中島翔哉や久保建英を子供たちに生で見せてあげたい。そうすれば、子供の見る夢のスケールが大きくなるでしょ」。

スタジアムが生まれたことで、子供達への夢に思いを馳せるようになった。サポーターの気持ちもわかるようになった。そして、このスタジアムに足を運び、出会った全国各地のアウェイサポーターへの思い入れも強くなった。

「富山から応援に来るなら、どうにかしてもてなして盛り上げたい。PRブースに来てくれて、『手加減せんよ！』と言われたら『こっちも手加減せんよ！』って言い合うのも、壁を越えた楽しみがある。それから、ギラヴァンツの結果と同じように富山の結果も携帯でチェックするようになった。あの人たち、今日はどこに行っとるやろか？って」。

生まれ育ち生活拠点だった土地に生まれた最新鋭のスタジアムは、それまでにはなかった人との出会いを作り出した。中内さんは、そんな変化を前向きに受け止め、さらにより良いものにしようとしている。

「せっかくスタジアムに足を運んでくれた人が笑顔で帰ってほしい。たこめしのところにいた人が、船に乗っていて、手を振ったら写真を撮って、喜んでくれる。これってスタジアム独特の価値がある。海のボールパーソンって一つの劇場になっとるんですよね。あの瞬間だけは」。

地元育ちの海のボールパーソンがこのスタジアムにもたらしたものの大きさは計り知れない。

海のボールパーソンの中内豊さんには、スタジアム内でも会えるかもしれません

漁協から眺めるミクニワールドスタジアム北九州

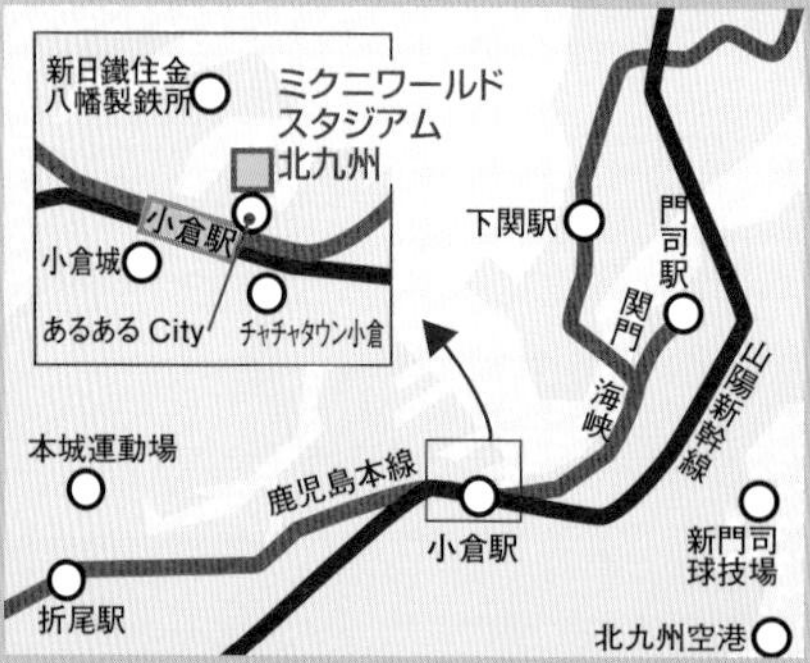

ミクニワールドスタジアム北九州　アクセス

最寄駅 山陽新幹線・**小倉駅**。同駅から徒歩約7分。
タクシー **小倉駅**から約5分。**北九州空港**から約35分

Jリーグ初代GKはこの選手

水原大樹《みずはらひろき》

2010年3月7日（ニッパツ三ツ沢球技場）
J2リーグ第1節　横浜FC 2-0 北九州

奈良県出身。四日市中央工業高校から1993年名古屋グランパスに加入し、プロ生活をスタート。2007年に加入したときのチーム名はニューウェーブ北九州だった。この日の対戦相手の横浜FCは古巣。そして現在、横浜FCのジュニアユースGKコーチを務める。

サガン鳥栖

駅前不動産スタジアム

鳥栖駅からのアクセス、説明不要。さすが駅前不動産！ 駅近の超優良物件。鉄骨構造のスタンドがかっこいい外観は力強い。スタジアムはコンパクトで居住性抜群。誰しもがうらやむ顧客本位の人気物件である。

この街、そしてこのクラブは、逆境を絶対に跳ね返す

「砂粒が固まって砂岩となるように、小さな力を結集して立ち向かう」というチーム名の由来のとおりに、スタジアムに集まる一人ひとりの声が結集し、力強くチームを後押しする。そのパワーこそが逆境を跳ね返す源。強い絆は簡単には崩れない。

HIRACHAN CHOICE

アカデミー

U-15は何度も日本一になり、U-18は2019年全国準優勝など、今注目の育成組織。トップ昇格を果たす選手も増え、高校3年生でトップ昇格した松岡大起（写真）は期待大。

米五合

酒好きは訪問必須の、アウェイゴール裏の売店。九州の焼酎が常時30銘柄以上用意され、本格的な焼酎を楽しむことができる。値段以上にお得で貴重な焼酎が並んでいることもある。

ウィントス

平成12年2月1日生まれのウィントス。平成24年3月6日には、鳥栖市民である証として特別住民票も交付されている。

中央軒：西島理恵《にしじまりえ》さん

サポーターを見守りつづける「おかあさん」

（取材：2019年3月27日）

明治22年（1889年）開業の鳥栖駅。歴史を感じさせる駅舎、そしてホームは鉄の武骨さと木の温かさが同居して、ずっと見ていても飽きないし、居心地も良い。

博多方面から鳥栖駅の5番、6番線ホームに到着すると、間近に見えるのがサガン鳥栖のホームスタジアム、駅前不動産スタジアム。立地条件はJリーグトップクラスである。

その5番、6番線ホームで空腹の乗降客を迎えてくれるのが風情ある佇まいの中央軒。Jリーグのファン、サポーターには中央軒というよりも「かしわうどんの店」と言った方がピンと来る人も多いだろう。

誰から聞いたわけでもないけれど、鳥栖に行ったなら「かしわうどんを食うべし」といつの間にか頭に刷り込まれていた。現在、中央軒は5番、6番線ホームと1番、2番線ホーム、そして改札のところにもあるが、5番、6番線ホームのかしわうどんが一番おいしいという噂もある。

中央軒は大正2年（1913年）、鳥栖駅で駅弁として日本で最初に「かしわめし」を販売。昭和31年（1956年）には、九州で初めて立ち食いうどんの営業をはじめた。

現在、一杯350円のかしわうどん。最初の口当たりはさっぱりしているが、その後、独特の甘さがじわりじわりと口の中に広がり、胃袋にやさしい味が染みわたっていく。

平日の試合開催もない日に、鳥栖駅に降り立ち、かしわうどんを注文すると、風情ある店舗の中でかしわうどんを提供してくれたのはニット帽にマスク、そして赤いエプロン着用の西島理恵さん。

西島さんは昭和30年生まれ。子供の頃、平和台球場の近くに家があり、西鉄の試合をよく見に行っていたという博多っ子で、明るく、人当たりも良く、一切格好をつけないやさしい女性だ。それに甘えて私は、いつのまにやら「おかあさん」と呼んでしまっていた。

この中央軒で働くようになって約10年。試合がある日もない日も目の前にあるスタジアムを見ながら、おいしいかしわうどんを作り続けている。

元気そうに見えた西島さんだが、実は半年ほど休んでいたそうだ。理由を聞くつもりはなかったけれど、自らかぶっているニット帽を少しずらして、私に頭部を見せるようにしながら「乳がん」と半年間の休みの理由を教えてくれた。抗がん剤治療と療養のため半年間休んだと言う。

私はきっと驚きと心配の表情を浮かべていたのだろう。すかさず、「抗がん剤治療すれば副作用はある。副作用が嫌なら治療をやめることになる。やめたら治らん!」と言って笑い飛ばした。

「私はだいだい楽天家。仕事をしている方が気が楽」。

休養明け、かつ立ち仕事で、肉体的には相当きついはずだが、自分に言い聞かせるように、そして客である私に心配させないように、明るく言い放つ西島さんの生命力に圧倒された。そして、その後は西島さんペースに巻き込まれた。でも、そのペースは非常に心地良かった。

Jリーグのファン・サポーターのなかでは有名なかしわうどん。開店は午前7時。試合の日には、開店前から店の前に並んでいるサポーターもいるそうだ。

「サッカーを見に行く前に食べてくれる。勝ったら、また食べてくれる。負けたら来ない。けっこうわかりやすい」。

サポーターと話すことも多い西島さんはサポーター気質を理解している。

「勝った時は、こちらが求めていないことも、どんどん喋ってくる」と笑った。

鳥栖駅ホームの中央軒からスタジアムは目と鼻の先。スタジアムの歓声もスタジアムDJの声もすべて聞こえる。馴染みのサポーターが帰路に着くためホームにやって来ると、「今日は3対2だったね」と話しかけたりもするそうだ。スタジアムの外にいても、サッカーを感じることができるのが、鳥栖駅であり西島さんだ。

ただ、こんな目の前にあるスタジアムなのに、西島さんはこのスタジアムにたった一度しか行ったことがない。その率直な感想がこちら。

「J2の時やけ、おもしろなかった」。

忖度なしのストレートな意見こそ、まさに西島さんペース。エンジンがかかってきた。このいいリズムに乗って、サガン鳥栖の有名な選手のことを知っているかと訪ねてみると、「トーレスのことか?トーマスじゃなくて。ここは駅やからトーマスの方が馴染みがあるわ」。

西島さん絶好調である。

当初、サッカーに詳しくないと言っていた西島さんだが、実はサッカーのことを結構知っている。いや、かなりわかっている。オフサイドのことも、浦和戦はスタジアムの半分が赤く染まることも、ガンバ大阪のサポーターが多いことも。セレッソがピンクで、柏は黄色、深い緑は松本山雅で一度降格したけど、再びJ1に上がってきたことも。

そのサッカーの知識を支えているのはこの駅で働いて得た実感と洞察力、そして好奇心だ。人から聞いた話を逃さず自分のものにしていく。

「お客さんとしゃべると自分の知らないことを吸収できる。そういうのが大事」。西島さんは鳥栖駅のことを「ここは分岐点で、ジャンクション。便利やから人が集まって来る」って言ったけど、まさに西島さん自身が鳥栖駅のようだ。西島さんの魅力、その魅力ある人が作るかしわうどんに人は集まってくる。

西島さんがおもしろく魅力的な人すぎて、時が経つのを忘れて、あれこれ話してしまい、なんだか長居してしまった。あまり長々と話していると、商売の邪魔になるといけないので、そろそろ帰る頃かなと思っていたが、そんな空気を察してか、もしくはもっと話をしたかったのか、さらに話し出した。

熊本で地震があった時、ロアッソ熊本がこのスタジアムをホームとして使用したこと。アルビレックス新潟の馴染みの大学生が、J2に降格したので来なくなったこと。西島さん、もう大丈夫です。たくさんの楽しいお話ありがとうございました。そんなことを言おうと思ったとき、こんな話を始めた。

「サッカー選手で、がん治療して選手に戻ってきた人いるよね（アルビレックス新潟の早川史哉のこと）。どげんしてリハビリして克服したのかな？ 凄い努力よね。えらいね。並大抵の努力じゃできない。尊敬する」。

西島さんのやさしさ、思いやり、そして生きる強さ。「体が続く限りはがんばらんとね」と言って笑顔を見せた西島さん。かしわうどんのやさしい味は西島さんそのものだ。

やさしい味を作りつづけて約10年の西島理恵さん

缶ビールや、えび天うどん、弁当も各種あります

駅前不動産スタジアム　アクセス

最寄駅 JR鹿児島本線／JR長崎本線・**鳥栖駅**。同駅から徒歩約3分。

タクシー **佐賀空港**から約40分。
福岡空港から約1時間。

売店
「米五合」には
焼酎がズラリ!

Jリーグ初代GKはこの選手

高寄《たかさき》理貴《りき》

1999年3月14日（国立西が丘サッカー場）
J2リーグ第1節　FC東京 2-0 鳥栖

日本体育大学から1993年にPJMフューチャーズに加入。鳥栖フューチャーズ、サガン鳥栖と、このクラブの歴史とともに歩んだ選手。引退後はサガン鳥栖やギラヴァンツ北九州でGKコーチを務め、2019年からINAC神戸レオネッサでGKコーチを務める。

V・ファーレン長崎

©VVN

©2005 VVN

HIRACHAN VOICE

2020年、新たなステージに向かって進み始める

2020年、これまでV・ファーレン長崎を牽引してきた髙田明社長に変わり、髙田明氏の長女、髙田春奈氏が新社長に就任。新スタジアム計画も含め、V・ファーレン長崎は新たなステージに。そして、長崎からJリーグに新しい風を吹き込む。

トランスコスモススタジアム長崎

「ゴールキーパーとして試合に出たい」。髙田明社長の夢が叶った。2019年、ホームトラスタ最終戦。試合後、手倉森監督とのPK対決。一度きりのはずが二度三度。ふんだんに忖度が盛り込まれたPKが楽しかった。

HIRACHAN CHOICE

新スタジアム計画

2023年開業を目指して、プロジェクトは動き始めた。商業施設やホテルなどが隣接するスタジアム。サッカーを観戦するだけでなく、サッカーがない日も楽しめそうだ。

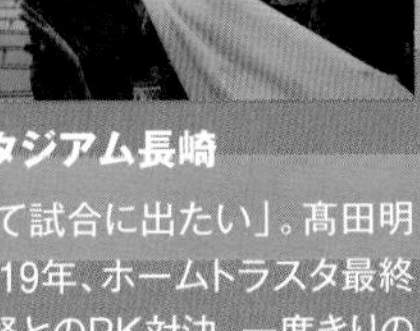

リンガーハット1号店

長崎駅から車で15~20分のところにある長崎宿町店がリンガーハットの1号店。外観から1号店であることは感じられないが、店内には創業当時の写真が展示されている。

ヴィヴィくん

髙田明社長インタビューも終盤、わざわざヴィヴィくんが私に会いに来てくれた。多忙の中、ヴィヴィくん本当にありがとう!

髙田明《たかたあきら》社長（取材時）

大きな夢を追いかけ長崎を元気にする！

（取材：2019年3月27日）

2019年、11月初旬。一通の手紙が私の元に届いた。差出人はV・ファーレン長崎 髙田明代表取締役社長。その手紙の一部にはこんなことが書かれていた。「私は、本年12月をもちまして（著者注：天皇杯決勝を目指すため、後に2020年1月1日まで延長）、V・ファーレン長崎の社長を退任することを決意いたしました。11月3日に、クラブよりプレスリリースを出す予定でございますが、まずは皆様にご報告申し上げたく、書面でお送りした次第でございます」。

スタジアムで会うたびに、少しお話をさせていただいた。テレビの番組でも何度か共演させていただいた。そんな私にまで、退任をお知らせいただくなんて、本当に恐縮するばかりである。

そして、2019年3月27日、春を感じさせる暖かい気候に包まれた諫早市サッカー場、なごみクラブハウスで、多忙の中、インタビューもさせていただいた。そのときは、退任することなど全くわからなかったが、サッカーや長崎への想いを聞かせていただいた。

テレビに出演している時と、まったく変わらぬ口調で熱く語る髙田社長。そんな様子を想像しながら読んでいただけると幸いである。

2017年、経営危機に陥っていたV・ファーレン長崎の社長に就任した髙田社長。だが、ものを売る商売とサッカークラブの社長では、まったく別物のはず。さぞ大変だったのでは？　とまずは素朴な質問をしてみた。

「皆さんそう言うんだけど、まったく同じものなんです。ものを売ることもサッカーも、人に夢を与え、人を幸せにすることが目的なんです。ジャパネットでシューズを販売します。このシューズを履いて歩くと健康になった。体が楽になった。このシューズを買って良かったなぁというのは、シューズ自体ではなくシューズがもたらす結果です。サッカーも同じです。勝ち負けは大事です。大事ですけど、それだけが目的になってはいけない。優勝とか勝つという中に、どういう感動を生み出しているかが大事で、その手段として勝ち負けがある」。

ビジネスがお金を儲けることだけを目的にしてはいけないという髙田社長。どれだけ人を幸せにし、感動を与えられるかを常に意識している。だから、試合の時は観客の様子を見ている。そして、どうすれば人に感動を与え、喜んでもらえるかを知るため、様々なエンターテインメントに足を運び刺激を受ける。「福岡ドームにAKBを見に行ったんですよ。マスクして（笑）。ミスチルに安室さん。前川清さん、さだまさしさん、郷ひろみさん。一流の人って歌っているだけでなく、そこに来た人を笑顔で帰す。サッカーも同じです」。

ただ、勝った負けただけではなく、スタジアムに来た人たちが感動し、癒され、明日も頑張ろうという気持ちになるためには何が必要か？　そのヒントを得るために、精力的にいろんなところに足を運ぶのである。

選手との向き合い方、そしてV・ファーレン長崎から移籍していく選手への思いにも髙田明社長ならではのスタンスがある。

「ジャパネットでも、ステップアップを望んで辞めていく人がいますが、ほとんど引き留めることはありません。ただ、『キャリアを積むために辞めていくのなら、さすがにジャパネットにいた人だなと言われるように頑張れ！　そうでなければ私も恥をかくし、君の人生もダメになる』と言っています。サッカー選手も同じです。サッカー選手が自分のキャリアのことを考えるのは当然。だから、ここにいる間は、V・ファーレン長崎のために最善を尽くしてもらって、他のクラブに行ったら、またそこで良いキャリアを積んでほしいし、そのキャリアの中での成長を応援していく。他所に行ったからこそ、成長していく姿を見たい。だから、（鈴木）武蔵くんが日本代表に選ばれた時、みんな喜びました」。

選手には選手の世界があるので、基本的には近づかず、距離を置いているという髙田社長だが、一度でも関わった選手のことを、長崎から離れたとしても温かく見守り続けている。なぜなら、その選手たちが長崎の人たちに夢や感動を与えてくれたからだ。

そんなサッカーの世界に出会えて良かったという髙田社長。しかし、感動や夢ばかりではない。サッカークラブの経営もビジネスであり、大変なことも少なくない。そのあたりのことも正直に話してくれた。

「サッカーに携わって……うーんきついけどね（笑）。サッカーはホームで20試合ほど。それで、すべてを賄っていく。ある面では大変な課題ですね。イニエスタ選手の片腕1本分くらいでV・ファーレン長崎を経営しなければならない（笑）」。

厳しい現実がある。ただ、それに立ち向かっていけるだけの夢もある。そして、夢を現実のものにしてきた経験もある。実父が経営するカメラ販売店から独立し、ジャパネットたかたを一代で築き上げた実績がある。

「私は先を考える人生をあまりやらないし、今しか生きていない。夢を実現するには今を生きるしかない」。

それでは今、V・ファーレン長崎を通してどんな夢を実現しようとしているのか？

「長崎を元気にしたい。地域創生したい。実は、長崎は人口減が深刻な問題です。離島が多いので、子供たちは島を離れると戻ってこない。だけど、長崎は観光資源がたくさんあるし、食べ物もおいしい。海外からもたくさんの人が来る。V・ファーレン長崎が本物になれば、外国から来た人がメジャーリーグみたいに、スタジアムに来て、観光して3泊4日で帰る。絶対に長崎が元気になります」。

その上でさらに大きな夢もある。

「さすが髙田社長」と思うことが本当に多いインタビューでした

2019年のホーム最終戦ではGKに挑戦

「長崎から平和を発信したい。そしてその想いを日本中に、世界中に広げていきたい。企業誘致とかＩＲ（カジノ構想）も大切だけど、働く場所を作るだけではなくて、大切なのはその先の夢。人口減に歯止めをかけ、子供たちが夢を持てるようにしていきたい。そのためにもスタジアムが必要なんです」。

新スタジアム構想は紆余曲折を経て、２０２３～２４年の開業を目標に動き出した。グループ会社であるジャパネットホールディングスが三菱重工業長崎造船所幸町工場の跡地に、新たなホームスタジアムを建設・運営する。

髙田社長は退任した後も、夢の実現に向けて後方支援を続ける。今を生きる髙田社長の想いは、冒頭の手紙の中の一文に込められていた。

「私は長崎のことが大好きです」。

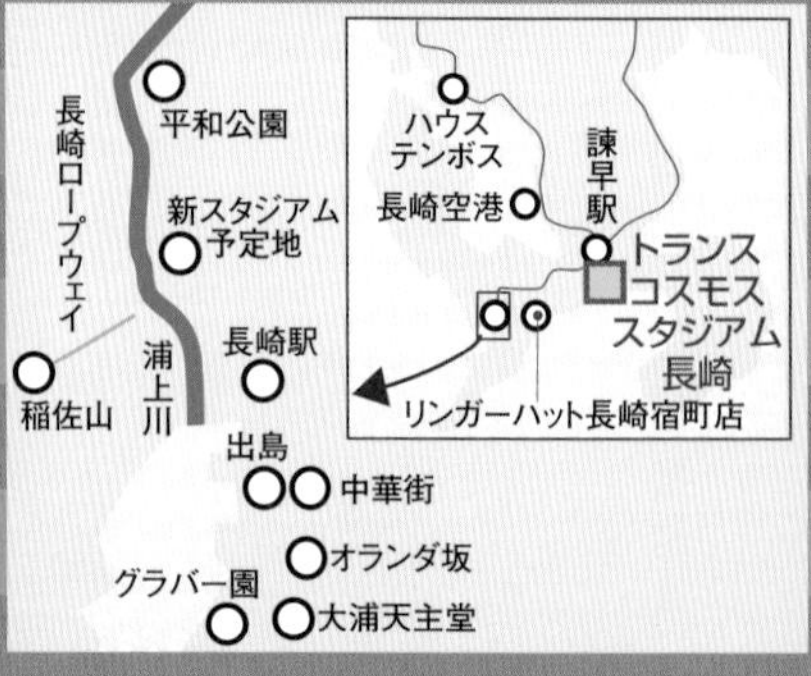

トランスコスモススタジアム長崎　アクセス

最寄駅 JR長崎本線・**諫早駅**。同駅から徒歩約30分。
タクシー JR**長崎駅**から約45分。
バス **諫早駅**から歩道橋を渡り県営バスターミナルへ。長崎方面行きで約10分の**競技場北口**下車。徒歩約4分。片道150円。

観光名所の多い長崎。街歩きも楽しい

Jリーグ初代GKはこの選手

岩丸史也《いわまるふみや》

2013年3月3日（Kankoスタジアム）
J2リーグ第1節　岡山 1-1 長崎

前橋育英高校出身。年代別代表の常連だったゴールキーパー。2000年に加入したヴィッセル神戸からプロ生活をスタート。V・ファーレン長崎でプレーしたのは2013年のみだった。「イワマール」の愛称で、サポーターからも愛されていた。

ROASSO KUMAMOTO

ロアッソ熊本

えがお健康スタジアム

熊本空港からタクシーで15分ほどなので、アウェイ観戦には便利だが、熊本に来たなら熊本駅の方にも足を運んでほしい。安藤忠雄が設計を担当した熊本駅はかなり美しくなり、さらに進化する予定になっている。

カモンロッソのリズムは、熊本の人たちの歓喜の鼓動だ

選手もサポーターも勝利を分かち合うカモンロッソは、心の底からの勝利の喜びが伝わってくる。そのリズムやステップからロアッソ、そして熊本を愛する気持ちが伝わる。カモンロッソを分かち合うためには、勝利が必要。がまだせ! ロアッソ!

HIRACHAN CHOICE

スタジアムグルメ広場

メインスタンドとつながる橋を渡れば、そこは楽しいスタジアムグルメ広場。焼き鳥や唐揚げなどの定番メニューに加えて、熊本ならではの馬肉や赤牛を使った料理も楽しめる。

熊本市電

熊本市内を走る情緒あふれる路面電車。どこで乗って、どこで降りても大人170円。懐にやさしい。SuicaやPASMOなど交通系ICカードが使えるのも嬉しい。

ロアッソくんはもちろん、九州のJクラブのマスコットが一緒になって試合を盛り上げようとする様子は、微笑ましく頼もしい。

ヘッドコーチ：北嶋秀朗《きたじまひであき》さん（2020年から大宮アルディージャトップチームコーチに就任）

（取材：2019年10月2日）

どこまでも熱い男、キタジ

北嶋秀朗が高校サッカーでスターだったことは誰もが知るところだ。市立船橋高校時代、2度の全国制覇を成し遂げ、75回大会では6得点を奪い得点王になった。

プロになり、柏でも清水でも熊本でも北嶋の魂のゴール、魂のプレーは見る者の心を揺さぶった。サッカーにすべてを捧げ、怪我と向かい合い、己をさらに高めた。

2013年で現役を引退し、2014年にはロアッソ熊本のアシスタントコーチ兼アカデミースタッフ。2015年はトップチームコーチ。2016年は9月までアルビレックス新潟のトップチームのコーチ。2017年再び熊本に戻りトップチームのコーチ。そして、2018年からはロアッソ熊本のヘッドコーチを務めている。

いつか監督になることを夢見て、コーチ業に専念する北嶋秀朗は今、どのようにサッカーに向き合い、日々何を感じているのかを知りたくて熊本を訪れた。

といったら大袈裟すぎる。久々に「キタジ」に会って、取材を口実にご飯を食べながら話してみたかっただけだ。

現役時代は何度か食事に行ったこともあるし、ミックスゾーンで話したこともあるけれど、こうやってゆっくり話すのも久しぶりだ。久々に会うと、キタジはなぜか私のことを「ひらっちさん」と呼ぶようになっていた。誰だよ「ひらっちさん」って！

呼び方はともかく、結局会話はサッカーの話になってしまう。現役当時もサッカーに熱いキタジだったけど、コーチを続ける今の方がさらにサッカーへの情熱が高まっている。そして、熊本への愛情も深くなっているようだ。

「ありきたりですけど、馬刺しは本当においしい！　醤油は甘めの熊本の醤油じゃなきゃダメですね。関東の醤油に最近は少し違和感が出てきました」。

単身赴任でコーチ業を続けているため、シーズンオフには家族の元に戻るのだが、再び熊本の地に降り立った時には「帰ってきた」という気分になるという。

「柏はもちろん、清水への愛情を今でも強く持っていて、千葉の他に静岡、熊本という第二、第三の故郷と思える土地があるのは不思議な気分だし、本当にありがたい」。

そんな熊本の地で渋谷洋樹監督の元、2018年から務めるヘッドコーチとして、監督を支え、選手の力になろうとサッカーに没頭する毎日だ。

練習や試合での仕事はもちろん、対戦相手の試合を研究し、自分たちの試合を振り返り、ミーティングでフィードバックするための映像を作る。

海外の試合の映像を見たり、実際に試合を見に行ったり、文献を漁っては、トレーニングを考える。

10分でも時間があると、試合を見て何かのヒントを探す。それはチームが強くなるため。そして、選手に何かを伝える時にロジカルに物事を伝えるため。

北嶋自身がストライカーだったこともあり、ロアッソのフォワードにアドバイスすることも多い。

「同じサッカー選手でも、フォワードにはフォワードにしかわからない悩みがあり、それをわかってあげられるのが自分の強み。でも、逆に自分がフォワードだったから、フォワードに何かを伝えることが一番難しい部分でもある。選手それぞれに感性や感覚があって、それを大事にした方がいいという強い思いがある。だから、何かを聞かれた時に、力の足しになるようなことを言える準備はいつもしている。あとはフォワードのメンタル的なところ。点が取れないプレッシャーはフォワードにしかわからない」。

同じサッカー選手でも、ポジションごとに悩みは違う。さらに同じポジションでもタイプによって違う。キタジ、いや北嶋ヘッドコーチが付け加えた言葉が印象的だった。

「フォワードはフォワードでも、アドバイスできるのはゴールに生きているフォワードだけです」。

ゴールに命を懸けてきた人間にしかわからない喜びや苦悩。北嶋秀朗の言葉は、ゴールに生きるフォワードにとって珠玉のアドバイスに違いない。

ある日、北嶋は渋谷監督に修正したいポイントがあるので、ミーティングの最後に時間が欲しいとお願いし、監督から許可を得た。ミーティングでは、いつも通り試合の反省と成果と課題のＶＴＲを選手に見せ、最後に「試合後についての課題」というタイトルを画面に出した。

北嶋にはここ数試合の選手の様子を見て、納得がいかないことがあった。それは、試合後のサポーターと選手が勝利を分かち合う儀式「カモンロッソ」のことだった。

「カモンロッソ」は勝利後、サポーターの人たちが行っていた儀式だが、現役時代の北嶋や藤本主税（現・ロアッソ熊本コーチ）や南雄太（現・横浜ＦＣ）が話し合い、選手も一緒に喜びを分かち合おうということになり、それが現在も続いている。

「カモンロッソとは？」と言う文字を画面に映し、選手に考えることを促した。そして、「カモンロッソの跳ねが低すぎる！」と選手に訴え、ある映像を見せた。

映像の中では、２０１３年の現役時代、35歳あたりの北嶋と藤本が「カモンロッソ」のステップを踏みながら、思いっきり飛び跳ねている。今の選手たちの「カモンロッソ」が北嶋の目には惰性でやっているように見えた。「カモンロッソ」を始めた人間からすると、それは到底納得いくものではなかった。

「カモンロッソ」はサポーターの人が楽しみにしている大切な時間。だからこそ、しっかりと確認しておきたいことがあった。

「いやならやらなくていい。やるなら思いっきりやろうよ！　おれたちJ3だぜ。J3に落ちたおれたちを応援してくれるサポーターって本物じゃないか！　せめて勝った時の恩返しの気持ちで思いっきりやろうよ！　勝つって本当にいいねという気持ちになってもらおうよ！」。

ときには論理的より感情的なアプローチの方が選手の心に届くこともある。その後の試合で選手は「カモンロッソ」を楽しく飛び跳ねてくれるようになった。

北嶋秀朗が四六時中サッカーのことを考えているのは、何よりもチームの勝利、そしてサポーターに喜んでもらうためである。

「寝ているときに、練習のアイデアが浮かぶことがある。すぐに枕元に置いている紙にメモして、それが練習に反映されることもあります。そうやって、サッカーに生きていられることが本当に幸せです」。

キタジ、いや北嶋秀朗のサッカーへの情熱は尽きることはない。

熊本への深い思いを語ってくれた北嶋秀朗

2019年J3、28節アスルクラロ沼津戦でのカモンロッソ

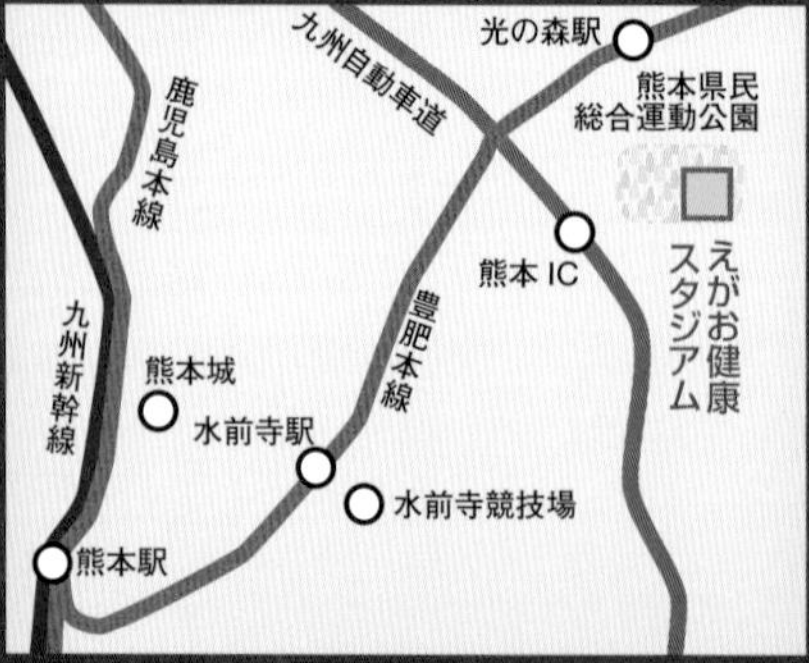

えがお健康スタジアム　アクセス

最寄駅 九州新幹線・**熊本駅**。JR豊肥本線・**光の森駅**。

タクシー **熊本空港**から約15分。**光の森駅**から約15分。

臨時シャトルバス **光の森駅**から約15分。片道210円。

路線バス **熊本駅**1番乗り場から免許センター行きで約50分の**パークドーム熊本前**下車すぐ。片道600円。サクラマチ クマモト（熊本桜町バスターミナル）から東熊本第二病院行き、または供合／光の森産交行きで約40分の**鹿帰瀬**下車。徒歩約15分。片道500円。

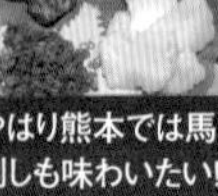

やはり熊本では馬刺しも味わいたい！

Jリーグ初代GKはこの選手

吉田智志《よしだ さとし》

2008年3月8日（ニンジニアスタジアム）
J2リーグ第1節　愛媛 2-1 熊本

J2に昇格したシーズン、背番号「1」を託されたのはルーテル学院高校を卒業したばかりの吉田智志。U-17日本代表。それだけポテンシャルも将来性も期待された選手だったが、クラブとも相談し、吉田自身も悩んだ末、2年でプロ生活に終止符を打った。

大分トリニータ

昭和電工ドーム大分

外観がとにかくカッコいい。銀色に輝き、丸みを帯びたフォルムが素敵過ぎる。屋根があるので雨の日も安心。スタグルも豊富で、定番の焼きそば、ポテトはもちろん、大分らしいメニューもたくさん用意されている。

ボールもスペースも大切にするサッカーにブレなし

2016年のJ3時代から、片野坂知宏監督とともに築き上げたトリニータのサッカーが、J1でも通用することを証明した。2020年は、これまでに積み上げたベースから、さらにどんな進化を見せるのか? 進化の余地はまだまだある。

HIRACHAN CHOICE

トリニータ丼

大分市の学校給食のメニューにあるのが「トリニータ丼」。地元のニラを食べてほしいと生まれた「トリ」と「ニラ」の丼。「トリニラ」からの「トリニータ」。おもしろい!

JRおおいたシティ

大分駅も随分と変わった。ホテルがあり、買い物もグルメも映画も楽しめる。シティスパてんくうでは、天然温泉まで楽しめる。地上80mの天空露天風呂からの景色は最高。

移動中のニータン

ニータン

昭和電工ドーム大分と同じく丸みを帯びたフォルムが愛おしいニータン。アジリティの低さこそ、ニータン最大の魅力だ。

株式会社浅田飴：堀内《ほりうち》邦彦《くにひこ》代表取締役社長

一つのつぶやきからつながった縁

（取材：2019年12月23日）

「片さんの喉を守ってあげて！」。

大分トリニータの、とある女性サポーターのＳＮＳでのつぶやき、いや救いを求める叫びが人との縁を作っていく。

大分トリニータの片野坂知宏監督はテクニカルエリアでいつも激しいジェスチャーとともに大きな声を出し続ける。それは選手に対する指示なのか叱咤激励なのかはわからないが、とにかく90分間ピッチに向かって声を出し続ける。

結果、試合後は必ずと言っていいほど声が枯れている。カスカス状態だ。失礼だけど笑ってしまうぐらい枯れている。女性サポーターが片野坂監督の喉を心配する気持ちになるのも当然だ。

そんな女性サポーターの叫びを受け止めたのは浅田飴。Ｊリーグのファンの間ではけっこう有名な話だ。

そこで、この本の大分トリニータに関わるインタビューは浅田飴の方にお願いしようと考えたものの、浅田飴といえば明治20年創業。歴史のある会社だけに、サッカー好きのパーマのおっさんの取材なんぞお断りされるのではないかと内心思っていた。ところが意外にも快諾いただいたので浅田飴の本社を訪ねることになった。

迎えてくれたのは株式会社浅田飴の堀内邦彦代表取締役社長と、広報担当の玉木卓さんと小杉寛之さん。皆さん、本当に温かく迎えてくださって楽しい雰囲気を作ってくださいました。本当に感謝です。

さて、まずはなぜ片野坂監督の声はいつも枯れてしまうのか？　小杉さんの名刺には薬剤師という文字もあったのでシンプルな質問をしてみると、シンプルな返答が帰ってきた。「出し過ぎだと思います」。応接室には笑いが起こる。そして、終始楽しい雰囲気が続いた。

もともと、サッカーはもちろん、大分トリニータとも全く縁もゆかりもなかった御三方。そこに「片さんの喉を守ってあげて！」のつぶやき。それに対し浅田飴はツイッターで反応し、のど飴を大分に送った。

「ご活用くださいというつもりでお送りしたのですが、その後予想を超える反響をいただいて、一番大きかったのは監督さんがのど飴の缶を持ってピッチに立っていたのが……事件です（笑）」。

浅田飴を宣伝しようというよりも、サポーターのつぶやきに対し、できることで協力しようとのど飴を提供したつもりだった広報部長の玉木さん。でも、テクニカルエリアでピッチに指示を出す片野坂監督の手には浅田飴の缶が握られ、その写真は拡散された。そして、そんな話が社長の耳に入る頃には、すでに大きな話題になっていた。

「弊社はのどの薬を作っていますので、これまでも落語会やコンサートの後援など声に関する活動をしていますけど、まさかスポーツ界で協力できるとは思っていなかった。それが、今回サポーターのひと声があったことで、スポーツ界でお手伝いできることがわかってとても嬉しい。あのサポーターのひと声がなかったら、こういうことは絶対なかったと思います」。

きっと、会社ではいろんな商品展開を考えて会議をするはずだ。でも、こういう展開はどんなに会議で知恵を振り絞っても生まれないアイデア。堀内社長はそんな機会を与えてくれたサポーターのつぶやきに感謝した。

そして、そのつぶやきは人との出会いを作っていく。堀内社長は大分に行き、片野坂監督と対面し、その人柄に惚れ込んだ。

「サッカーの監督ですから、ものすごく体育会系で硬派で恐ろしい人ではないかと思っていましたけど、フランクに接していただいて、その後、手紙を書いたら、お忙しいのに手書きで手紙をくださって、その手紙を額に入れて飾っています。物腰は柔らかいですけど、義理人情に篤い。トリニータをサポートしようという気持ちが強くなったのは監督さんの人柄が相当大きな部分を占めていますね」。

その後、浅田飴は大分トリニータとスポンサー契約を結ぶことになるが、そこに至るまでには葛藤があった。

トリニータのスポンサーになることで他のクラブのサポーターはどう思うだろうか？　これまでトリニータをサポートしてきた企業の人たちは、スポンサーでもない浅田飴ばかりが目立って嫌な思いをしているのではないだろうか？　いろんな要素が複雑に絡み合ったが、けじめをつけて結論を出さなければならないと判断し、スポンサー契約に至った。それからはこれまでトリニータをサポートしていたスポンサー企業と協力し、コラボ商品やノベルティを作ることも始めた。

「人との繋がりが、今度は横の繋がりに広がっていきました。今までは自社の中だけで何かを考えることばかりでしたけど、他社と一緒になってやるのが素晴らしいし、楽しいんですよ」。

堀内社長はトリニータと関わることが本当に楽しそうだ。そして、スポンサーとしての関わりばかりでなく、プライベートなトリニータライフも満喫している。トリニータと出会ってから、土日の過ごし方が全く変わったという御三方。年に2、3回しか大分には行けないが、それ以外の試合はＤＡＺＮで観戦。そして、大分に行けば思いっきり大分を楽しむ。

「スタジアムに行くと、興奮して血が沸騰しますね。サポーターの応援も迫力があって、テンションが上がります」。

スタジアム観戦はもちろん、鶏肉のおいしい店で酒を飲み、必ず別府に足を運び血の池地獄に行く。縁もゆかりもなかった土地が、今では大好きな場所に変わった。

「海外からの観光客が減っている影響で、大分の観光地が閑散としていて心配なので、うちも頑張って社員旅行できるようになったら、トリニータをみんなで応援して、大分に泊まりたいですね。うちの社員、みんな大分トリニータに元気をもらっていますから」。
サポーターのつぶやきはいろんな縁を作り、それまで関わりのなかった会社の社員にまで元気を与えた。広報部長の玉木さんは浅田飴とトリニータを重ね合わせて応援している。
「J1の中でも限られた予算のチームが戦略、戦術を駆使して戦う姿に勇気づけられます。我々も小さな会社なので」。
何年か前まで、サッカーのことがわからなかった人にもトリニータの戦いぶりは十分伝わっている。
「選手が一生懸命やっていると感動するし、力がもらえる。それで満足です。その上で優勝すれば最高です」と堀内社長はトリニータへの思いを語った。シーズンオフ、この御三方は土日をどう過ごすべきか悩んでいる。

コラボ商品の販売等もあり、大分を度々訪れている堀内邦彦社長

片野坂監督の手に浅田飴。すっかり定番となった

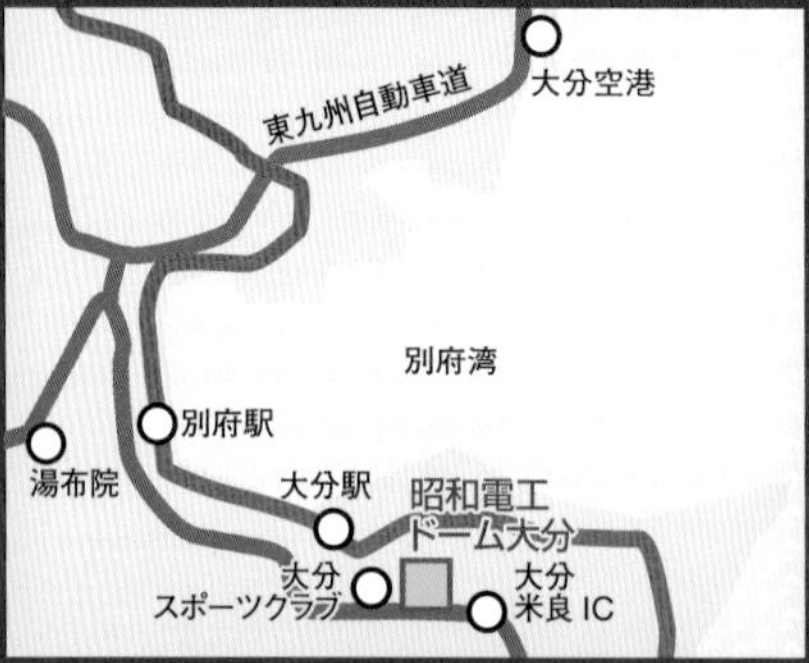

昭和電工ドーム大分　アクセス

最寄駅　JR日豊本線・**大分駅**。

タクシー　**大分駅**北口（府内中央口）から約25分。

シャトルバス　**大分駅**から徒歩5分の要町高速バス乗り場から約30分。片道370円。

路線バス　①**大分駅**北口（府内中央口）から徒歩5分の「**中央通り**」3番乗り場からパークプレイス大分（下郡経由）行きに乗車。乗車時間約35分の**大分スポーツ公園東**下車。徒歩約5分。片道370円。

大分空港で見かけた足湯です。さすが「おんせん県」

Jリーグ初代GKはこの選手

小《こ》山《やま》健《けん》二《じ》

1999年3月14日（大分市営陸上競技場）
J2リーグ第1節　大分 1-0 札幌

広島県出身。福岡大を経て加入した当時のチーム名は大分トリニティだった。1999年はJ2リーグが始まった年。好調をキープしたJ2初年度の大分は、2位で最終節を迎えたが、最後の最後にFC東京に抜かれ、3位でシーズン終了。J1昇格を逃した。

鹿児島ユナイテッドFC

白波スタジアム

雄大な桜島を背景に持つ、ロケーション最高のスタジアム。グルメも豊富で、黒豚、桜島鶏、奄美の鶏飯など鹿児島色満載。焼酎片手に鹿児島グルメを頬張りながら観戦すれば、鹿児島気分を存分に満喫できる。

J3降格も、2019年の戦いが色褪せることはない

最終的な順位はJ2、21位。最終節終了の2週間後、J3の順位が確定して降格決定。人知れず降格した感じは寂しかった。しかし、試合を見ればわかる。鹿児島の人たちの熱い思いが。スタジアムに行けばわかる。鹿児島の人の温かさが。

HIRACHAN CHOICE

鹿児島ユナイテッド・ゾーン

イオン鹿児島鴨池店屋上にある、鹿児島ユナイテッドが運営するフットサルコート。このイオンの屋上に向かうスロープ付近は、鹿児島ユナイテッドFC色満載になっている。

天文館

鹿児島にある繁華街。アーケードもあり、雨や降灰の心配は無用。飲食店も多く、地元のおいしいものから普通の居酒屋、そして成年男子が気になるお店まで選択肢の幅は広い。

ゆないくー

得意技は両手と片足を広げての「どっかーん!」。「せいの! どっかーん!」と誘導すれば、やさしいゆないくーは応えてくれる。

勝ち点「3」だけではない、喜びの瞬間

（取材：2019年10月1日）

鹿児島ユナイテッドFCのホーム、白波スタジアムではピンク色の服を着た人たちが試合運営を支えている。鹿児島ユナイテッドFC運営ボランティア団体「ユナキャスト」の人たちだ。

2019年、鹿児島ユナイテッドFCは、戦う舞台をJ2に移したが、この機会に「ユナキャスト」もしっかりとした組織にしようということになった。これまではクラブスタッフがボランティアの出欠などを管理していたが、「ユナキャスト」のリーダーを決め、リーダーがボランティアの出欠を確認し、クラブへ伝えることになった。

2019年、ユナキャストの代表になったのが稲森智彦さん。稲森さんは普段、鹿屋体育大学の職員として働き、鹿児島のホームゲームではボランティアの代表として、ユナキャストをまとめる。

稲森さんがボランティアとしてクラブを支えるようになったのは、まだJFL時代の2015年。稲森さんは大学4年生だった。

「当時は公務員を目指していて、アルバイトも辞めて勉強ばかり。毎日が大学と家の往復だけでした。社会との繋がりもなくなり、就活にも疲れて、すごく寂しい思いをしていました。そんな時、たまたまユナカフェ（クラブのオフィシャルカフェ：鹿児島ユナイテッドカフェ）の田仲さんに出会って、自分の現状を話すと、こういうボランティアがあるよと教えてもらいました。じゃあ1回行ってみようかなというのがきっかけで、そこからはズブズブですね（笑）」。

鹿児島ユナイテッドFCの存在は知っていたが、試合を一度も見たことがなかった。ボランティア経験があるわけでもない。偶然の出会いと就職活動の中で感じていた息苦しさ。そんなきっかけから稲森さんのボランティア活動は始まる。

「最初の仕事はチケットのもぎりでした。アルバイトで3年間接客業をやっていたこともあるので、『いらっしゃいませ』とか『危険な物の持ち込みはダメですよ』って言いながら、お客さんと触れ合うことが楽しかった。人との触れ合いを求めていたんです。チケットがきれいに切れた時の快感もありました。ハマりましたね」。就職活動の息苦しさは相当のものだったのだろう。勉強ばかりの生活で忘れていた人と触れ合える喜びを、ユナキャストの活動は思い出させてくれた。

「楽しかったですね。なんかお祭りじゃないですか、ホームゲームって。サッカーうんぬんじゃなくてお祭りに参加した感じになりました。次にボランティアに行く前日も、遠足に行く前の日の子供みたい

に楽しみでぜんぜん眠れませんでした。次はどんなことをするんだろうって」。

稲森さんがユナキャストの活動を始めた頃から、ＪＦＬ↓Ｊ３↓Ｊ２とクラブは戦うステージを上げていく。

「本当に一緒に成長している感じです。ロールプレイングゲームをリアルに体験している感じです」。

一度も見たことがなかった鹿児島ユナイテッドＦＣというクラブと自分の存在をいつの間にか重ね合わせるようになっていた。いつしか、ホームもアウェイも鹿児島ユナイテッドＦＣの試合をＤＡＺＮでチェックするようになった。ただ、稲森さんのスタイルは変わらない。

「今、やっていることも応援だと思っています。試合を見て、大きな声を出して応援するのもすごい大事なことですけど、自分たちがやっていることもすごい大事なことで、応援になっていると思います」。

そんな稲森さんやサポーター、鹿児島ユナイテッドＦＣに関わるすべての人の思いが一つになって、実を結んだのが２０１８年11月25日、Ｊ３リーグ第33節、鹿児島ユナイテッドＦＣ対アスルクラロ沼津戦。

１対０で勝利し、Ｊ２昇格条件の２位以内を確定させたこの日、１万９９１６人がスタジアムに足を運び、試合前のバックスタンドには「ＵＰ ｔｏ Ｊ２」と描かれたコレオグラフィーが浮かび上がった。「初めて１万人を超えて、それだけで泣けましたけど、試合終了のホイッスルが鳴った瞬間はさらに泣きました。クラブスタッフの人と『やりましたね！』って握手して……」と、普通ならここで我を忘れて喜びに浸りそうだが、稲森さんは違う。

「喜んだ後すぐに、『やばい、このままでは来年はやばい』という気持ちになりました。ビジターのお客さんも、平均観客数も増えるから今のままではまずい。嬉しさと来シーズンへの不安が同時に襲ってきました」。

稲森さんはクラブスタッフではない。あくまでも運営ボランティアだ。しかし、運営に対する意識は高い。みんなが喜びに浸っている瞬間に、意識は来シーズンに向かっているなんて。

ただ、そんな稲森さんだからこそ、ユナキャストの代表を決める際にはみんなが稲森さんの名前を挙げた。そのことを「頼ってくれるのがすごく嬉しかった」と言って稲森さんは笑顔をみせた。

少し不安を感じていた２０１９年シーズンだが「お客さんが増えて嬉しいです。ＪＦＬの時から見ているので、その頃と比べてサポーター席にいる人の数が増えて、そのサポーターのところから、手拍子とかチャントの波がスタジアムに広がっていくのを見て、いつも感動しています」。

勝ち点３だけではない喜びの瞬間が稲森さんにはたくさんある。

「最近、『いつもありがとうございます』という一言とともに選手の方から差し入れをいただきました。自分たちのことを認識してくれているんだなぁと思って、すごく嬉しかったです。本当にやりがいがあります」。

鹿屋市在住の稲森さんはフェリーを使い、２時間かけて白波スタジアムに通う。きっと大変に違いないが、まったくそんなことは感じさせないし、ユナキャストの活動にたくさんの喜びを見出している。ゲームが行われる90分以外にもサッカーにはたくさんの喜びがあることを稲森さんは教えてくれる。

「男って仕事以外での人との付き合いが少なくなってきますけど、仕事以外のところでコミュニティを築けているのは人生にとってプラスかなと思います。本当に職場とはぜんぜん切り離されたコミュニティなので老後が楽しみです」。

老後のことを語るような年齢ではないけれど、稲森さんは自分に合うライフワークを見つけた。「ユナキャストのピンク色にプライドを持ってます」と言う稲森さん。きっと将来は、ピンクの似合うおじいちゃんになって、白波スタジアムを走り回っているに違いない。

ユナキャストの仲間たちをまとめる稲森智彦さん

2019年J2の23節・岐阜戦は雷雨で延期に。スタジアムで案内をするユナキャストの人たち

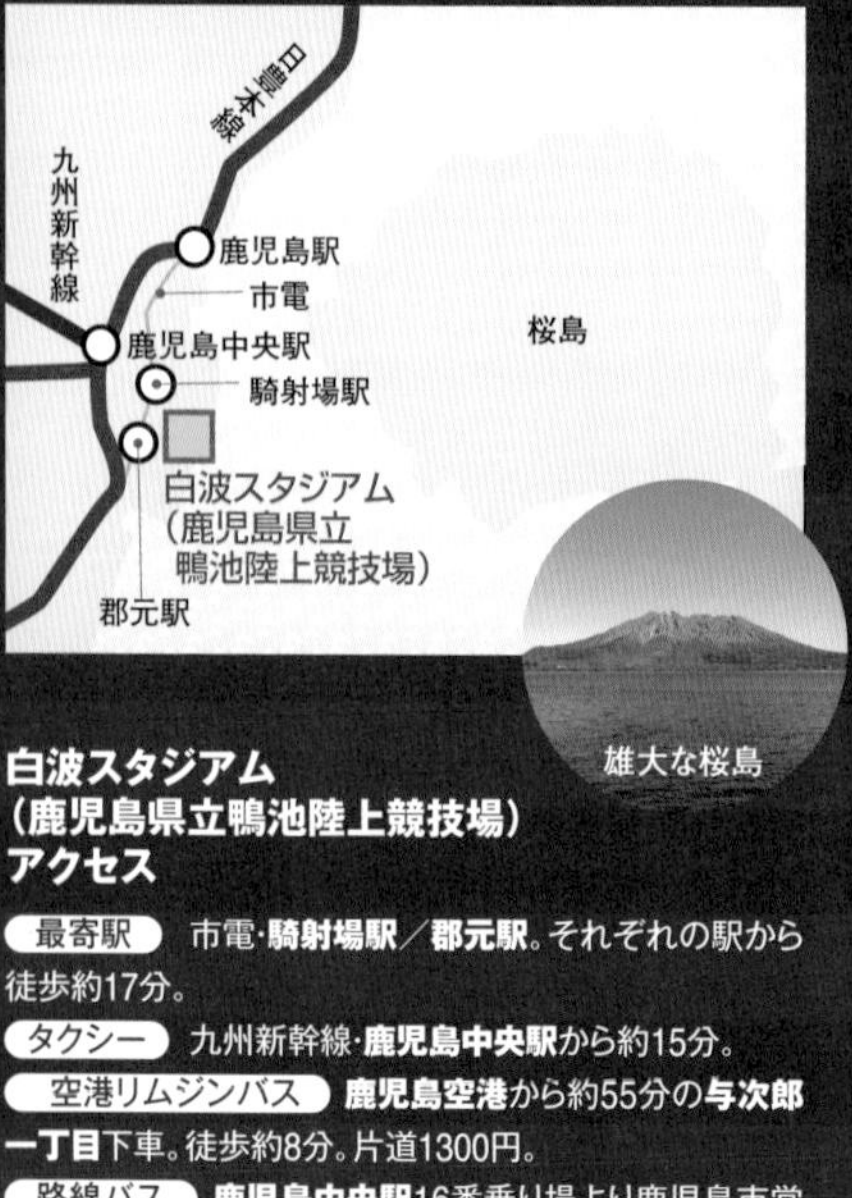

白波スタジアム（鹿児島県立鴨池陸上競技場）アクセス

最寄駅　市電・**騎射場駅**／**郡元駅**。それぞれの駅から徒歩約17分。

タクシー　九州新幹線・**鹿児島中央駅**から約15分。

空港リムジンバス　**鹿児島空港**から約55分の**与次郎一丁目**下車。徒歩約8分。片道1300円。

路線バス　**鹿児島中央駅**16番乗り場より鹿児島市営バス鴨池港行きで約16～18分の**市民文化ホール前**／**KKB前**下車すぐ。片道160～190円。

Jリーグ初代GKはこの選手

山岡哲也《やまおかてつや》

2016年3月13日（鹿児島県立鴨池陸上競技場）
J3リーグ第1節　鹿児島 0-0 富山

2016年から鹿児島を支えたゴールキーパー。2019年契約満了。大阪、高槻FC出身。高槻FCは、大阪で育った私が子供だった頃から存在する歴史あるクラブで、エンブレムはブラックパンサー。略してブラパン。出身者は二川孝広や梅鉢貴秀など。

FC琉球

タピック県総ひやごんスタジアム

スタジアムに向かう足として、県庁前県民広場とスタジアムをつなぐ、ちゃんぷるーRyukyuバスが運行中。ホームサポーター、ビジターサポーター、どちらも乗車可能。どうぞ仲良くご乗車下さいとのことです。

J2初挑戦の2019年、堂々、存在感を発揮した

開幕4連勝でJ2初年度の幕を開けたFC琉球。その後、順調に勝ち点を重ねることはできなかったが、自分達でボールを動かして相手ゴールに迫るサッカーは魅力的。沖縄は楽しい。そしてFC琉球も楽しい。ずっと沖縄にいたい気分になる。

HIRACHAN CHOICE

小野伸二

2019年途中、FC琉球に加入した日本サッカー史上最高のミッドフィールダーの一人。プレーにサッカーの楽しさが詰まっていて、彼のプレーを見るだけでも、沖縄に行く価値がある。

キロ弁

スタジアムグルメの中でも有名な総重量1キロの超デカ盛り弁当。食材の高騰により、値上げを余儀なくされたが、それでも値段が600円! 安い! 高校生の時に出会いたかった。

ジンベーニョ

契約を更新し、ジンベーニョはクラブのマスコットを続ける。ちなみに、2013年までは「ぐしけんくん(仮)」がマスコットだった。

夢を追うサポーター

2018年11月4日、FC琉球のホーム、タピック県総ひやごんスタジアムでJ3、第30節、FC琉球対ザスパクサツ群馬の一戦が行われ、FC琉球は4対2で勝利し、J3優勝を果たし、J2昇格を決めた。

試合後、メインスタンドの前で優勝セレモニーが行われた。選手とスタッフはここでひとしきり喜びに浸った後、サポーターが待つバックスタンドに向かう。公式入場者数は7810人。バックスタンドは多くの人で埋まっていた。

選手たちがサポーターと喜びを分かちあっていると、クラブ在籍7年目「ミスター琉球」とも呼ばれる富所悠はJ3優勝の証であるシャーレを持ち、バックスタンドのサポーターに近づいていく。バックスタンドにたどり着いた富所はスキンヘッドのサポーターにシャーレを渡した。

――ヴェルディの育成組織で育った富所悠は、期待されてトップに昇格したが、思うような結果が残せずAC長野パルセイロに移籍。その長野でも、目立った活躍をすることもなく、2012年FC琉球に加入した。その頃、富所はサッカーへの情熱を失いかけていた。高い志を持ってFC琉球に来たわけではなかった。

だが、FC琉球のサポーターと触れ合い、沖縄の土地に馴染むにつれ、次第にサッカーへの情熱と本来の輝きを取り戻し、7年を経てJ3優勝を成し遂げたのだった――。

スキンヘッドの男はシャーレを受け取ると、サポーターの真ん中に戻り、シャーレを両手で持って、天高く掲げ、サポーター全員で喜びを分かち合った。このスキンヘッドの男こそ、沖縄にJリーグのクラブができることを夢見て、応援し続け、現在もコールリーダーを続けるヒロさんである。

「トミがシャーレを持ってきてくれたのは、びっくりしましたし、嬉しかったです。自分がやったぞというよりも、これまでに関わった選手、スタッフ、なかには離れたファンもいるけれど、そういう人たちのためにシャーレを上げました」。

バックスタンドには、喜びを分かち合う多くの仲間がいた。その多くの仲間が喜ぶ様子を見たヒロさんは夢か現実かわからないような思いになった。20年ほど前、沖縄かりゆしFCの応援を始めた時、応援しているのはヒロさんたった1人だったのだ。

（取材：2020年1月4日）

1986年のW杯のマラドーナでサッカーを覚え、ローマやバルセロナが好きだった。2000年頃、国際通りの喫茶店でコーヒーを飲んでいる時、壁に貼られている1枚のポスターが目に入った。「沖縄からJリーグへ」。沖縄かりゆしFCのポスターによって、ヒロさんのサッカー時計が動き始める。

沖縄でキャンプを行っていたサガン鳥栖が、沖縄かりゆしFCと練習試合をすると聞いて見に行った。

「けっこう良い勝負していたのもあるんですけど、選手たちはみんな沖縄の人間じゃないのに、沖縄のチームのために頑張ってくれているのを見て胸を打たれました」。

ヒロさんは沖縄かりゆしFCを応援しようと決め、スポーツショップを経営する知人に、そのことを伝えた。ヒロさんにとって尊敬できる恩師のような人は、「おまえ、絶対ノリでやるなよ。やるなら死ぬ気でやれよ」と言った。

ヒロさんはたった1人で応援を始めた。いきなり太鼓を叩いて応援する男を、試合会場の人たちは白い目で見た。「沖縄ではサッカーは無理だって」とサッカー関係者に言われた。まったくサッカーのことを知らない人に言われるならまだしも、サッカー関係者に言われたのが悔しかった。それでも信じていた。サッカーが大好きな人間がきっと沖縄にもいることを。我が街のクラブを応援したい自分みたいな人間が沖縄にもいることを。そんな仲間を増やすために、フットボールカフェ カンプノウを開いた。

そして、サポーターの応援を研究するため全国行脚を始めた。福岡、大分、川崎、大阪、仙台のJ1初昇格も見た。サポーターに断りを入れて、試合も見ずに応援の様子をビデオで撮影した。

FC東京のサポーターの中にも入れてもらった。いざ、集団の中に入ると声が出なかった。なぜなら、いつも1人だから。

沖縄に帰って、自分の店で映像を見せ、経験したことを伝えた。沖縄にJリーグのクラブが誕生することを夢見て。

しかし、2002年沖縄かりゆしFCに騒動が起こり、選手は一斉退団。その選手たちの受け皿として2003年、FC琉球が創設された。その騒動には選手だけでなく、ヒロさんも巻き込まれ、選手とヒロさんの関係も一時ぎくしゃくした。

その中でも松原忠明（1996年清水エスパルスでプロ生活をスタート。2003〜2007年までFC琉球でプレー）とは修復が不可能なほどの関係に陥った。立場は違えど、2人は本気でサッカーに向き合い、時にぶつかった。お互い引くに引けなくなっていた。

2007年、松原忠明は引退する時、みんなに胴上げをされた。やんちゃな選手だったが、みんなに愛されていた。そして、和解の瞬間は突然やってきた。胴上げが終わった後、松原忠明はヒロさんに「このクラブを守ってくれよ」とぼそっと言ったのである。

「松原忠明のあのひとことがなかったら、こんなに長く続けられたかなと思います」とヒロさんは当時を振り返った。

2019年8月17日、J2第28節対横浜FC戦。タピック県総ひやごんスタジアムの入場者は1万2019人。ヒロさんは多くの人で埋まったスタジアムの写真とともに、こんなメッセージを私にLINE

で送ってくれた。

「1人から始めた時代から1万2000人越えという瞬間を迎えました。これからが本当のスタートです。今年の目標の残留！ 頑張ってサポートします」。

そこには、今まで一度もサッカーを見たことがない沖縄の人もいるかもしれない。だから、みんなに楽しんでもらいたいですねと返信すると、「Jリーグが島にやって来たって実感できたと思います。スタジアムは最高です」というメッセージをくれた。

最初はひとりぼっちだった。沖縄にJリーグのクラブができるなんて誰も信じなかった。でもヒロさんは死ぬ気でやった。沖縄の人たちがサッカーを楽しんでくれる日が来ることを信じていた。

「いろんなことがありました。たぶん、何百人って選手が関わってきて、みんな目指しているところは同じなのに、報われなかったりもしたし、クラブが傾いたりもしました。だから、1万2000以上の人が入ったとき、やっとこんな景色が作れるようになったんだなぁと思いました。俺は百年続くクラブを作りたい。カテゴリーがもし上がらなくても、FC琉球は百年続いてほしい」。

最近では、バックスタンドで熱心に応援する子供の姿が増えてきた。百年続くための芽は着実に育ち始めている。

J3優勝のシャーレをサポーターの前で掲げる富樫佑太（左）と朴利基（右）

ヒロさんのお店にはサッカー好きが集まる

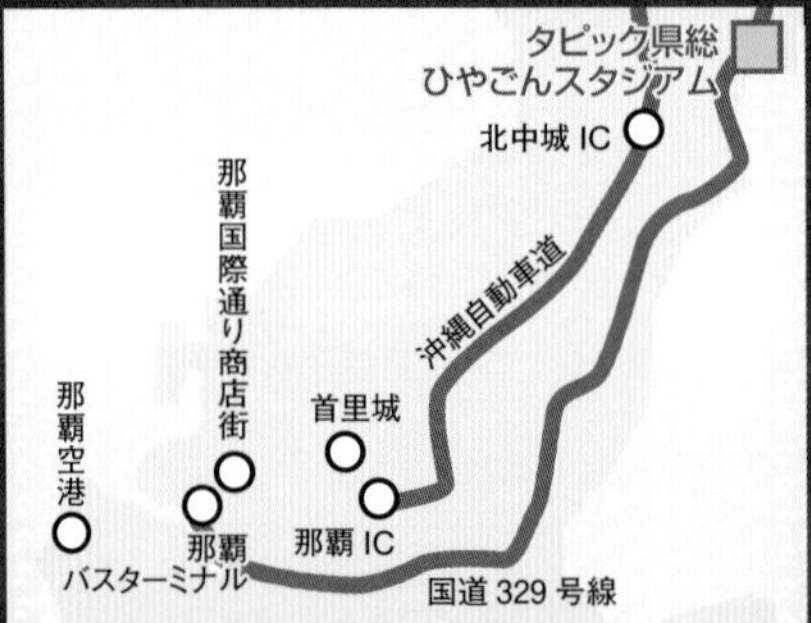

タピック県総ひやごんスタジアム　アクセス

那覇バスターミナルから路線バス 30系統泡瀬東線・52系統与勝線で約1時間の**総合運動公園北口**下車。徒歩約15分。片道860円。

那覇空港からタクシー 高速利用で約50分

県庁前 県民広場からシャトルバス 乗車時間約50分。往復3000円。要予約。

キロ弁の実物に出会うと少し感激します

Jリーグ初代GKはこの選手

笠原淳《かさはらすなお》

2014年3月9日（沖縄県総合運動公園陸上競技場）
J3リーグ第1節　琉球 3-0 JリーグU22選抜

新潟県立新潟高校出身。2014年FC琉球加入。FC琉球にとって記念すべきJリーグ初戦は、笠原淳にとってもJリーグ初出場のゲームだった。いわてグルージャ盛岡時代、サッカー人生の一番の思い出は？ という質問に、Jリーグデビュー戦と答えている。

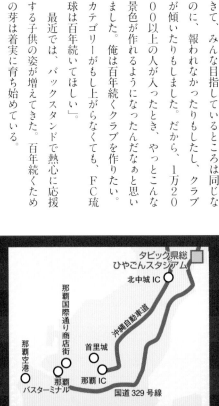

ひらちゃん写真館

本書を書く間にも、日本全国で
さまざまな出会いがありました。
そんな写真のごく一部を公開します!!

巻末特集

マスコット名鑑

**スタジアムの人気者、Jリーグのマスコットたち。
誕生日や特徴、趣味などなどの
プロフィールを一挙ご紹介！**

スペースがなくて、全てのキャラクターは
載せられませんでした。
ごめんなさい!!

ヴァン太　ヴァンラーレ八戸

誕生日：8月8日　身長体重：その時の気分で自由自在！　趣味：朝風呂からの昼酒　一言：ヴァン太だよ！　八戸港に水揚げされたところをヴァンラーレ八戸のマスコットにスカウトされたんだ！みんなの笑顔と酒がパワーの源だよ！

ドーレくん　北海道コンサドーレ札幌

誕生日：5月4日　身長体重：190cm ／ 80kg
特技：ダンス、側転、サッカー（GK）、自転車
趣味：温泉、ツイッターの更新　アピールポイント：2013年から北海道観光大使、札幌観光大使に就任しました

いわてグルージャ盛岡　キヅール

誕生日：9月26日
身長体重：2メートル以上／ 26kg
チャームポイント：おちょぼ口
性格：折鶴ながら「折れない心」の持ち主。調子に乗りやすい　特技：サッカー（そこそこ上手い）、正座　苦手なこと：リフティング、長時間の正座

ブラウブリッツ秋田　ブラウゴン

誕生日：3月9日　身長：サッカーボール9球身
特技：バランススクーターを特技にしたいゴン
趣味：リフティング（まだ苦手だゴン）
アピールポイント：話すと語尾にゴンがつくゴン

ベガッ太　ベガルタ仙台

生年月日：1999年5月2日　好きな食べ物：ほやとか海の幸　好きなアニメ・漫画・ドラマ：機動戦士ガンダム、恐怖新聞、魁!!男塾、あぶない刑事　長所：若い女の子に優しくできる　短所：気分屋、飽きっぽい、居眠りをする

モンテス　モンテディオ山形

身長：234cm（神様なので自由自在）
生まれた場所：出羽三山
性別：たぶん♂
好きな食べ物：イチゴのショートケーキ
好きなサッカー選手：レフ・ヤシン

水戸ホーリーホック　ホーリーくん

誕生日：6月11日　体重：310kg　特技：ゆっくり歩くこと　SNS：たくさんのお友だちと仲良くなれるようにTwitter始めました！　一言：昨シーズンのクラブのホームタウン活動は770回。そのほとんどについていって毎日頑張っています！

鹿島アントラーズ　しかお

性別：男　誕生日：1992年5月20日
チャームポイント：無口なこと
特技：みんなを笑顔にすること
どこに行けば会える？：カシマスタジアムのコンコース

湯友（ゆうと）　ザスパクサツ群馬

生年月日：2002年8月1日　出身地：群馬県吾妻郡草津町　好きなもの：熱い温泉、温泉まんじゅう　苦手なもの：ぬるい温泉、辛い食べ物　特技：自転車、キックターゲット　ライバル：水戸のホーリーくん、栃木のトッキーくん

トッキー（TOCKEY）　栃木SC

誕生日：6月15日　出身：栃木県の山奥　好物：餃子、とちおとめなど　嫌いなもの：雨（雷は大丈夫！）　性格と特徴：やんちゃで冒険心と好奇心いっぱいの“少年猿”トッキーです。勝利の風を吹かせる栃の葉のうちわを持っているよ！

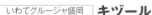

アルディ

大宮アルディージャ

生年月日：1998年12月4日　出身地：大宮公園　性格：人懐っこい、好奇心旺盛、優しい、意外と頼りになる　好きな食べ物：どんぐり、ミーヤの手料理　好きな歌：VAMOS！ARDIJA　目標：アルディージャを優勝させること

レディア

浦和レッズ

生年月日：1992年3月31日
身長体重：不明

レイくん

柏レイソル

誕生日：5月30日　性格：いたずらっ子　好きなもの：カレーライス（黄色いから）、太陽、サッカー、サポーターの皆様（特に女の子）　苦手なもの：雨、寒いところ　SNS：ツイッターをがんばってるよー8万５千人のフォロワーがいるよ！

ジェフユナイテッド市原・千葉

ジェフィ(左)、ユニティ(右)

兄のジェフィは、小学校へあいさつ運動に行ったり、お祭りで盆踊りを踊ったりしています。弟のユニティはファンクラブ宣伝部長として試合当日を含め様々な活動を行っています。いつも一生懸命な仲良し兄弟です

ヴェルディ君

東京ヴェルディ

性別：おとこのこ
誕生日：1991年10月1日
チャームポイント：気候や気圧の影響を受けて激変する体格
どこに行けば会える？：ヴェルディのホームゲームや地域でのイベント

東京ドロンパ

FC東京

生年月日：1998年10月1日　出生地：六本木と東京タワーのほぼ真ん中に位置する狸穴町　遊び場：噴水の素敵な狸穴公園　特技：ダンスとローラーブレード　名前の由来：知らぬ間にパッと現れ、ドロンといなくなることから

ふろん太

川崎フロンターレ

誕生日：1999年3月14日　特技：アウェイゲーム出没。リリース前のお話をTwitterに出しちゃうこと　趣味：カブレラとコムゾーと遊ぶ、ブログ、つぶやくこと、YouTubeに出ること、ボクササイズ　アピールポイント：肩幅が広いこと

FC町田ゼルビア

ZELVY（ゼルビー）

年齢：永遠の12歳（鳥年齢は成鳥です）　出身地：大地沢（町田市相原町草戸山）　住んでいる所：野津田公園　得意なプレー：親指を立てる　ライバル：自分自身　将来の夢：ゼルビアがクラブワールドカップで優勝すること

フリ丸

横浜FC

出身地：宇宙

マリノス君

横浜F･マリノス

背番号：0　デビュー：1993年のＪリーグ開幕戦。以後毎ホーム戦に登場。2019年9月に、Ｊ1リーグ通算450試合出場を達成した　旗振り：試合前のスタメン紹介では、ゴール裏前のお立ち台に立って行う旗振りが人気！

湘南ベルマーレ

キングベルI世

誕生日：神様なのでいつとかないのじゃ　身長体重：神様なので非公表　特技：サーフィン　趣味：人間観察　アピールポイント：みんなから「おじいちゃん」とか言われるけど神様なのでそこは間違えないでいただきたいのじゃ

SC相模原

ガミティ

SC相模原への入社：2016年9月25日　担当業務：SNSを中心とした広報活動、地域に根ざすためのホームタウン活動、マスコット業務　通勤方法：ダッシュ　クラブより：ダチョウだけど本人は自分がダチョウだと思っていない！

ライオー（LAIOH）

AC長野パルセイロ

誕生日：11月23日　好きな食べ物：そばとおやき　職業：パルセイロ宣伝部員　特技？：相撲が結構強いよ。2019年は4勝3敗　趣味：最近はコスプレにも挑戦中　好きな言葉：チャレンジ　性格・特徴：曲がったことが嫌い。少しおっちょこちょい

ヴァンくん

ヴァンフォーレ甲府

誕生日：5月17日
身長体重：ひみつ
特技：サッカー、昭和ネタ
趣味：ヴァンフォーレサポーターと一緒に応援すること
アピールポイント：フットワークの軽さ

アルビくん　アルビレックス新潟

アピールポイント：大きな目と王冠です
誕生日：1999年9月。かわいいティアラのスワンちゃんは2002年7月、125ページで紹介している三つ子のアーくん、ルーちゃん、ビィくんは2007年7月29日生まれです♪

ガンズくん（GANSくん）　松本山雅FC

就任日：2012年6月2日　趣味：そば打ち
特技：ガンズダンス（練習中で～す）
好きな食べ物：りんご、そば、山賊焼き（共食いだけど、気にしない♪）
アピールポイント：マイペースだけど、好奇心旺盛でいたずら好きな一面も

ツエーゲン金沢　ゲンゾー（GENZO）

誕生日：2月8日　モチーフ：石川県の鳥イヌワシ。名前は金沢の方言「つえーげんぞー（強いんだぞ）」から　特技：Y字バランス　変身：サポーターの応援でバトルモードのゲンゾイヤーに変身！　選手やサポーターを勇気づけます

カターレ富山　ライカくん

誕生日：3月9日　特技：自転車
趣味：コスプレ
アピールポイント：ライカくんの力強さの秘密は、県鳥の「雷鳥」と県獣の「カモシカ」が融合されているからです！

ジュビロくん　ジュビロ磐田

誕生日：1993年11月16日（ジュビロのJリーグ昇格と同時）　モチーフ：静岡県の県鳥"サンコウチョウ"　出身：磐田市　身長体重：182cm／78kg　ガールフレンド：ジュビィちゃん　性格：底抜けに明るく情熱的。開拓精神あふれる努力家

パルちゃん　清水エスパルス

生年月日：1992年7月4日　出身地：静岡県静岡市（旧清水市）　家族構成：こパルちゃん二人と同居しているよ　子供の頃なりたかった職業：サッカー選手かお笑い芸人　趣味：パルちゃんショーの小道具作り。ちなみに好きな教科は図工

名古屋グランパス　グランパスくん

誕生日：10月3日　家族：グランパコちゃん（妻）、グランパスくんJr.（息子）、グララ（娘）　苦手：陸での生活が長いため、実は水が苦手　Jリーグマスコット総選挙：2018、2019年に2連覇達成！名古屋弁を駆使して、名古屋の魅力を伝える

藤枝MYFC　蹴っとばし小僧

趣味：お茶をすすりながら富士山を眺めること　長所：見た目の割に優しい　短所：見た目が怖い、目が笑っていないと言われる　最近の悩み：蹴っとばされ小僧と勘違いされ子どもたちに蹴られてしまうこと　願い事：藤枝MYFCの勝利

パーサくん　京都サンガF.C.

性別：男の子　誕生日（デビュー戦）：1995年5月7日のJFL第1節／西濃運輸戦
趣味:音楽鑑賞、お寺巡り、美女さがし（スタジアムで）、ご当地キャラに会いに行くこと　チャームポイント：凛々しい眉毛とクールな笑顔、でっかい足

ギッフィー　FC岐阜

誕生日：8月21日　特技：ダンス、スケボー
趣味：スプーン曲げ（修行中）　アピールポイント：岐阜県の県花である「レンゲ」をモチーフにした男の子。デルピエロさんとお友達で、Mr.マリックさんの弟子。実はユーチューバーです！

セレッソ大阪

ロビー

知性と俊敏性、さらにグループで狩りを行うという団結力をもったオオカミ

マダム・ロビーナ

ロビーの母（おかん）。息子とセレッソ大阪を熱く、ときに厳しく、サポートする

ガンバ大阪　GAMBA BOY（ガンバボーイ）

誕生日：4月3日　足のサイズ：35cm（靴は36cm）　特技：サッカーと言いたいところだけど…ダンス！　趣味：お絵かき、かわい子ちゃん探し、ジャニーズダンスマスター　アピールポイント：アクロバット以外たいがいのことは頑張るでぇ～！

ガイナマン　ガイナーレ鳥取

性別：男　誕生日：2月17日　好きな食べ物：鳥取県産品　性格：誰とでも仲良くなれ、子どもたちが大好き　使命：スタジアムを盛り上げること、子どもたちを笑顔にすること、鳥取県を全国にPRすること

モーヴィ　ヴィッセル神戸

誕生日：10月5日
身長体重：不明
特技：みんなを笑顔にすること
アピールポイント：短い脚と笑顔

サンチェ サンフレッチェ広島

誕生日：3月20日　出身：広島県安芸高田市山の中　特技：ゲーフラ作り　好きなもの：お好み焼き、どんぐり、江の川でまれに獲れる鮭　長所：まじめですなおな性格、プラス思考　短所：空気を読めない、人をイライラさせる天才

徳島ヴォルティス

ヴォルタくん

誕生日：9月10日（法人設立記念日）
将来の夢：ヴォルティスの選手になって全ての大会に優勝すること

ティスちゃん 誕生日：3月5日（Ｊ初試合＆初勝利記念日）　性格：元気でちょっぴり甘えん坊

オ〜レくん 愛媛FC

生年月日：5月5日　出身地：愛媛県みかん山　現住地：松山市　身長体重：20cm／15g（時おり巨大化）　オフの日の過ごし方：みかん栽培　好きな異性のタイプ：たま媛ちゃん　一言PR：オ〜レくんの口の横についているのは果汁です

ギラヴァンツ北九州 **ギラン**

誕生日：2月1日　身長：190cm
体重：サッカーボール30個分
特技：悪ふざけ、スキンシップ
性格：目立ちたがりや
アピールポイント：大きな頭のわりにシュッとした足

ヴィヴィくん V・ファーレン長崎

おたんじょうび：5がつ5にち　しゅっしんち：長崎県　せいべつ：おとこのこ　せばんごう：12　モチーフ：長崎県の県獣・九州シカと県鳥・オシドリ　しょうらいのゆめ：V・ファーレン長崎のせんしゅ（ゴールキーパーきぼうです！）

大分トリニータ **ニータン**

誕生日：12月12日　年齢：永遠の10さい　身長：80カメートル　趣味：トリニータの応援　アピールポイント：一歩一歩確実に前へと進む「カメ」がモチーフです。ちょっぴりドジだけど小さい子供からお年寄りまで愛される、頑張り屋さんです

ジンベーニョ FC琉球

出身地：沖縄（某水族館生まれ）　性別：男　主食：パイナップル　年俸：パイナップル3個とＪ１昇格またはＪ２残留でパイナップル100個のボーナス　性格：温厚で食いしんぼう　口癖：「〜〜だにょ」　契約期間：1年

ファジ丸 ファジアーノ岡山

生年月日：不詳（スタジアムデビューは2009年6月7日セレッソ大阪戦）　チャームポイント：つぶらな瞳　特技：PK　好きな食べ物：ファジフーズ！　嫌いなもの：雨　スタジアムで心掛けていること：一人でも多くの友達とふれあうこと

レノファ山口FC **レノ丸**

アピールポイント：毎試合、「レノ丸衣装つくり隊」のみなさんが素敵な衣装を作ってくれるんだ！ いつもおシャレをして、スタジアムでサポーターの皆さんと会うのを楽しみにしています♪

さぬぴー カマタマーレ讃岐

生年月日：2017年7月1日・うどん県出身　既婚 or 未婚：未婚　家族からなんて呼ばれてる？：さぬぴー　マイブーム・趣味：たりません、たりません、たりません・のっとり・レディとのこうりゅう　アピールポイント：かわいい

アビスパ福岡 **アビーくん**

モチーフ：熊ん蜂　誕生日・年齢：不明
チャームポイント：フリフリのお尻
得意技：ここぞの場面の蜂の一刺し
家庭：2003年8月10日にビビーちゃんと結婚し今年で結婚17年目の愛妻家
仲良し：九州Jクラブのマスコットたち

ウィントス サガン鳥栖

生年月日：2000年2月1日　身長体重：177cm／117kg　出身地：佐賀県鳥栖市付近の山　職務：佐賀・筑後地方に生息するカチガラスのリーダー　性格：強い者、大きい者に対しても決してひるまず、勇敢　契約年俸：非公開

ロアッソ熊本 **ロアッソくん**

誕生日：12月3日・小学校高学年
出身地：火の国
背番号：123
目標：イケウマから世界へ

ゆないくー 鹿児島ユナイテッドFC

誕生日：5月23日　性別：男の子　種族：薩摩犬　好物：おにぎり　趣味：旅、小さいお友だち・大きいお友だちと遊ぶ　アピールポイント：2017シーズンから登場したゆないくー。健気で元気いっぱいな姿に夢中になる人たちが急増中です

あとがき

この本を制作するにあたりご協力いただいた、Jリーグ、そして各クラブの皆様に心より御礼申し上げます。

巻頭の対談を引き受けてくださった遠藤保仁選手、ガンバ大阪の関係者の皆さんにも感謝申し上げます。

そして、ただのサッカーバカの取材を快く受けていただいた全国の皆様にも心より感謝いたします。

取材を引き受けてくれたばかりか、駅まで車で送っていただいたり、お土産をいただいたりと、皆様には本当に親切にしていただきました。この本に掲載したのは、会話のほんの一部で、ここには載せられなかったたくさんの貴重な言葉を、これからも大事にしていきます。

そして、なにより、J SPORTSのつっちーこと土屋雅史プロデューサーの存在なしでは、この本が完成することはありませんでした。全国のサッカーに関わる人たちと私を繋いでくれました。取材が円滑に進んだのも、土屋プロデューサーがこれまでに構築した人との繋がりがあってのことで、感謝しても感謝しきれません。

つっちー、本当にありがとう！

そして、この本をお読みいただいた皆様、本当にありがとうございました。どこかのスタジアムでお会いして、今度は皆様のサッカー物語も聞いてみたいと思っています。

よろしくおねがいします。

ひらはた

平畠啓史（ひらはた・けいじ）

1968年8月14日生まれ。吉本興業所属。出身の大阪府高槻市でサッカーを始め、高校3年時には主将としてチームをインターハイ出場に導く。スカパー!のJリーグハイライト番組で10年にわたりMCを務めるなど、プライベートも含めてJリーグの試合会場に足を運び続け、芸能界No.1のサッカー通として知られる。DAZNでのJ3ゲームの実況、「Jリーグジャッジリプレイ」など、独自の視点からサッカーの魅力を伝え続け、活躍の場を広げている。2018年には自身初の著書『平畠啓史 Jリーグ54クラブ巡礼』、2019年には『今日も、Jリーグ日和。』（共にヨシモトブックス）を発行。現在も毎週末のように各スタジアムへ足を運び続けている。2020年3月、公式オンラインサロン&YouTubeチャンネル「ひらはたフットボールクラブ」を開設した。

平畠啓史 Jリーグ56クラブ巡礼 2020

2020年6月5日初版発行

著　者　平畠啓史

発行人　松野浩之
編集人　新井治

編　集　太田青里
制作協力　土屋雅史（J SPORTS）
編集協力　細川工房、金本麻友子、小谷洋介、鈴井優
デザイン　MOTHER
表紙イラスト　宮内大樹
対談写真　矢橋恵一
協　力　久保大輔、玉井公平、野中雅弘
マネジメント　中尾裕司、大谷彩乃
プロモーション　中村礼、平岡伴基
営　業　島津友彦（ワニブックス）

発　行　ヨシモトブックス
〒160-0022　東京都新宿区新宿5-18-21
TEL 03-3209-8291

発　売　株式会社ワニブックス
〒150-8482　東京都渋谷区恵比寿4-4-9　えびす大黒ビル
TEL 03-5449-2711

印刷・製本　シナノ書籍印刷株式会社

JASRAC 出 2003238-001

ISBN978-4-8470-9876-5

もっとサッカーの話がしたくなった。